OkOkOk 알찬 예제로 배우는

「포토샵 CS6」

우석진 · 유윤자 · 최재혁 지음

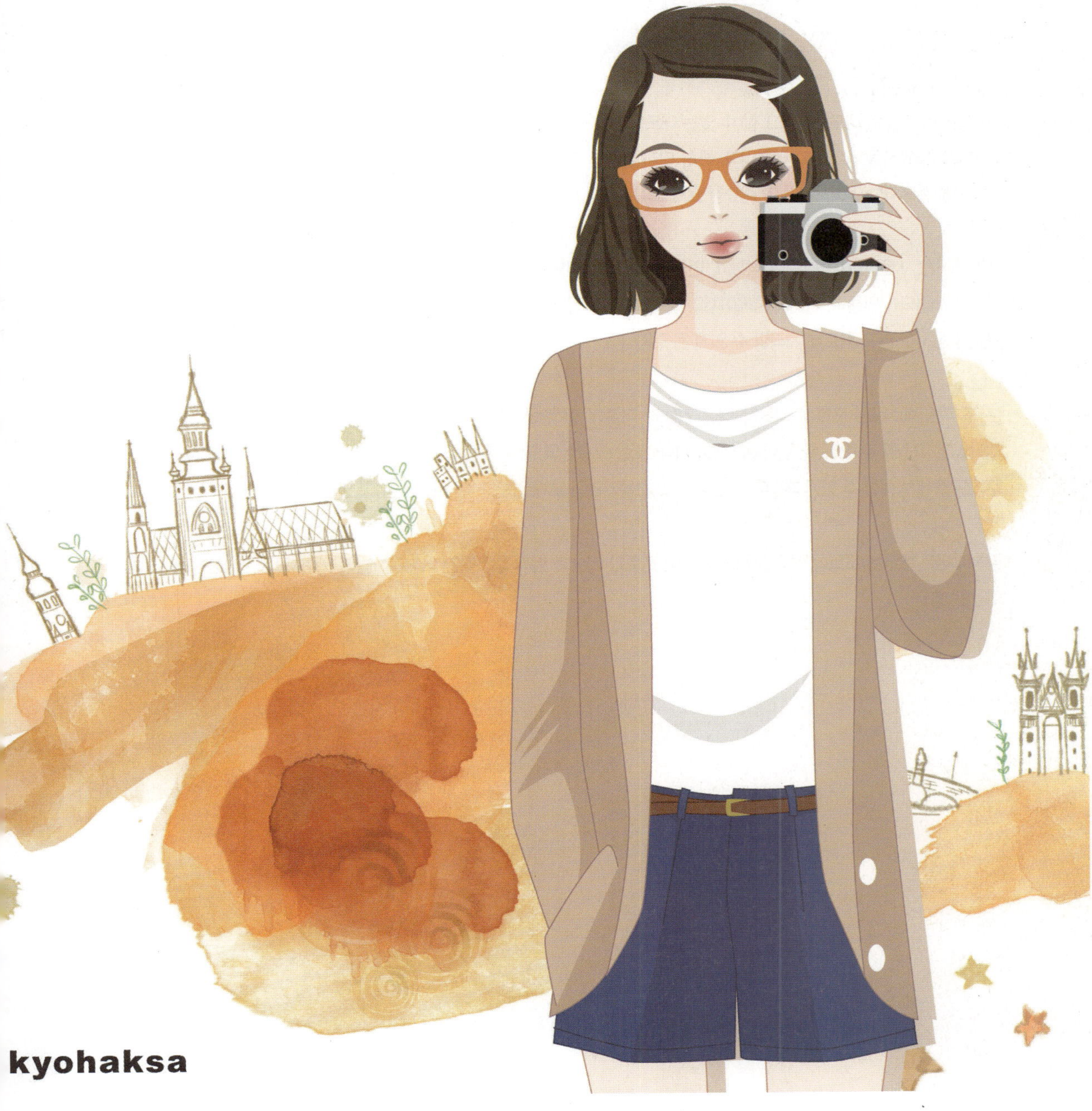

kyohaksa

photoshop CS6

그래픽 프로그램의 대표주자라고 할 수 있는 어도비사의 포토샵은 전문 디자이너의 영역을 넘어서 산업 전 분야에 걸쳐 다양하고 효과적인 결과물을 창조하고 있습니다. 특히 디지털 사진 기술과 개인 미디어, 그리고 UCC 분야가 급속도로 발전하면서 우리의 일상생활 속에서도 없어서는 안될 중요한 프로그램으로 자리잡고 있습니다.

내가 원하는 사진을 마음대로 수정하고, 인쇄에 필요한 이미지를 쉽게 만들 수 있으며, 이력서와 자기소개서 등의 사진을 더욱 멋지고 세련되게 만들며, 자신의 홈페이지와 블로그 이미지를 제작하는 것은 이제 전문가뿐만이 아닌 일반인들고 포토샵을 다루는 과정을 통하여 쉽고, 빠르게 처리할 수 있게 된 것입니다.

본 도서는 새로워진 포토샵 CS6의 핵심 기능과 더불어 실무에서 사용하고 있는 고급 예제들을 통하여 포토샵을 보다 쉽고, 재미있게 학습할 수 있도록 구성되어 있습니다. 또한 포토샵의 이미지 편집과 관련된 필수 기능에 대해 체계적인 과정과 실전 문제를 함께 병행할 수 있기 때문에 개인 유저 및 교육기관의 교재로도 그 활용도가 높다고 할 수 있습니다.

알찬예제로 배우는 포토샵 CS6 도서를 통하여 포토샵 기술과 함께 창조적인 아이디어들이 모여서 멋진 작품을 만들 수 있기를 희망합니다.

저자 우석진 · 유윤자 · 최재혁

| OkOkOk 알찬 예제로 배우는 시리즈만의 ⑦ 대 특징 |

1. 실습과 실전 문제 중심으로 구성되어 있습니다.

하나의 실습을 진행하는데 있어, 먼저 소스와 완성 샘플을 보여주고, 전체적인 제작 포인트를 제시하여, 예제에 접근하는데 필요한 기본 골격을 확실히 심어준 상태에서 따라해 볼 수 있어 빠른 이해 및 다양한 응용이 가능합니다.

2. 반복 학습에 따른 실력의 극대화를 구축하였습니다.

하나의 섹션이 시작될 때마다 전체적인 개요를 잡아주고 실습에 들어감과 동시에, 해당 섹션의 마지막에서 실전 문제를 통한 응용력을 키워 반복 학습에 따른 능률의 극대화를 꾀했습니다.

3. 예제의 양과 질적인 면에서 알차게 구성했습니다.

일상생활이나 업무에 조금만 응용하면 사용할 수 있는 예제들만을 엄선하여 단계별 난이도 조정에 따라 배열해 놓아, 기초부터 차근차근 실력을 향상시킬 수 있습니다.

4. 베테랑 강사들의 알찬 노하우를 제공합니다.

실습 중간중간에 필자들이 현장에서 강의하면서 교안에 빽빽하게 써놓았던 자기만의 노하우 및 학생들의 집중적인 질문을 받았던 핵심 사항을 [강의노트]와 [보충수업]이라는 제목하에 달아 놓아 고스란히 자신의 재산으로 만들 수 있습니다.

5. 강의 교재로 알맞게 구성하였습니다.

일선에서의 교육에 맞도록 최대한 실습 위주로 만들었고, 기능에 대한 설명은 한눈에 볼 수 있게끔 부록에서 일목요연하게 정돈시켜 놓았습니다. 특히, 시간 배분에 따른 문제점을 해결하고자 3부에서 예제별로 단원을 나누어 놓아, 골라서 강의할 수 있도록 선택의 폭을 넓혔습니다.

6. 홈페이지에 접속하여 교재 자료를 다운로드할 수 있습니다.

본 교재에 사용된 각종 이미지와 예제 파일은 (주)교학사 홈페이지(www.kyohak.co.kr) [IT/기술/수험서]-[도서 자료]에 등록되어 있습니다. 교육시 필요한 자료들은 언제든지 이곳에서 다운로드하시면 됩니다.

7. 독자들에게는 스스로 마스터할 수 있는 능력을 배양합니다.

매 단원 직접 해보기 및 실전 문제를 통해 다양한 응용력을 키우고, 의문사항은 저자 이메일이나 교학사 도서문의를 통해 언제든지 문의 및 해결하여 자신을 한 단계 업그레이드시킬 수 있습니다.

| 일러두기 |

본문은 예제 중심으로 구성되어 있습니다. 따라서 모든 예제들을 따라하기 전에 꼭 '소스 미리보기'를 먼저 보십시오. 소스 미리보기에서는 어떤 파일을 가지고 어떤 결과를 만들어 내는지 한눈에 확인할 수 있습니다. 뿐만 아니라 그 예제를 만들어 가는데 꼭 필요한 '제작 포인트'가 가 서술되어 있어 쉽게 섹션의 핵심 기능을 알고 시작할 수 있습니다. 이 책은 PC 사용자를 중심으로 화면과 키를 설명하고 있습니다. 만약 매킨토시 사용자라면 다음 사항을 기억하십시오, 작업을 빠르고 효율적으로 처리할 수 있는 단축키에서 PC의 Alt 키는 Option 키로, Ctrl 키는 ⌘키로 대체하여 사용하면 됩니다.

Part01 포토샵 CS6 살펴보기
포토샵 CS6의 구성과 툴과 패널의 기능들을 알아봅니다.

Part02 포토샵 초보자를 위한 기본학습
포토샵 CS6에서 툴을 이용하여 초보자도 쉽게 따라할 수 있는 예제를 제시하여 쉽고 재미있게 따라하며 툴의 기능들을 익힐 수 있습니다.

Part03 포토샵 CS6 디자인 실무
2부에서 익힌 기능들을 이용하여 좀 더 실무적인 연습을 할 수 있도록 하였습니다. 광고 이미지, 유화느낌 표현하기, 입체적인 이미지 만들기 등을 통하여 실무적인 기능을 학습할 수 있습니다.

■ 부록 CD-ROM의 구성 ■

Source/Artwork 폴더
본문에 나오는 직접해보기와 실전 문제 연습에 필요한 예제 파일이 담겨 있습니다.

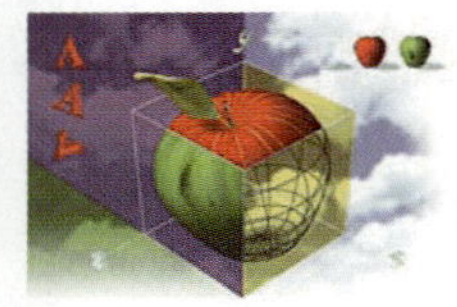

섹션 설명

섹션에서 다룰 내용에 대한 전체적인 개념을 설명합니다. 본문에
대한 이해도를 높이기 위한 코너이므로 필독해 주세요.

직접 해보기

실제로 만들어 가는 과정을 따라하기 식으로 설명하여 누구나 쉽게
예제를 만들어 나갈 수 있고 알찬 기능을 익힐 수 있도록 구성하였
습니다.

소스 미리보기

본문에서 배울 예제의
준비 파일과 완성 파일을
미리 보여주어, 전체적인
흐름을 잡을 수 있도록
하였습니다.

강의노트

알아두면 도움이 되는
내용, 막히는 부분을 더
쉽게 이해할 수 있도록
설명해 줍니다.

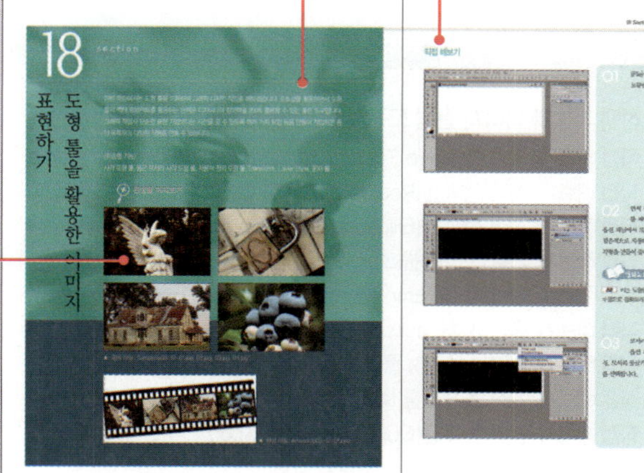

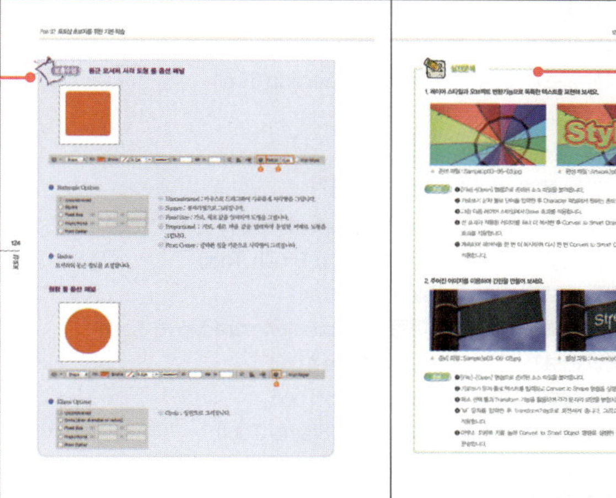

보충학습

해당 섹션에서 설명한 부
분 이외에 좀더 고급적인
기능이나 알아두면 큰
도움이 될 부분을 기술
하고 있습니다.

실전 문제

앞에서 배운 내용을 응용
하여 혼자서 실습해 볼
수 있도록 실습 예제를
수록하였습니다. 준비
파일과 완성 파일을
보여주고 실습에 필요한
간단한 힌트도 제공합
니다.

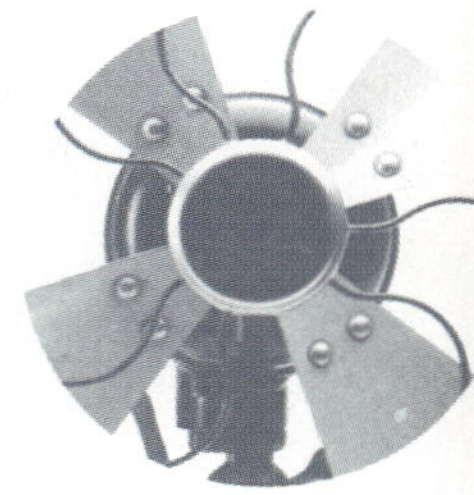

| Contents |

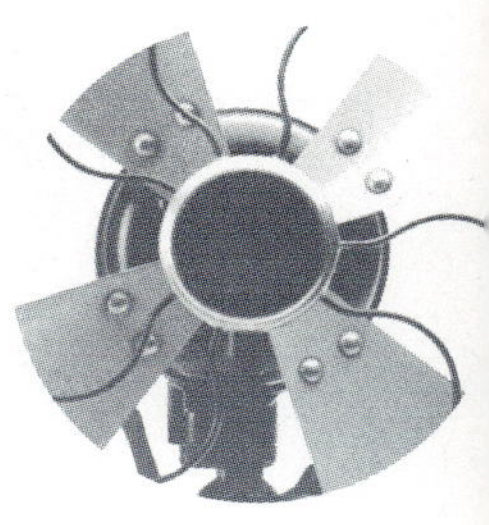

| Contents |

Part 03   포토샵 CS6 디자인 실무

포토샵 CS6 살펴보기

Adobe Photoshop

Part 01

포토샵 CS6 살펴보기

포토샵은 전 세계적으로 가장 많이 사용하는 그래픽 프로그램이라고 할 정도로 인기를 끌고 있습니다. 이러한 인기는 단순히 프로그램의 우수성 때문만이 아니라 그 활용범위와 창조적인 결과물을 만들어 낼 수 있는 가능성 때문일 것입니다.

포토샵은 그래픽 디자인 분야에서 쉽게 접할 수 있고 배울 수 있지만 결코 간단한 프로그램으로 생각해서는 안됩니다. 그래픽 프로그램 중에서는 가장 기능이 많고, 그 수준 또한 전문가 이상을 유지하고 있기 때문에 보다 많은 노력을 통하여 프로그램을 학습하고 다루어야 합니다. 또한 포토샵의 기능을 많이 할고, 사용할 수 있다는 것이 우수한 디자이너가 되거나 전문가로서의 자질을 갖추었다고 할 수 없습니다. 포토샵은 디자이너의 창조적인 결과를 만드는 도구일 뿐이기 때문입니다. 따라서 포토샵을 활용한 디자인 전문가를 논한다면 포토샵의 기본 기능을 충분히 숙지하고 활용할 수 있으며, 자신만의 아이디어 표출에 맞는 기능을 효과적으로 사용할 수 있는 자질을 갖추어야 합니다.

이번 과정에서는 포토샵 인터페이스를 알아보며 포토샵 운용에 있어 기본적으로 알아두어야 할 몇 가지 기능 사용 방법들에 대하여 먼저 학습해 보겠습니다. 포토샵의 작업 영역은 크게 화면 상단의 메뉴와 이미지를 그리거나 편집하는 다양한 툴과 패널들로 구성되어 있습니다. 포토샵은 픽셀로 구성된 디지털 이미지를 비트맵 방식으로 처리하며 포토샵 CS6을 이용하면 일러스트레이터와 유사한 부드러운 선과 확대/축소를 해도 선명도가 유지되는 벡터 이미지를 만들 수도 있습니다.

차례
- 포토샵 CS6 인터페이스 살펴보기
- 기본기 다지기

Photoshop 1. 포토샵 CS6 인터페이스 살펴보기

포토샵 CS6 설치를 완료하고 프로그램을 실행하면 다음과 같은 초기 화면이 표시됩니다. 여기서는 포토샵 인터페이스와 툴 패널의 명칭에 대해 알아보겠습니다.

1. **메뉴 바**
   도큐먼트와 이미지를 컨트롤하는 하위 메뉴를 담고 있으며, 메뉴를 선택하면 대화상자가 나타납니다.

2. **옵션 패널**
   툴을 선택할 경우 툴의 세부 옵션을 설정할 수 있습니다.

3. **툴 패널**
   이미지 편집을 위한 도구들을 모아 놓은 상자입니다. 포토샵 작업 중에서 가장 많이 사용되는 기능들을 툴 패널에 모아 놓았습니다.

4. **작업 창(도큐먼트)**
   작업이 이루어지는 캔버스 화면을 말합니다.

5. **패널**
   메뉴나 툴 패널의 기능에 도움을 주는 기능들이 모여 있습니다.

6. **이미지 탭**
   도큐먼트를 개별적인 탭으로 나타냅니다. 각 탭을 클릭하여 도큐먼트를 이동할 수 있으며 하나의 도큐먼트에 여러 개의 탭으로 새롭게 구성할 수 있습니다.

7. **상태 표시줄**
   도큐먼트 보기 비율, 도큐먼트의 세부 사항, 선택된 툴에 대한 정보를 알 수 있습니다.

툴 패널

포토샵 CS6에서 이미지 작업을 위해 자주 사용되는 도구들을 모아놓은 곳입니다. 이전 버전에 비해 새롭게 추가된 툴과 옵션 사항들이 늘어났으므로 포토샵 CS6의 원활한 운용을 위해서는 툴에 따른 사용법과 옵션 사항에 대하여 충분히 이해해 두어야 합니다.

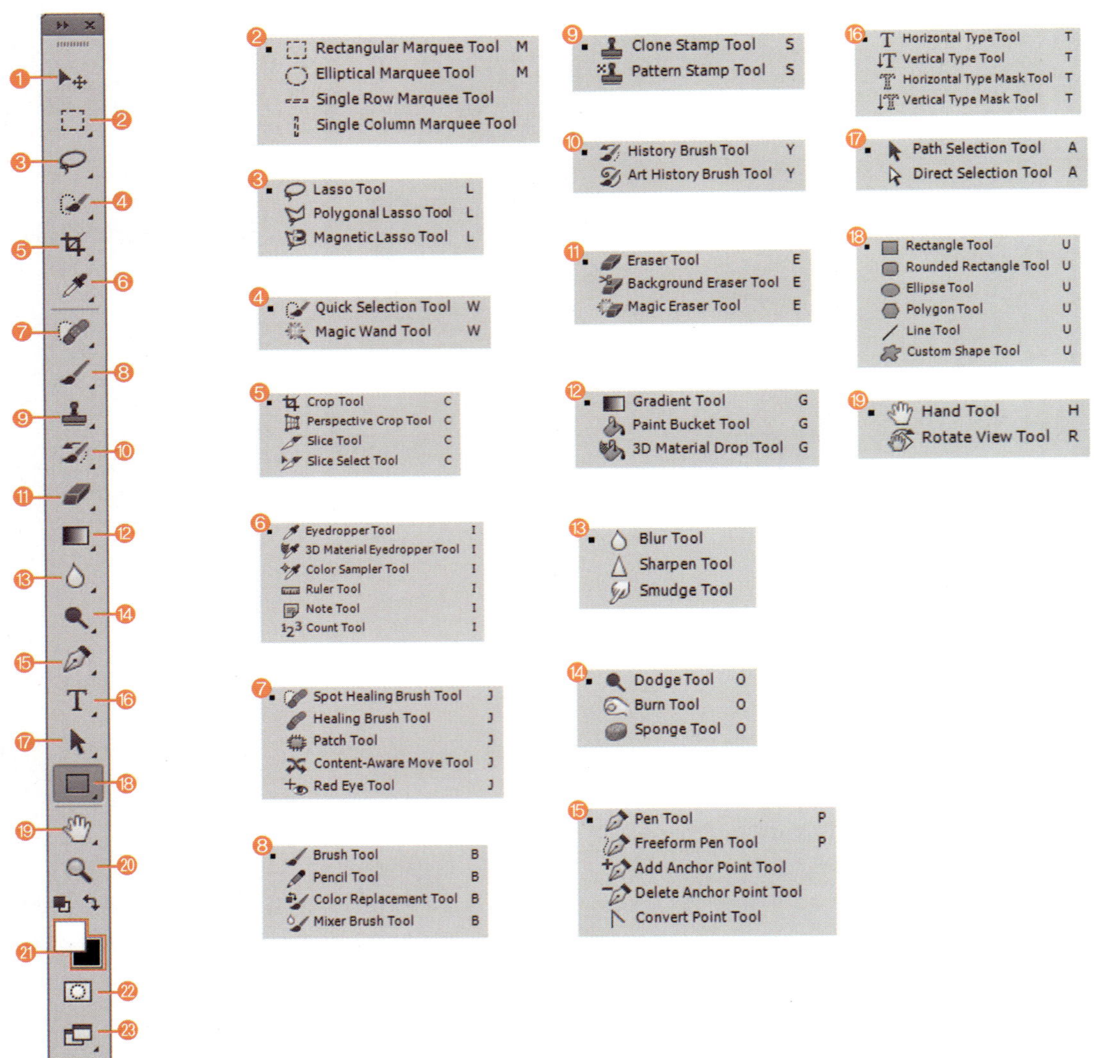

포토샵

1. **이동 툴(Move Tool)**
   이미지 선택 영역 등을 이동합니다.

2. **선택 툴(Marquee Tool)**
   선택 영역을 나타냅니다. 사각형, 원, 가로, 세로 픽셀 모양으로 선택할 수 있습니다.

3. **올가미 툴(Lasso Tool)**
   이미지의 원하는 부분을 자유롭게 드래그하여 선택합니다.

   다각형 올가미 툴(Polygonal Lasso Tool)
   다각형 모양으로 자유롭게 선택합니다.

   자동 올가미 툴(Magnetic Lasso Tool)
   색상의 경계를 자동으로 인식하여 선택합니다.

4. **빠른 선택 툴(Quick Selection Tool)**
   비슷한 색상 영역을 마우스로 드래그하여 빠르게 선택합니다.

   마술봉 툴(Magic Wand Tool)
   클릭한 지점과 비슷한 색상 영역을 빠르게 선택합니다.

5. **자르기 툴(Crop Tool)**
   선택된 영역만 남기고 나머지는 잘라줍니다.

   원근 자르기 툴(Perspective Crop Tool)
   이미지를 변형시켜 자를 수 있습니다.

   슬라이스 툴(Slice Tool)
   웹에서 사용할 목적으로 이미지를 잘라냅니다.

   슬라이스 선택 툴(Slice Select Tool)
   자른 이미지를 선택합니다.

6. **스포이드 툴(Eyedropper Tool)**
   이미지의 색상을 추출합니다.

   3D 재질 스포이드 툴(3D Material Eyedropper Tool)
   3D 오브젝트에 적용된 재질을 추출합니다.

   색상 샘플 툴(Color Sampler Tool)
   기본 색상 정보를 확인할 때 사용하는 도구로서 4개의 고정된 컬러 샘플링 지점을 설정할 수 있습니다.

   측정 툴(Ruler Tool)
   거리를 알고자 하는 임의의 두 점을 클릭 드래그하여 직선을 만들고, 그 직선의 좌표와 크기, 각도 등의 정보를 알 수 있습니다.

   노트 툴(Note Tool)
   이미지에 간단한 메모 등을 할 수 있습니다.

   카운트 툴(Count Tool)
   작업 이미지에서 특정 부분을 순서대로 표시할 때 사용합니다.

7. **스팟 힐링 브러시 툴(Spot Healing Brush Tool)**
   마우스로 클릭한 지점의 주변 색상과 자연스럽게 어울려지도록 복원합니다.

   힐링 브러시 툴(Healing Brush Tool)
   이미지를 다른 이미지로 복제할 때 그림자, 빛, 텍스처 등의 속성을 그대로 보존하면서 먼지, 흠, 주름과 같은 것들을 효율적으로 제거합니다.

   패치 툴(Patch Tool)
   이미지 영역을 자유롭게 드래그, 선택하여 이미지를 복사하고 복사한 이미지를 주위 환경에 최적화 시키는 기능으로 힐링 브러시와 관련된 기능을 좀 더 섬세하게 작업할 수 있습니다.

   내용 인식 이동 툴(Content-Aware Move Tool)
   선택 영역을 이동하여 배경색과 자연스럽게 어우러지게 합니다.

   레드 아이 툴(Red Eye Tool)
   적목 현상을 없애는 기능입니다.

8. **브러시 툴(Brush Tool)**
   사용자가 임의로 여러 가지 형태의 다양한 브러시를 지정하거나 만들어 그림을 그릴 수 있으며 영역에 채색을 할 수도 있습니다.

   연필 툴(Pencil Tool)
   연필 툴은 기본적으로 계단 현상이 적용되기 때문에 선이 부드럽지 않고 딱딱하고 거친 느낌을 줍니다.

   컬러 대체 툴(Color Replacement Tool)
   이미지의 배경색만 바꾸거나 질감이나 음영을 그대로 유지한 상태로 이미지 특정 부분의 색상을 쉽게 바꿀 수 있습니다.

   믹서 브러시 툴(Mixer Brush Tool)
   수채 색연필로 수채화를 그리듯이 사진을 유화풍의 그림으로 손쉽게 그리게 해준다.

9. **복제 도장 툴(Clone Stamp Tool)**
   이미지의 특정 부분을 다른 이미지의 부분, 또는 전체에 복제하는 도구로 [Alt] 키를 누른 상태에서 클릭하여 복제 기준점을 설정하고, 원하는 위치에 드래그하면 기준점의 이미지가 복제됩니다.

   패턴 도장 툴(Pattern Stamp Tool)
   원하는 이미지의 부분을 패턴으로 등록하고 적용하는 기능입니다.

10. **히스토리 브러시 툴(History Brush Tool)**
    변형시켰던 이미지를 부분적으로 원래의 이미지로 복원시키는 기능을 지원합니다.

    아트 히스토리 브러시 툴(Art History Brush Tool)
    붓을 질감을 이용하여 회화적인 브러시 효과를 표현합니다.

11. 지우개 툴(Eraser Tool)

마우스로 드래그하는 부분을 투명하게 지워주거나 배경색으로 칠해줍니다.

백그라운드 지우개 툴(Background Eraser Tool)

마우스로 클릭한 부분의 이미지 색상을 인식하여 투명하게 지워줍니다. 백그라운드 이미지를 레이어 상태로 만들어 투명하게 지워줍니다.

마술 지우개 툴(Magic Eraser Tool)

마술봉 툴처럼 옵션 패널의 Tolerance 설정 값에 따라 유사한 색상을 선택하여 한꺼번에 지워줍니다.

12. 그라디언트 툴(Gradient Tool)

두 가지 이상의 색상과 색상 사이에 변해가는 색상을 뚜렷한 경계 없이 부드럽게 채워줍니다.

페인트 통 툴(Paint Bucket Tool)

이미지에서 같은 색 범위를 인식하여 그 영역에 색상이나 패턴을 한 번에 채우는 도구입니다.

3D 재질 놓기 툴(3D Material Drop Tool)

3D 오브젝트에 재질을 칠합니다.

13. 블러 툴(Blur Tool)

이미지를 뿌옇게, 초점이 흐린 효과를 줍니다.

샤픈 툴(Sharpen Tool)

이미지를 뚜렷하게, 초점이 선명한 효과를 줍니다.

스머지 툴(Smudge Tool)

손가락으로 문지르는듯 한 효과를 줍니다.

14. 닷지 툴(Dodge Tool)

이미지를 밝게 합니다.

번 툴(Burn Tool)

이미지를 어둡게 합니다.

스폰지 툴(Sponge Tool)

이미지의 채도를 조절합니다.

15. 펜 툴(Pen Tool)

직선 또는 곡선 패스를 그리거나 곡선으로 이루어진 이미지의 외곽을 선택 영역으로 저장하여 선택 툴 용도로 사용합니다.

자유 펜 툴(Freeform Pen Tool)

마우스로 자유롭게 드래그하여 패스를 만듭니다.

포인트 추가 펜 툴(Add Anchor Point Tool)

만들어진 패스에 앵커 포인트를 추가합니다.

포인트 삭제 펜 툴(Delete Anchor Point Tool)

만들어진 포인트를 삭제합니다.

포인트 속성 변환 툴(Convert Point Tool)

핸들을 삭제하거나 생성시켜 앵커 포인트의 속성을 바꾸면서 형태를 변형합니다.

16. 가로 문자 툴(Horizontal Type Tool)

문자를 수평으로 입력합니다.

세로 문자 툴(Vertical Type Tool)

문자를 수직으로 입력합니다.

가로 마스크 문자 툴(Horizontal Type Mask Tool)

문자를 수평으로 입력하며 입력한 문자를 선택 영역으로 만들어줍니다.

세로 마스크 문자 툴(Vertical Type Mask Tool)

문자를 수직으로 입력하며 입력한 문자를 선택 영역으로 만들어줍니다.

17. 패스 선택 툴(Path Selection Tool)

패스나 도형의 전체를 선택하여 이동할 때 사용합니다.

직접 선택 툴(Direct Selection Tool)

패스나 도형의 포인트, 핸들을 선택하여 모양을 수정할 때 사용합니다.

18. 사각 도형 툴(Rectangle Tool)

도형 툴은 여러 가지 모양의 다양한 벡터 형식의 도형들을 만들 수 있는 기능으로 사각 도형 툴은 사각형 모양의 도형을 그립니다.

둥근 모서리 사각 도형 툴(Rounded Rectangle Tool)

모서리가 둥근 사각형을 그립니다.

원형 툴(Ellipse tool)

정원이나 타원을 그립니다.

다각형 툴(Polygon Tool)

다각형을 그립니다.

라인 툴(Line Tool)

직선 라인을 그립니다.

사용자 정의 도형 툴(Custom Shape Tool)

여러 가지 모양의 도형을 그릴 수 있습니다.

19. 손바닥 툴(Hand Tool)

이미지 화면을 원하는 부분으로 이동할 때 사용합니다.

도큐먼트 회전 툴(Rotate View Tool)

도큐먼트를 회전시킵니다.

20. 돋보기 툴(Zoom Tool)

이미지를 확대하거나 축소합니다.

21. 색상 모드

전경색이나 배경색을 지정할 수 있습니다.

22. Mode

퀵 마스크 모드와 기본 모드를 오가며 이미지를 선택할 수 있습니다.

23. Screen Mode

여러 가지 화면 모드를 지원합니다.

Photoshop 2. 기본기 다지기

포토샵 운용에 있어 인터페이스나 이미지를 자유롭게 다룰 수 있도록 몇 가지 방법에 대해서 알아봅니다.

툴 패널, 각종 패널 확장하고 축소하기

작업 화면을 구성하는 툴 패널과 각종 패널은 확장하거나 축소하여 작업 영역을 넓게 활용할 수 있습니다. 또한 위치를 조절하여 사용자가 자주 사용하는 기능들로 작업 화면을 새롭게 구성할 수 있습니다.

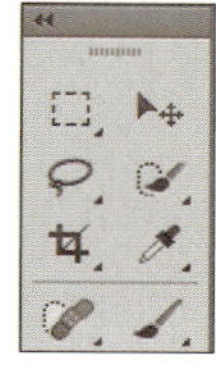
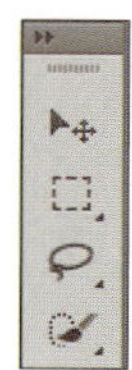
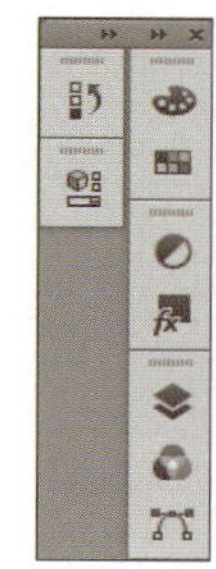
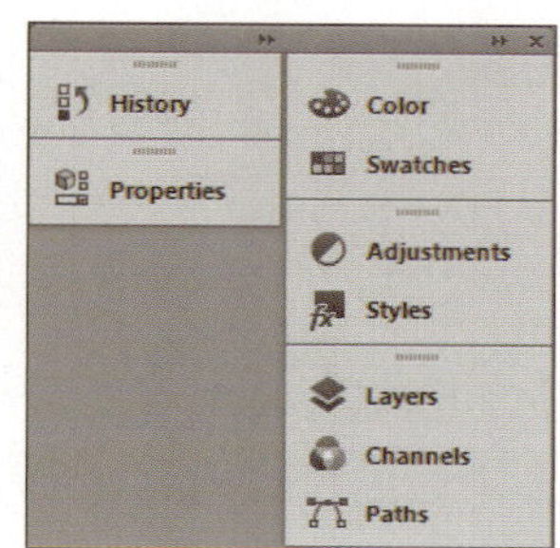
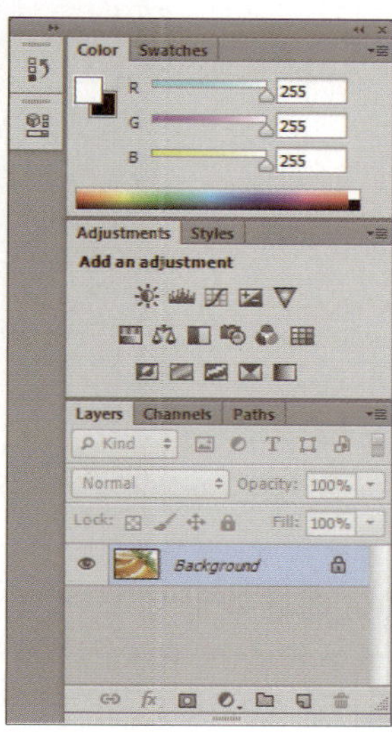

파일 열기

부록 CD에는 섹션을 진행하는데 필요한 파일들이 들어 있습니다.

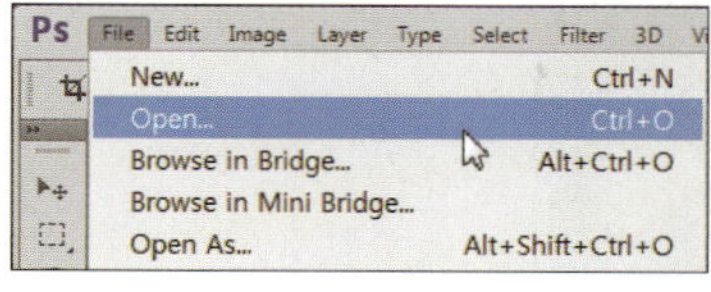

미니 브릿지에서 파일 열기

필요한 파일을 쉽게 찾고 다양한 이미지 정보를 확인할 수 있는 미니 브릿지가 인터페이스 하단에 추가되었습니다. 브릿지에서 불러오고자 하는 썸네일을 더블클릭하면 이미지가 열립니다.

어도비 브릿지에서 파일 열기

어도비 브릿지를 실행하여 왼쪽에 위치한 Folder 탭에서 원하는 경로를 지정하면 해당 폴더의 이미지 썸네일이 보입니다.

이 썸네일을 더블클릭하거나, 브릿지 메뉴 바에서 [File]−[Open]을 선택하여 포토샵에 이미지를 불러옵니다.

도큐먼트 이동하기

하나 이상의 이미지를 개별적으로 불러왔을 때 각각의 이미지 탭으로 도큐먼트가 구성됩니다. 각 탭을 클릭하여 도큐먼트를 이동할 수 있고 도킹된 탭은 개별적으로 분리하여 사용할 수 있습니다.

이미지를 불러올 때 [Edit]−[Preference]−[Interface] 메뉴에서 Open Documents as Tabs 항목의 선택 유무에 따라 다르게 구성됩니다.

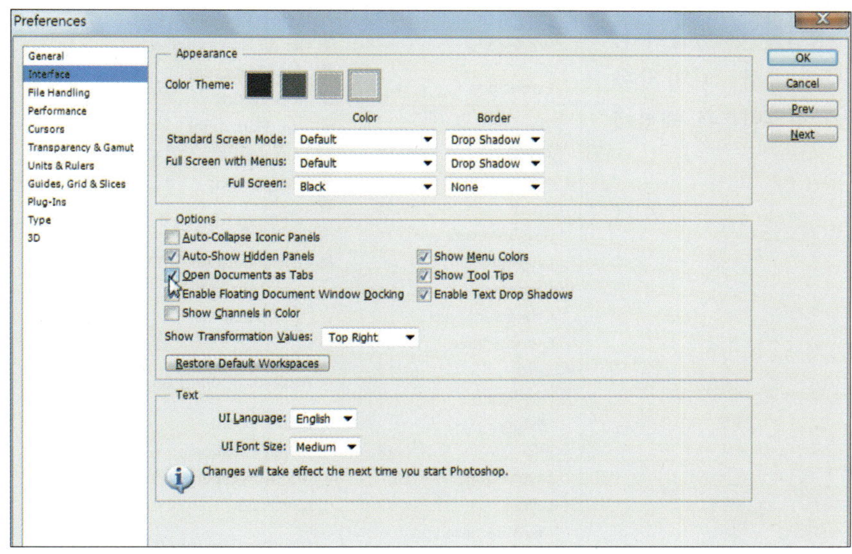

〈선택하였을 경우〉

〈선택하지 않았을 경우〉

도큐먼트 정렬하기

[Window] 메뉴의 Arrange 명령을 이용하여 다양한 형태로 도큐먼트를 정렬할 수 있습니다. 여러 개의 이미지를 나타내서 이미지를 이동시키거나 필요한 이미지 도큐먼트를 빠르게 찾을 수 있습니다.

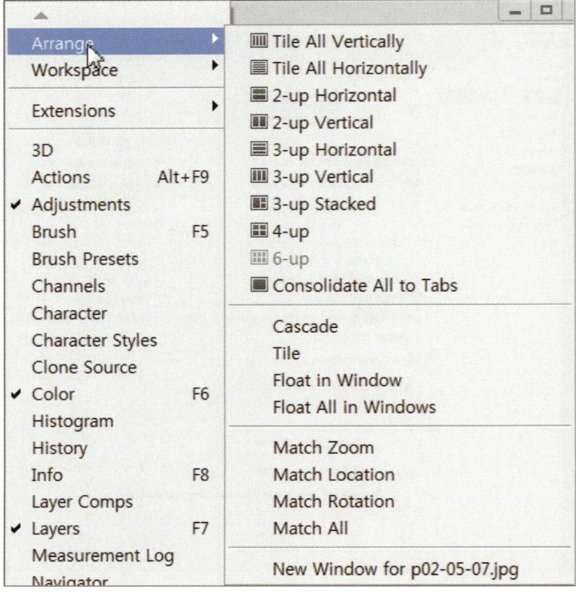

〈Tile All Vertically〉

〈4-up〉

숨은 툴 사용하기

포토샵에서는 비슷한 기능의 툴들을 그룹으로 묶어서 나타냅니다. 그룹에 속한 툴들을 빠르게 찾고 원하는
툴을 선택할 수 있어야 합니다 각 툴의 오른쪽 하단에 작은 삼각형 표시가 있습니다. 이는 비슷한 기능을 갖고
있는 툴의 목록을 나타내는 것입니다. 해당 툴을 클릭하면 숨겨진 툴을 나타낼 수 있습니다.

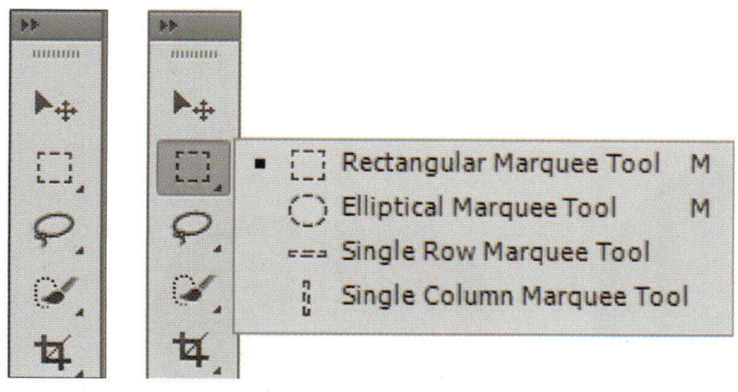

인터페이스 색상 조절하기

포토샵 CS6 버전에서는 기존의 회색 인터페이스를 벗어나 검은색까지 여러 단계로 선택하여 사용할 수 있는 옵션이 추가되었습니다. [Edit]-[Preference]-[Interface] 메뉴에서 원하는 색상을 지정하여 사용하면 됩니다.

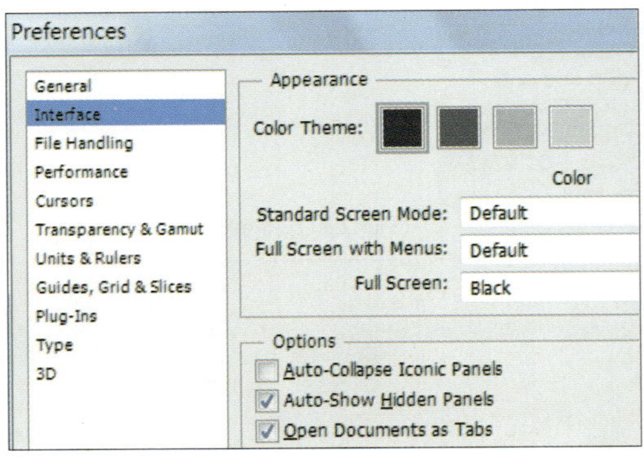
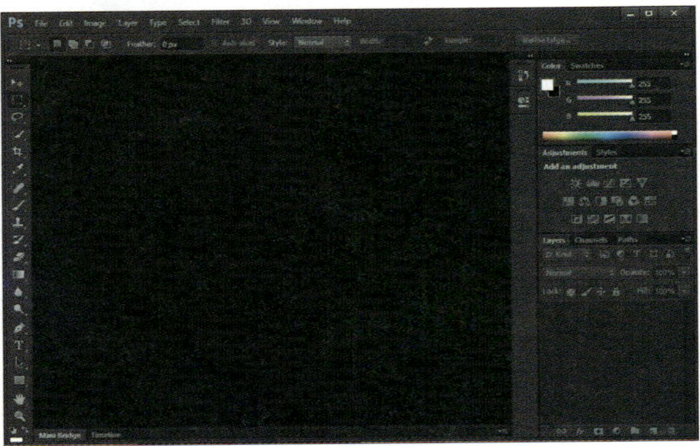

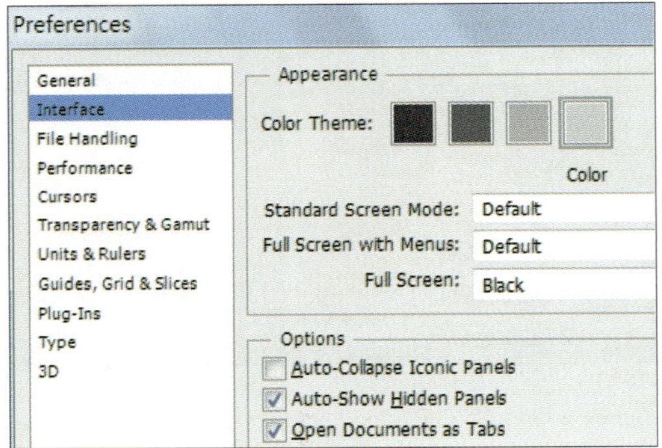
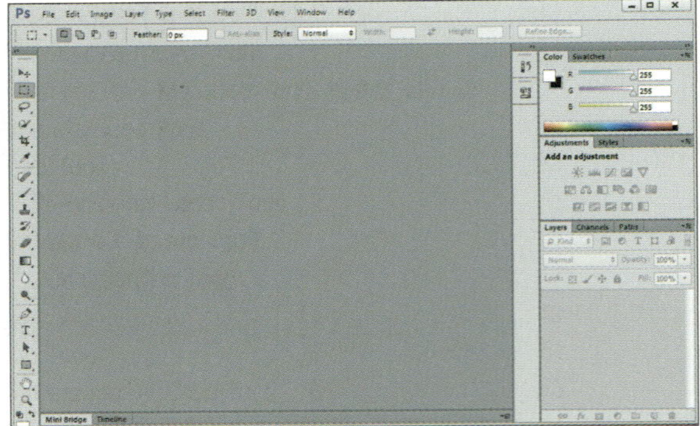

단축키와 함께 사용하기

툴의 활용도를 높이려면 단축 기능을 정확히 이해하고 있어야 합니다. 포토샵에서 정비례의 선택 작업 또는 크기 조절을 위해서 Shift 키를 누르고 툴을 사용합니다. 또는 수평, 수직, 45° 방향으로 이미지를 복사하거나 이동시킬 때도 Shift 키를 활용합니다.

Alt 키는 이미지 또는 레이어를 복사하는 기능으로 많이 활용됩니다. 이동 툴을 이용하여 Alt 키를 누르고 이미지를 드래그하면 선택한 이미지가 새로운 레이어에 복사됩니다. Layer 패널에서도 복사할 레이어를 Alt 키를 누르고 드래그하면 복사됩니다.

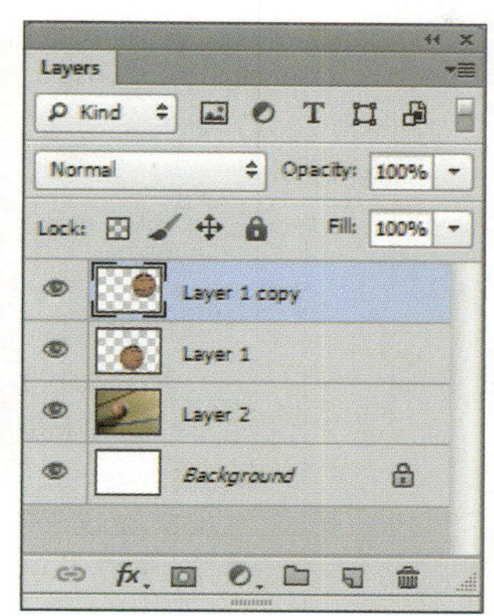

옵션 패널과 패널 사용

옵션 패널에서는 툴의 속성을 설정할 수 있습니다. 옵션 패널에 수치를 직접 입력하거나 옵션 라벨을 마우스로 드래그하여 빠르게 수치를 조절할 수도 있습니다. 문자 툴의 옵션 패널의 문자 크기 라벨 위에서 마우스를 드래그하면 수치가 증가/감소됩니다.

패널의 속성 라벨을 마우스로 드래그하거나 수치 입력 공간 위에서 Ctrl 키를 누르고 드래그해도 수치를 빠르게 조절할 수 있습니다.

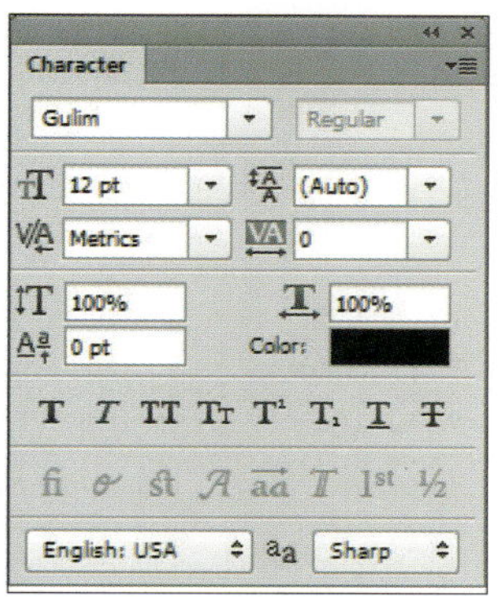

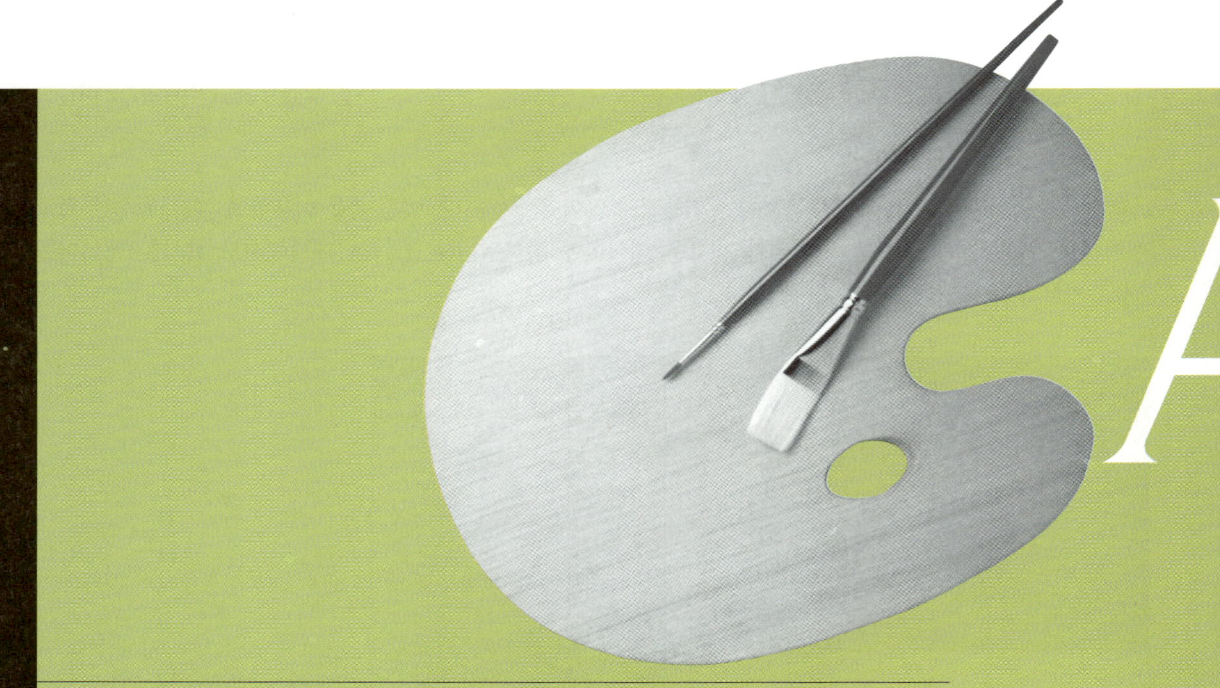

포토샵 초보자를 위한 기본학습

dobe
Photoshop
02
P|a|r|t

02 section

선택 기능과 이미지 편집

도구 익히기

포토샵에서 이미지의 선택과 이동 기능은 모든 작업의 기초가 됩니다. 선택 툴은 이미지에 사용자가 원하는 선택 영역을 만든 후 채색, 복사, 이동, 변형 등의 작업을 진행할 수 있도록 합니다. 이미지의 수정 및 편집 작업에는 선택 툴과 이동 툴의 활용을 빼놓고 이야기할 수 없을 만큼 사용빈도가 높은 툴이기 때문에 매우 중요한 부분이기도 합니다. 옵션 패널의 세부적인 특성과 옵션 사항까지 충분히 숙지하시기 바랍니다.

〈학습할 기능〉

이동 툴, 사각 선택 툴, 원형 선택 툴, 가로선 선택 툴, 세로선 선택 툴, 올가미 툴, 다각형 올가미 툴, 자석 올가미 툴, 빠른 선택 툴, 마술봉 툴, 자르기 툴, 원근 자르기 툴, 분할 툴, 분할 선택 툴

차례

- 이동 툴(Move Tool)
- 사각 선택 툴(Rectangular Marquee Tool)
- 원형 선택 툴(Elliptical Marquee Tool)
- 가로선 선택 툴(Single Row Marquee Tool)
- 세로선 선택 툴(Single Column Marquee Tool)
- 올가미 툴(Lasso Tool)
- 다각형 올가미 툴(Polygonal Lasso Tool)
- 자석 올가미 툴(Magnetic Lasso Tool)
- 빠른 선택 툴(Quick Selection Tool)
- 마술봉 툴(Magic Wand Tool)
- 자르기 툴(Crop Tool)
- 원근 자르기 툴(Perspective Crop Tool)
- 분할 툴(Slice Tool)
- 분할 선택 툴(Slice Selection Tool)

직접 해보기   이동 툴(Move Tool) 

이미지 창 안의 이미지를 원하는 위치로 옮기거나 레이어의 복사, 또는 선택 영역의 이미지를 복사, 이동할 때 사용됩니다. Alt 키를 누른 채 드래그하면 복사 이동의 기능을 합니다.

01 [File]–[Open] 명령으로 "Sample〉part02" 폴더안 의 "p02–01–01.jpg" 파일을 불러옵니다.

02 툴 패널에서 사각 선택 툴을 선택하고 왼쪽 이미지 외곽을 드래그하여 선택 영역을 만듭니다.

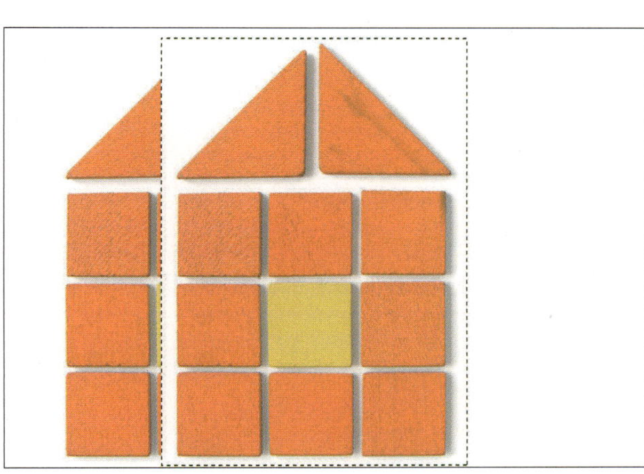

03 이동 툴을 선택하고 Alt + Shift 를 누른 상태에 서 오른쪽으로 드래그하여 이동시켜 줍니다.

강의노트

이미지 이동하기
이미지를 이동시킬 때 Shift 키를 누른 채 드래그하 면 가로, 세로, 45° 각도로 정확하게 이동시킬 수 있습 니다.

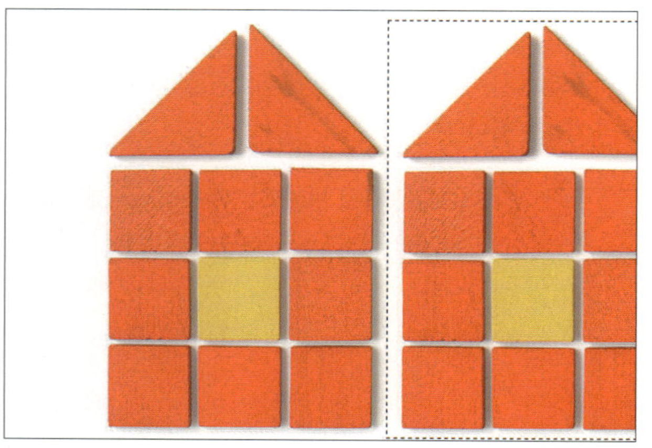

04 그러면 오른쪽 빈 공간에 또 하나의 이미지가 복사 되어 하나가 더 만들어지게 됩니다.

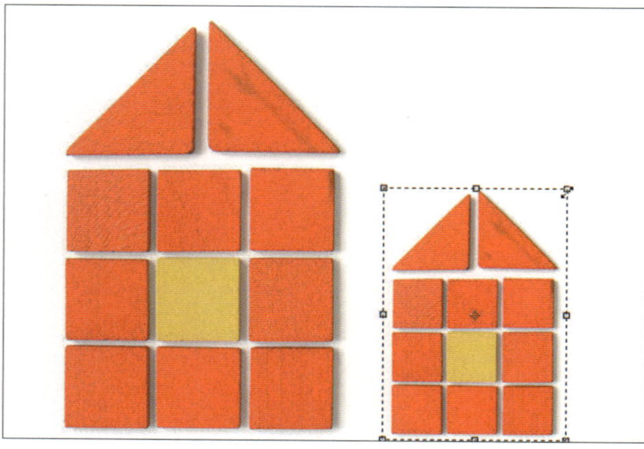

05 계속하여 [Edit]-[Free Transform] 명령을 실행 합니다. Shift 키를 누른 채 모서리 부분을 드래 그하여 크기를 축소시킨 후 Enter 키를 누릅니다.

강의노트

이미지 크기조절
바운딩 박스를 이용하여 이미지의 크기를 조절할 때 Shift 키를 누른 채 드래그하면 가로, 세로 비율을 유지한 채 크기를 조절할 수 있습니다.

06 Ctrl + D 를 눌러 선택 영역을 해제하여 완성합 니다.

강의노트

선택 영역을 해제하기 위해서 Ctrl + D 를 누르거나 선택 툴을 지정한 상태에서 선택 영역 밖을 클릭하면 해제됩니다.

보충수업　**이동 툴 옵션 패널**

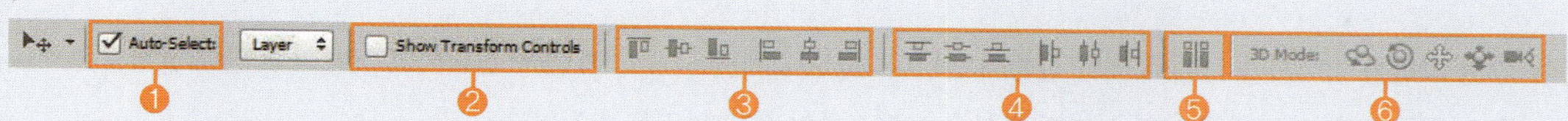

❶ Auto Select Layer/Group

마우스가 그룹 또는 레이어에서 어느 것을 자동으로 인식할지 결정하는 옵션입니다. 원하는 이미지를 클릭하면 해당 이미지가 위치한 그룹 또는 레이어로 자동 이동, 선택됩니다.

❷ Show Transform Controls

선택된 레이어의 이미지를 쉽게 변형할 수 있도록 조절 박스를 보여줍니다.

❸ Align Linked

두 개 이상의 레이어가 링크되어 있을 경우에만 활성화되는 옵션으로 선택된 레이어를 기준으로 정렬시킵니다.

　ⓐ Align to edges : 선택된 레이어 이미지를 기준으로 위쪽으로 정렬합니다.

　ⓑ Align vertical centers : 선택된 레이어 이미지를 수평 중앙으로 정렬합니다.

　ⓒ Align bottom edges : 선택된 레이어 이미지를 기준으로 아래쪽으로 정렬합니다.

　ⓓ Align left edges : 선택된 레이어 이미지를 기준으로 왼쪽으로 정렬합니다.

　ⓔ Align horizontal centers : 선택된 레이어 이미지를 기준으로 수직 중앙으로 정렬합니다.

　ⓕ Align right edges : 선택된 레이어 이미지를 기준으로 오른쪽으로 정렬합니다.

❹ Distribute Linked

세 개 이상의 레이어가 링크 걸려 있을 경우에만 활성화되는 옵션으로 링크시킨 레이어 이미지들이 배분 정렬되는 방식을 지정합니다.

　ⓐ Distribute top edges : 링크된 이미지의 위쪽을 기준으로 간격을 균등하게 정렬합니다.

　ⓑ Distribute vertical centers : 링크된 이미지의 가로 중앙을 기준으로 간격을 균등하게 정렬합니다.

　ⓒ Distribute bottom edges : 링크된 이미지의 아래쪽을 기준으로 간격을 균등하게 정렬합니다.

　ⓓ Distribute left edges : 링크된 이미지의 왼쪽을 기준으로 간격을 균등하게 정렬합니다.

　ⓔ Distribute horizontal centers : 링크된 이미지의 세로 중앙을 기준으로 간격을 균등하게 정렬합니다.

　ⓕ Distribute right edges : 링크된 이미지의 오른쪽을 기준으로 간격을 균등하게 정렬합니다.

❺ Auto-Align Layers

두 장 이상의 파노라마 사진을 이어 붙일 때 자동으로 연결해주는 기능입니다.

❻ 3D Mode

3D 작업을 할 경우 이미지의 이동이나 회전등에 사용되는 기능입니다.

직접 해보기 사각 선택 툴(Rectangular Marquee Tool)

사각 형태로 이미지 영역을 선택합니다.

01 앞서 작업한 이미지를 그대로 계속 진행해 봅니다. 툴 패널에서 사각 선택 툴을 선택하고 상단의 옵션 패널에서 Feather 값을 지정합니다. 그리고 중앙의 이미지 부분을 드래그하여 선택 영역을 만듭니다.

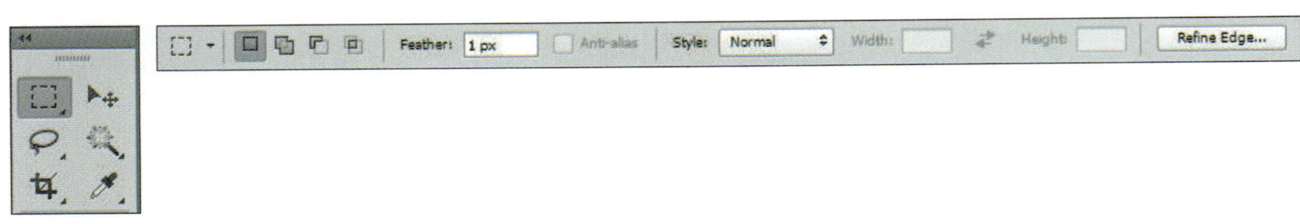

Feather 기능은 선택된 영역의 모서리 부분을 부드럽게 만들어 주는 기능으로 값이 높을수록 퍼지는 정도가 많아집니다.

02 [Image]-[Adjustments]-[Hue/Saturation] 명령을 실행합니다.

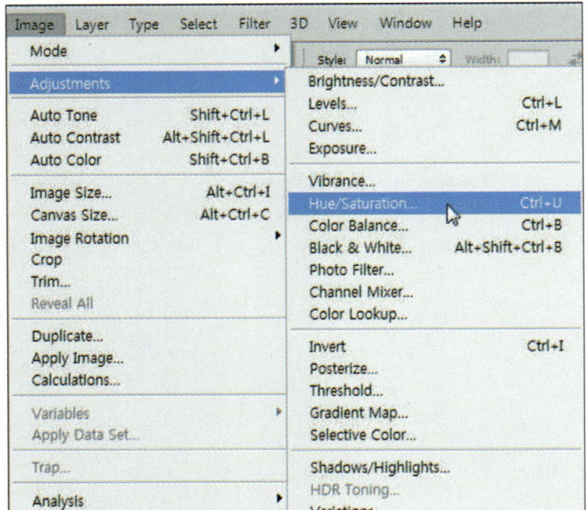

Hue/Saturation은 색상, 채도, 명도를 조절하여 모노톤이나 듀오톤의 효과를 적용할 수 있는 색상 보정의 기능입니다.

○3 조정 패널이 나타나면 Hue 슬라이드를 조절하여 파란색 계열로 색상을 보정합니다.

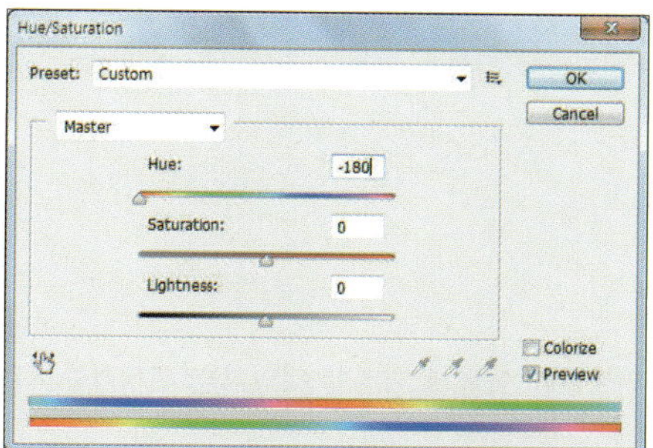

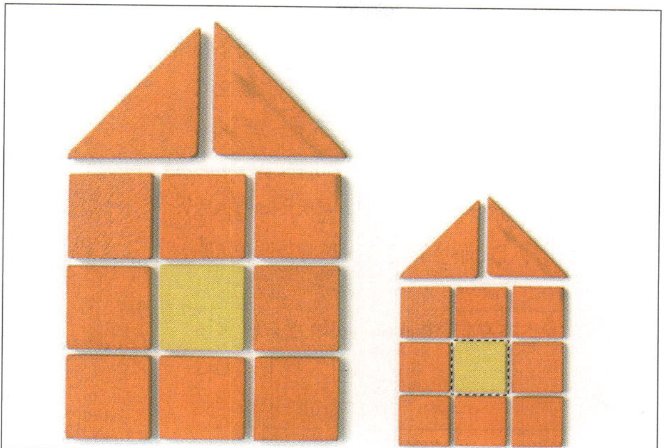

Photoshop

보충수업 **선택 툴 옵션 패널**

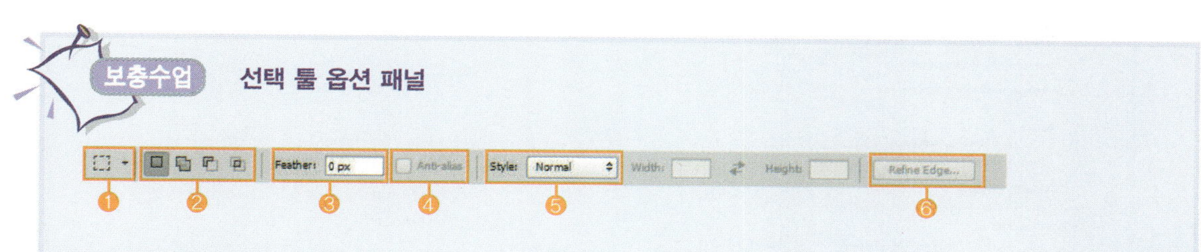

❶ **툴 프리셋(Tool Preset)**

툴 프리셋은 각 사용에 있어서 작업자가 자주 사용하는 옵션 상태를 저장한 후 작업시에 빠르게 선택하여 사용할 수 있는 기능으로 현재 선택된 툴에 관련된 프리셋을 선택할 수 있습니다.

❷ **선택 옵션 모드**

ⓐ New selection : 일반적인 선택 방법으로 드래그하여 새로운 영역을 선택합니다.

ⓑ Add to selection : 기존에 선택된 영역에 새로운 선택 영역을 추가합니다.

ⓒ Subtract from selection : 기존에 선택된 영역에서 새로운 선택 영역을 제거합니다.

ⓓ Intersect with selection : 기존 선택 영역에서 새로운 선택 영역과의 공통된 부분만을 선택합니다.

❸ **Feather**

선택 영역의 경계선에 부드럽게 퍼지는 효과를 적용하는 기능으로 수치 값이 커질수록 경계 부분의 퍼짐 효과가 많아집니다.

▲ 0일 경우　　▲ 10일 경우　　▲ 20일 경우

❹ **Anti-alias**

선택 영역의 경계선을 부드럽게 처리해주는 기능으로 특히 사선이나 곡선 주위의 계단 현상을 부드럽게 해줍니다.

▲ 체크하지 않았을 경우　　　　▲ 체크하였을 경우

⑤ Style

선택 영역을 지정할 때 마우스로 드래그하여 지정할 것인지, 수치 값을 입력하여 정확히 지정할 것인지를 결정하는
옵션입니다.

   ⓐ Normal : 사용자가 마우스로 드래그하여 선택 영역을 지정합니다.

   ⓑ Fixed Aspect Ratio : 가로, 세로의 비율을 일정하게 선택합니다.

   ⓒ Fixed Size : 입력한 수치만큼의 픽셀 크기로 영역을 선택합니다.

⑥ Refine Edge

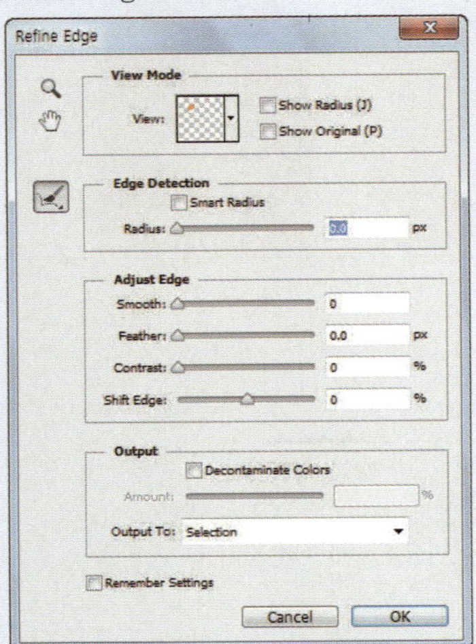

선택 영역의 테두리에 있는 픽셀들을 어떻게 처리할 것인지를 선택하는
기능입니다.

   ⓐ Zoom Tool/Hand Tool : 화면을 확대/축소하거나 이동합니다.

   ⓑ Refine Radius Tool/Erase Refinements Tool : 마우스를 드래그하여 다듬을 영역을 확장하거나 다듬어진 가장자리를
원래 이미지로 복원합니다.

   ⓒ View Mode : 선택 영역의 이미지를 다양한 형태로 표현합니다.

     – Marching Ants : 선 수치에 따라 선택 영역의 변화를 볼 수 있습니다.

     – Overlay : 마스크 모드로 선택 영역을 전환합니다.

     – On Black : 검은색 배경에 마스크됩니다.

     – On White : 흰색 배경에 마스크됩니다.

     – Black & White : 흑과 백의 농도로 표시됩니다.

     – On Layer : 레이어에 마스크됩니다.

     – Reveal Layer : 선택 영역은 숨겨지고 레이어 이미지를 나타냅니다.

▲ Marching Ants

▲ Overlay

▲ On Black

▲ On White

▲ Black & White　　　▲ On Layer　　　▲ Reveal Layer

ⓓ Edge Detection : 경계를 재구성하여 세밀한 선택이 가능합니다.
- Smart Radius : 자동으로 경계를 구성합니다.

  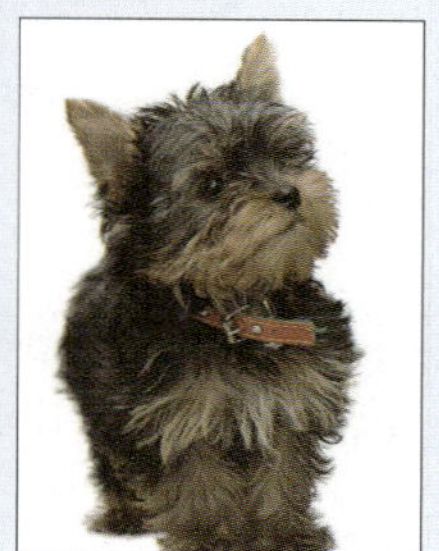

ⓔ Adjust Edge : 이미지 경계를 조정합니다. 경계를 부드럽게 나타내거나 대비를 강하게 조정할 수 있어 선택 영역의 경계를 확장 또는 축소할 수 있습니다.
- Smooth : 선택 영역의 테두리를 부드럽게 처리합니다.
- Feather : 값이 높을수록 테두리 부분이 부드럽게 처리됩니다.
- Contrast : 선택 영역의 경계면의 대비차를 조절합니다.
- Shift Edge : 선택 영역의 경계를 추가/삭제합니다.

ⓕ Output : 선택 영역의 이미지를 나타내는 형식을 설정합니다. 새로운 레이어나 마스크 형식 또는 새로운 문서에 선택 영역의 이미지를 나타낼 수 있습니다.
- Decontaminates Colors : 경계면 색상을 제거합니다. 경계면의 색상을 지워 배경과 자연스럽게 합성될 수 있는 양을 조절합니다.
- Output To : 선택 영역의 이미지를 재구성하는 방법을 설정합니다. 새로운 레이어에 잘라내거나 마스크 처리 또는 새 문서에 나타낼 수 있습니다.

Photoshop

직접 해보기　원형 선택 툴(Elliptical Marquee Tool) ◯

원형 모양으로 이미지 영역을 선택합니다.

01 [File]–[Open] 명령으로 "Sample〉part02" 폴더안의 "p02-01-02.jpg, 03.jpg" 파일을 불러옵니다.

02 [View]–[Rulers] 명령으로 눈금자를 불러오고, 눈금자 안에서 마우스를 클릭, 드래그하여 농구공 상단 외곽에 맞춰 가이드라인을 만듭니다. 다시 한 번 위와 동일한 방법으로 농구공 왼쪽 외곽에 맞춰 가이드라인을 만듭니다.

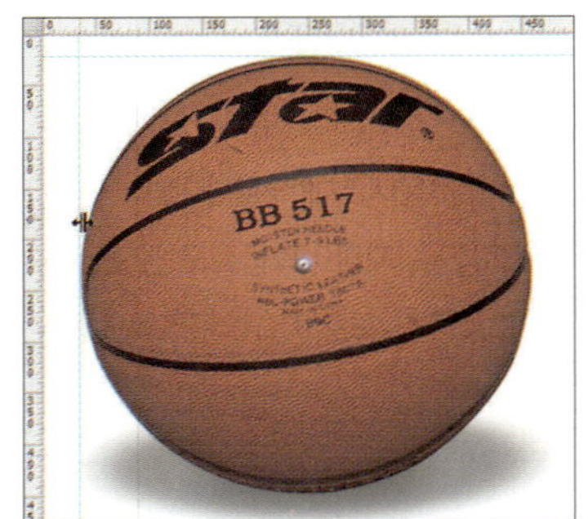

03 툴 패널에서 원형 선택 툴을 지정한 후 가이드라인 교차점에서부터 드래그하여 농구공 원에 맞추어 선택 영역을 만듭니다.

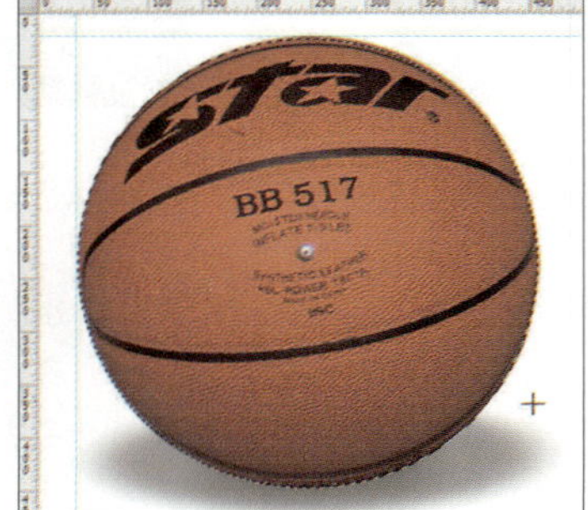

04 이동 툴을 선택하고 또 다른 배경이미지로 드래그하여 이동시킵니다. 그 결과 배경 레이어에 새로운 레이어가 생기면서 농구공 이미지가 복사되어 나타납니다.

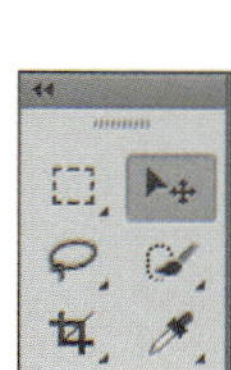

05 [Edit]-[Free Transform] 명령을 실행합니다. Shift 키를 누른 채 모서리 부분을 드래그하여 크기를 축소시키고 또한 회전시킨 후 Enter 키를 누릅니다.

06 계속하여 이동 툴이 지정된 상태에서 Alt 키를 누른 채 농구공을 드래그하여 하나를 더 복사합니다. 그러면 레이어 패널에 또 하나의 레이어가 생기면서 농구공 이미지가 복사됩니다.

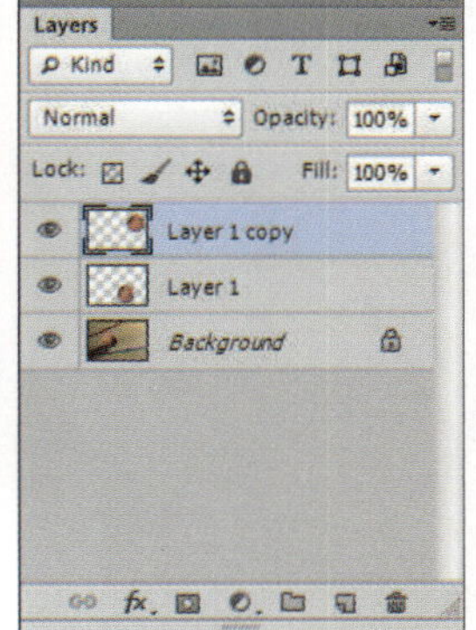

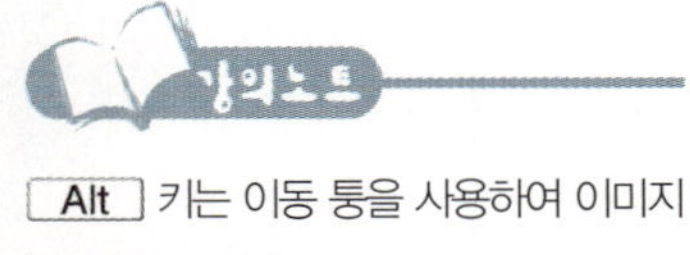

Alt 키는 이동 툴을 사용하여 이미지를 드래그하면 복사기능을 합니다.

O7 [Ctrl]+[T]를 눌러 크기를 조절하고 회전시켜 완성합니다.

직접 해보기 가로선 선택 툴(Single Row Marquee Tool) , 세로선 선택 툴(Single Column Marquee Tool)

가로, 세로 1픽셀 크기로 이미지 영역을 선택합니다.

O1 [File]-[Open] 명령으로 "Sample〉part02" 폴더안의 "p02-01-04.jpg" 파일을 불러옵니다.

O2 툴 패널에서 가로선 선택 툴을 지정하고 이미지에 클릭합니다. 그러면 가로로 1픽셀 크기의 선택 영역이 만들어 지는 것을
볼 수 있습니다.

03 [Shift] 키를 누른채 원하는 부분에 한 번 더 클릭하여 선택 영역을 추가합니다. 전경색을 흰색으로 지정한 후 [Alt] +[Delete]를 눌러 흰색을 채워 넣습니다.

[Alt]+[Delete] 키는 지정된 전경색을 한 번에 채워 넣기 위한 단축키이며, 반대로 [Ctrl]+[Delete] 키는 배경색을 채워 넣습니다.

04 이번에는 세로선 선택 툴을 지정하고 위와 동일한 방법으로 선택 영역을 만든 후 흰색을 채워 넣습니다.

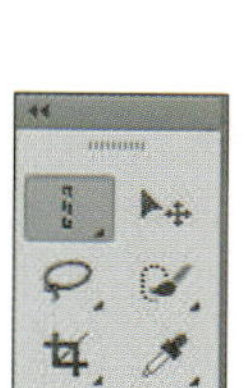

05 툴 패널에서 사각 선택 툴을 지정하고 이미지를 드래그하여 선택 영역을 만듭니다. 그런 다음 레이어 패널 하단의 Create new fill or adjustment layer 아이콘을 클릭하여 Hue/Saturation 명령을 선택합니다.

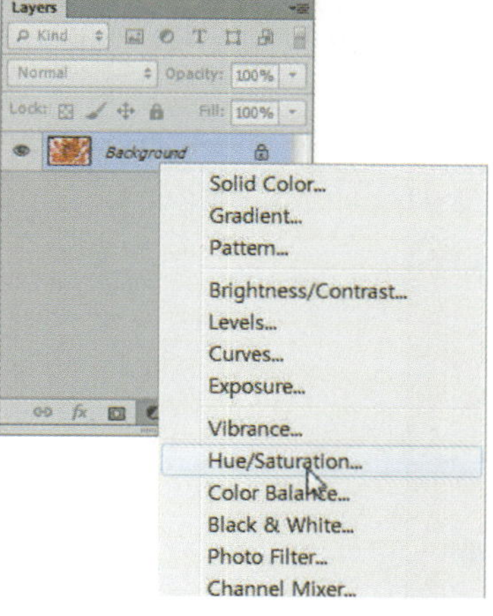

06 조정 패널에서 오른쪽 하단의 Colorize 항목을 체크하고 Hue 슬라이드를 움직여 색상을 보정합니다.

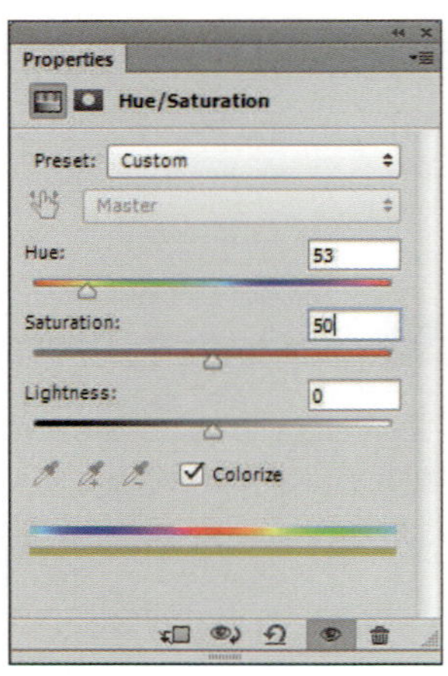

07 위와 동일한 방법으로 나머지 부분도 각각 선택한 후 원하는 색상으로 이미지를 보정시켜 봅니다.

직접 해보기 올가미 툴(Lasso Tool)

원하는 영역을 마우스로 드래그하여 자유롭게 선택합니다.

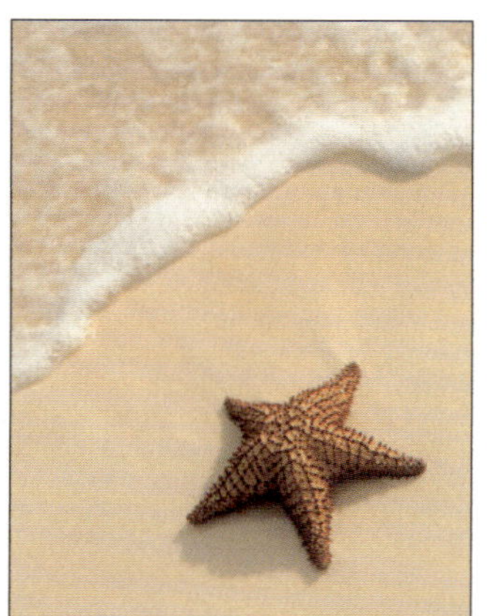

01 [File]-[Open] 명령으로 "Sample>part02" 폴더안의 "p02-01-05.jpg" 파일을 불러옵니다.

○2 툴 패널에서 올가미 툴을 선택하고 옵션 패널에서 Feather 값을 2px 정도 설정합니다.

Feather 기능은 선택된 영역의 모서리 부분을 부드럽게 만들어 주는 기능으로 값이 높을수록 퍼지는 정도가 많아집니다.

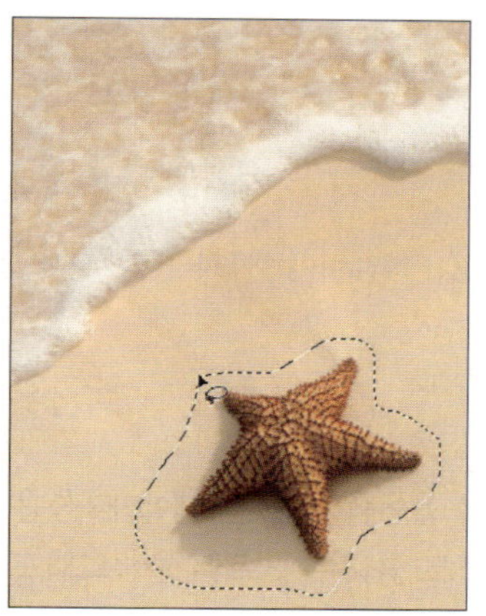

○3 마우스로 불가사리 이미지의 외곽을 드래그하여 선택 영역을 설정해 줍니다.

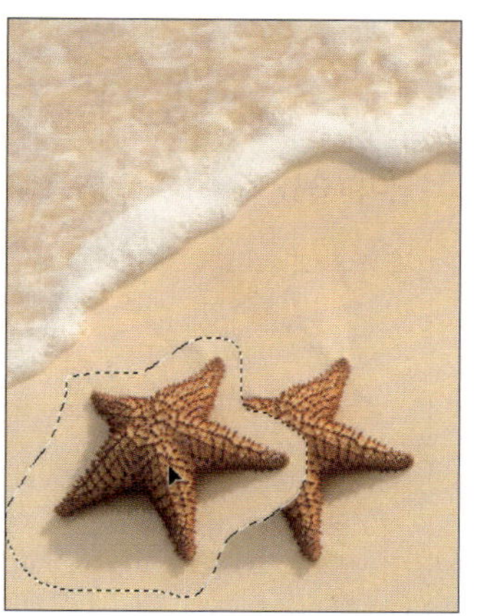

○4 그런 다음 이동 툴로 Alt 키를 누른채 원하는 위치에 드래그하여 이미지를 복사시킵니다.

이미지 복사하기

이미지를 복사할 때 선택 영역이 설정된 상태에서 복사를 하게 되면 새로운 레이어가 생기지 않고 같은 레이어상에서 이미지만 복사되지만, 선택 영역을 설정하지 않은 상태에서 복사하게 되면 새로운 레이어가 만들어지면서 복사됩니다.

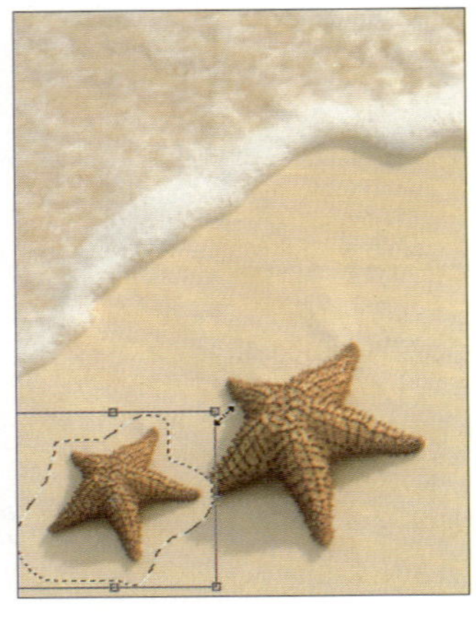

O5 선택 영역이 잡혀있는 상태에서 Ctrl + T 를 누릅니다. Shift 키를 누른채 조절 박스 모서리 부분을 마우스로 드래그하여 이미지의 크기를 조절합니다.

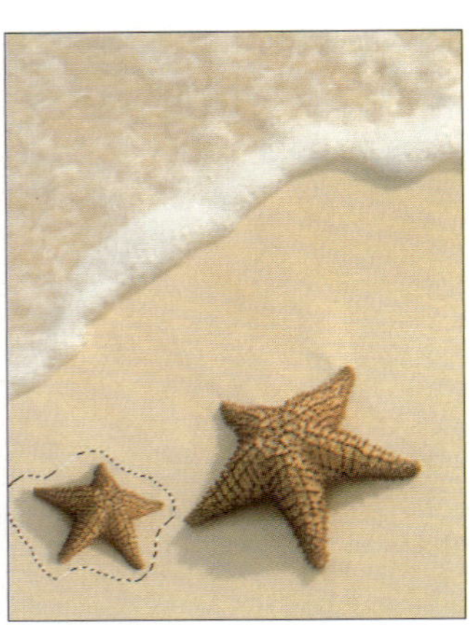

O6 계속하여 조절 박스 바깥쪽에 마우스를 가져가 회전 아이콘이 나타나면 드래그하여 회전시켜주고 Enter 키를 누릅니다.

O7 이미지가 선택된 상태에서 계속하여 Alt 키를 누른채 원하는 위치로 드래그하여 이미지를 하나 더 복사시킵니다.

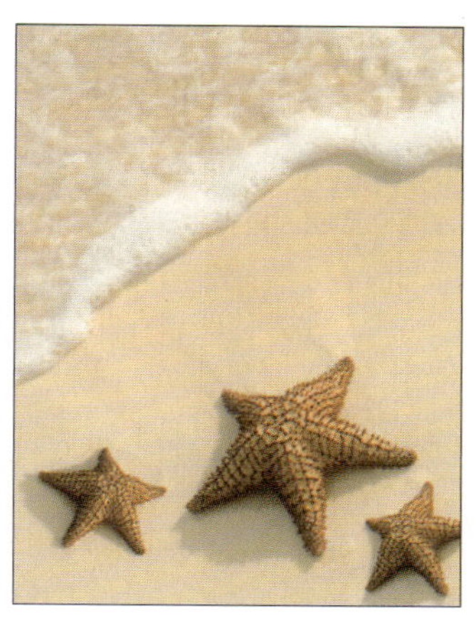

08 그런 다음 [Ctrl]+[T]를 눌러 회전시켜주고 [Enter] 키를 누릅니다. 그리고 [Ctrl]+[D]를 눌러 선택 영역을 해제하고 완성합니다.

직접 해보기 다각형 올가미 툴(Polygonal Lasso Tool)

원하는 영역의 외곽선을 따라 클릭하면서 직선 형태로 선택합니다.

01 [File]-[Open] 명령으로 "Sample〉part02" 폴더안의 "p02-01-06.jpg" 파일을 불러옵니다.

02 정확한 작업을 위하여 돋보기 툴을 이용하여 이미지를 확대합니다. 툴 패널에서 다각형 올가미 툴을 선택하고 집 이미지 외곽을 따라 클릭합니다. 작업 도중 이미지 영역을 이동시킬 때는 키보드의 [Space Bar] 키를 누른 채 화면을 이동시키면 됩니다.

이미지 확대 및 축고
돋보기 툴을 이용하여 이미지를 확대, 축소할 수 있으며, 키보드의 [Ctrl]+[Space Bar]를 누르면 확대, [Alt]+[Space Bar]를 누르면 축소 할 수 있어 작업을 빠르게 할 수 있습니다.

O3 작업 도중 잘못 지정된 부분은 Delete 키를 눌러 클릭한 점을 삭제하고 다시 영역을 만들어 갑니다. 이미지 외곽 부분을 모두 클릭한 후 처음 시작점에 마우스 포인트를 가져가면 마우스 포인트가 원형으로 표시되면 선택 영역이 완성됩니다.

O4 실제 크기를 보기 위해 돋보기 툴을 더블클릭하여 작업 화면을 확인합니다.

O5 선택 영역이 활성화된 상태에서 [Select]-[Inverse] 명령으로 선택 영역을 반전시켜 배경 이미지 부분을 선택 영영으로 활성화시킵니다.

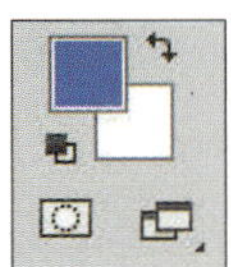

06 툴 패널에서 전경색과 배경색 아이콘을 클릭하여 파란색과 흰색으로 지정하고 OK 버튼을 클릭합
니다.

07 메뉴에서 [Filter]-[Render]-[Clouds] 명령을 실행하면 맑
은 하늘 이미지가 만들어집니다.

직접 해보기 자석 올가미 툴(Magnetic Lasso Tool)

마우스로 드래그하여 이미지의 경계 부분의 색상 및 채도를 자동으로 추적하여 선택합니다.

01 [File]-[Open] 명령으로 "Sample〉part02" 폴더안의 "p02-01-07.jpg, 08.jpg" 파일을 불러옵니다.

O2 자석 올가미 툴을 이용하여 각각의 이미지를 하나로 합성시켜 보겠습니다. 먼저 돋보기 툴로 바나나 이미지를 클릭하여 화면을 확대합니다.

O3 툴 패널에서 자석 올가미 툴을 선택하고 옵션 패널의 Frequency 값을 조절합니다.

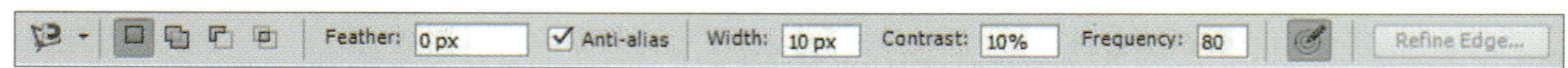

O4 시작점을 클릭한 후 이미지 외곽을 따라 자동으로 포인터가 생성되면서 영역 라인이 만들어집니다. 작업 도중 잘못 지정된 부분은 Delete 키를 눌러 포인터를 삭제시키면 됩니다.

05 작업을 계속하여 마지막 점을 시작점과 연결시키면 선택 영역으로 전환됩니다. 돋보기 툴로 확대하여 경계가 제대로 선택
되지 않은 부분이 있다면 올가미 툴을 이용하여 선택 영역을 정교하게 잡아줍니다.

기존의 선택 영역에서 Shift 키를 눌러 추가 선택하
거나 Alt 키를 눌러 제외시켜 선택 영역을 잡을 수
있습니다.

06 이동 툴을 사용하여 선택 영역의 이미지를 원하는 위치로 드래그 하고 Ctrl + T 를 눌러 크기를 조절해 줍니다.

Photoshop

보충수업 　**자석 올가미 툴 옵션 패널**

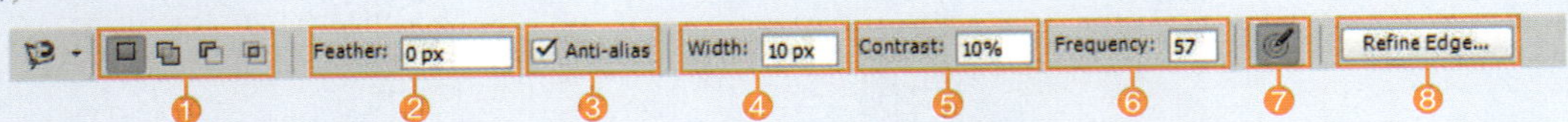

① 선택 모드

ⓐ New selection : 일반적인 선택 방법으로 드래그하여 새로운 영역을 선택합니다.

ⓑ Add to selection : 기존에 선택된 영역에 새로운 선택 영역을 추가합니다.

ⓒ Subtract from selection : 기존에 선택된 영역에서 새로운 선택 영역을 제거합니다.

ⓓ Intersect with selection : 기존 선택 영역에서 새로운 선택 영역과의 공통된 부분만을 선택합니다.

② Feather

선택 영역의 경계선에 부드럽게 퍼지는 효과를 적용하는 기능으로 수치 값이 커질수록 경계 부분의 퍼짐 효과가 많아집니다.

③ Anti-alias

선택 영역의 경계선을 부드럽게 처리해주는 기능으로 특히 사선이나 곡선 주위의 계단 현상을 부드럽게 해줍니다.

④ Width

경계선의 색상을 추출하는 옵션으로 256픽셀까지 지정할 수 있습니다. 수치 값이 적을수록 색상 차를 분명히 찾아낼 수 있어 이미지의 경계선을 섬세하게 추출해 낼 수 있습니다.

⑤ Contrast

선택하고자 하는 이미지 경계선의 대비 정도를 지정하는 옵션입니다. 수치 값이 높을수록 색상 경계가 부드럽게 선택되며 낮을수록 대비가 작은 경계선까지 포함하므로 좀 더 자세히 선택할 수 있습니다.

⑥ Frequency

기준점의 생성 개수를 조절할 수 있는 옵션으로 기준점이 많이 표시될수록 정교하게 선택할 수 있습니다.

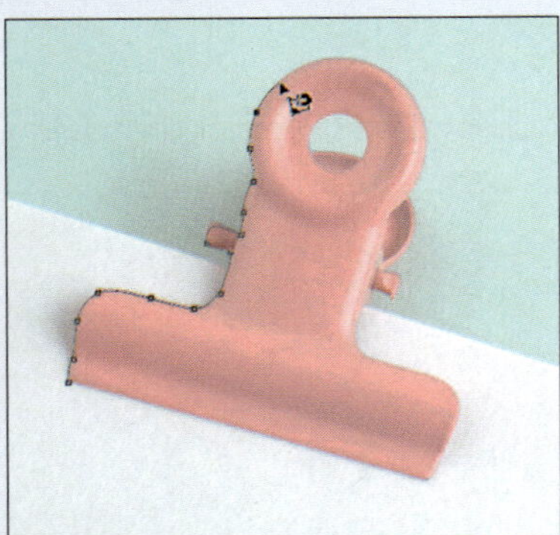

▲ 값이 57일 경우

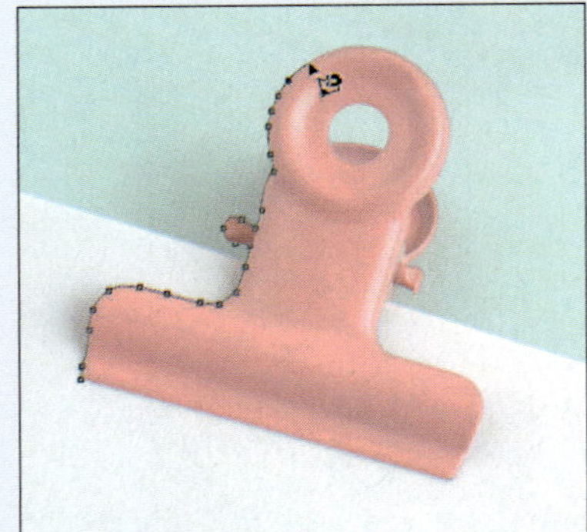

▲ 값이 80일 경우

⑦ Use tablet pressure to change pen width

타블렛 사용자가 이용할 수 있는 옵션으로 체크를 하게 되면 펜 압력에 따라 선택 영역을 지정할 수 있는 기능입니다.

⑧ Refine Edge

선택 영역의 테두리에 있는 픽셀들을 어떻게 처리할 것인지를 선택하는 기능입니다.

직접 해보기 빠른 선택 툴(Quick Selection Tool)

여러 가지 색상이 조합된 이미지나 비슷한 색상을 선택 영역으로 만들 때 쉽게 선택할 수 있는 기능으로 드래그하여
선택할 수 있어 더욱 정확하고 효율적으로 선택할 수 있습니다.

01 [File]-[Open] 명령으로 "Sample〉part02" 폴더안의 "p02-01-09.jpg" 파일을 불러옵니다. 툴 패널에서 빠른 선택 툴을 선
택하고 옵션 패널에서 드롭다운 메뉴를 클릭하여 브러시의 크기를 조절합니다.

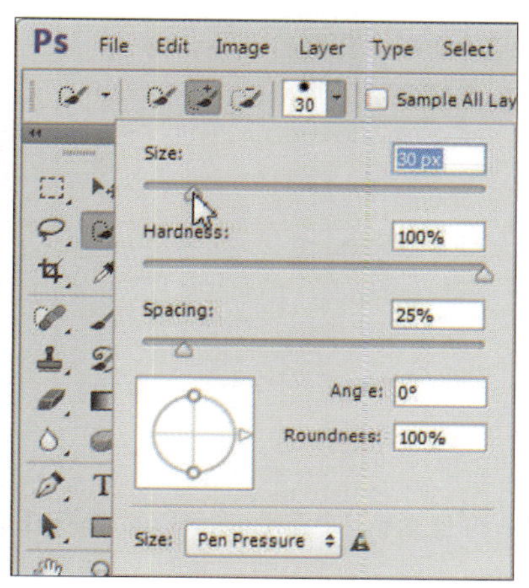

Photoshop

02 마우스로 드래그하면서 이미지의 일부분을 선택 영역
으로 만들어줍니다.

03 정확히 선택되지 않았을 경우, 선택 영역을 추가할 때
는 Shift 키를 누른 채 클릭하거나 드래그하여 선택
영역을 추가하면 되고, 반대로 선택 영역을 제외시키
고자 할 경우에는 Alt 키를 사용하면 됩니다.

○4 모두 선택 영역으로 전환되었다면 레이어 패널 하단의 Create new fill or adjustment layer 아이콘을 클릭하여 Hue/ Saturation 명령을 선택합니다.

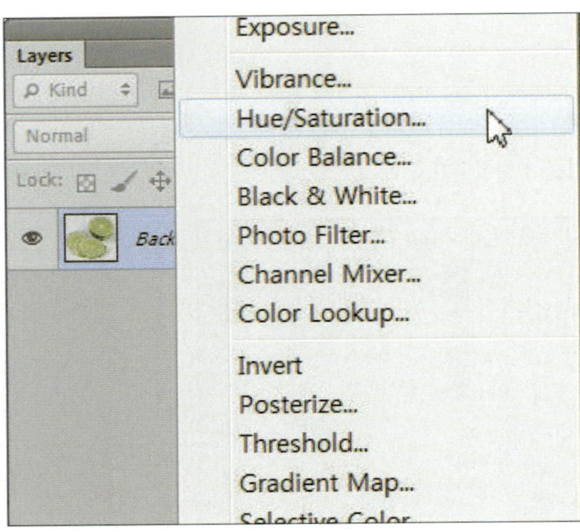

○5 조정 패널이 나타나면 하단의 Colorize 항목을 체크하고 빨간색 계열로 색상을 보정합니다.

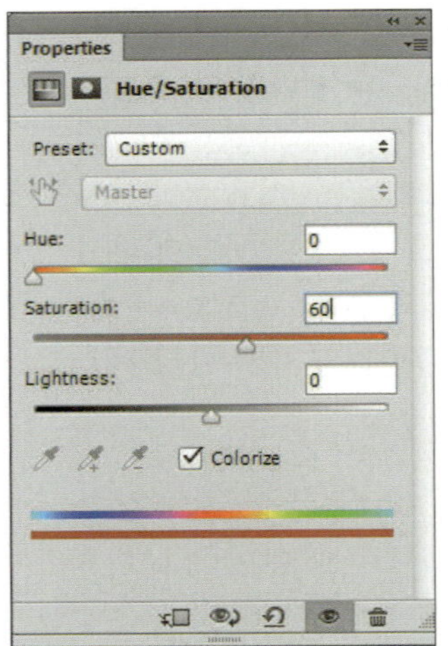

Adjustments 패널을 이용하게 되면 작업이 쉬울 뿐만 아니라 레이어가 따로 분리되면서 작업이 이루어지기 때문에 이미지 조정 작업이 용이합니다.

보충수업　빠른 선택 툴 옵션 패널

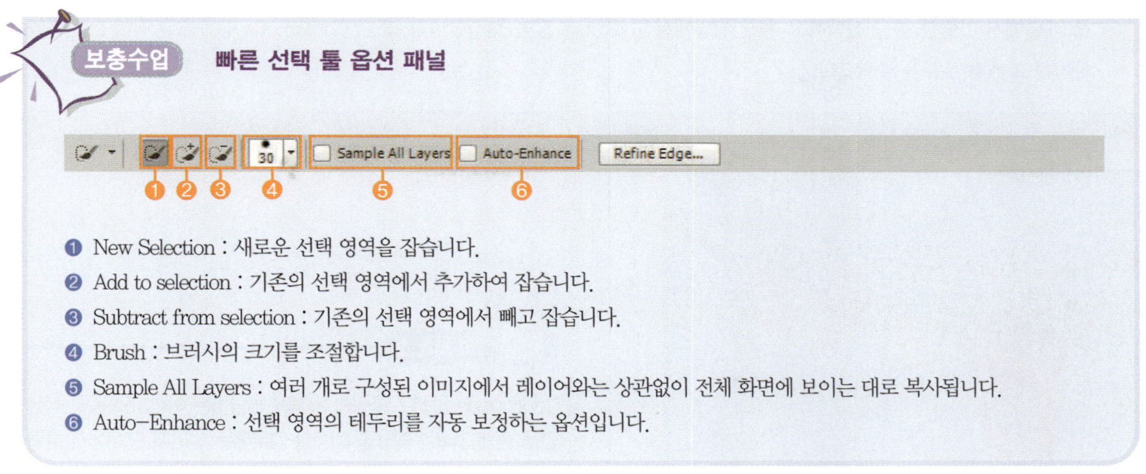

❶ New Selection : 새로운 선택 영역을 잡습니다.
❷ Add to selection : 기존의 선택 영역에서 추가하여 잡습니다.
❸ Subtract from selection : 기존의 선택 영역에서 빼고 잡습니다.
❹ Brush : 브러시의 크기를 조절합니다.
❺ Sample All Layers : 여러 개로 구성된 이미지에서 레이어와는 상관없이 전체 화면에 보이는 대로 복사됩니다.
❻ Auto-Enhance : 선택 영역의 테두리를 자동 보정하는 옵션입니다.

직접 해보기　마술봉 툴(Magic Wand Tool)

비슷한 색상 영역을 한 번에 선택할 수 있는 편리한 기능으로 단일 색상의 배경 이미지를 추출할 때 효과적으로 사용됩니다.

01　[File]-[Open] 명령으로 "Sample〉part02" 폴더안의 "p02-01-10.jpg, 11.jpg" 파일을 불러옵니다.

02　두 이미지를 자연스럽게 합성시켜 보겠습니다. 먼저 이동 툴을 선택하고 Shift 키를 누른 채 화분 이미지를 하늘 이미지로 드래그합니다.

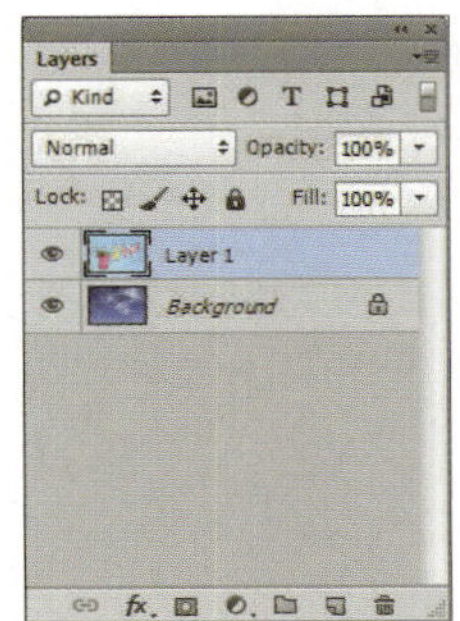

O3 툴 패널에서 마술봉 툴을 선택하고 옵션 패널에서 Tolerance 값을 설정합니다. 또한 Contiguous 항목을 클릭하여 선택을
해제하고 배경 부분을 클릭합니다.

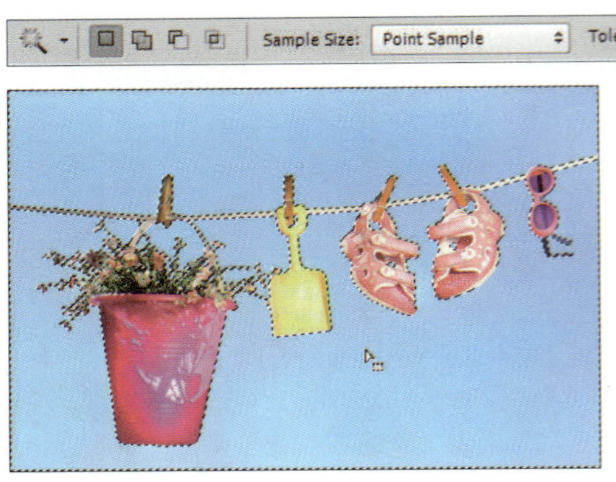

강의노트

Contiguous 옵션은 클릭한 지점에 해당하는 이미지와 동일 색상
만을 선택합니다. 체크를 해제할 경우에는 이미지 전체에서 클릭
한 지점과 동일한 색상을 모두 선택할 수 있습니다.

O4 키보드에서 Delete 키를 눌러 선택 영역으로 설정된 부분을 삭제합니다. 그러면 선택 영역이 지워지면서 하늘 이미지가 보
이게 됩니다.

포토샵

보충수업　마술봉 툴 옵션 패널

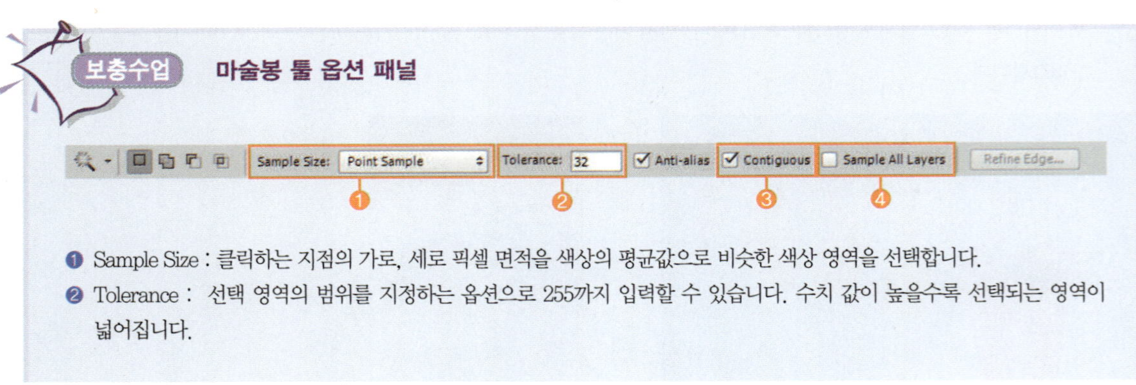

❶ Sample Size : 클릭하는 지점의 가로, 세로 픽셀 면적을 색상의 평균값으로 비슷한 색상 영역을 선택합니다.
❷ Tolerance : 선택 영역의 범위를 지정하는 옵션으로 255까지 입력할 수 있습니다. 수치 값이 높을수록 선택되는 영역이
　넓어집니다.

▲ 값이 32일 경우

▲ 값이 60일 경우

❸ Contiguous : 클릭한 지점에 해당하는 이미지만 동일 색상을 선택합니다. 체크를 해제할 경우에는 이미지 전체에서 클릭한 지점과 동일한 색상을 모두 선택할 수 있습니다.

▲ 체크하였을 경우

▲ 체크하지 않았을 경우

❹ Sample All Layers : 레이어 구분과 관계없이 마술봉 툴로 클릭한 지점과 동일한 색상을 선택합니다.

직접 해보기 자르기 툴(Crop Tool)

사각형 모양으로 선택한 이미지 부분만을 남기고 나머지 부분을 잘라냅니다.

O1 [File]-[Open] 명령으로 "Sample〉part02" 폴더안의 "p02-01-12.jpg" 파일을 불러옵니다.

O2 툴 패널에서 자르기 툴을 지정하고 마우스로 잘라낼 부분을 드래그하거나 조절 박스를 드래그하여 영역을 조절합니다. 그 결과 선택 부분을 제외한 나머지 부분이 어둡게 표시되는데 이 부분이 바로 잘려나갈 부분입니다.

O3 선택된 영역의 크기를 조절 및 회전시켜 [Enter] 키를 누르면 선택된 부분만 남고 나머지 부분은 삭제됩니다.

강의노트

자르기 툴로 드래그하여 선택된 영역은 이동이나 변형이 가능하며, 옵션 패널에서 잘려나갈 부분에 대한 농도 값을 조절할 수 있습니다.

보충수업   자르기 툴 옵션 패널

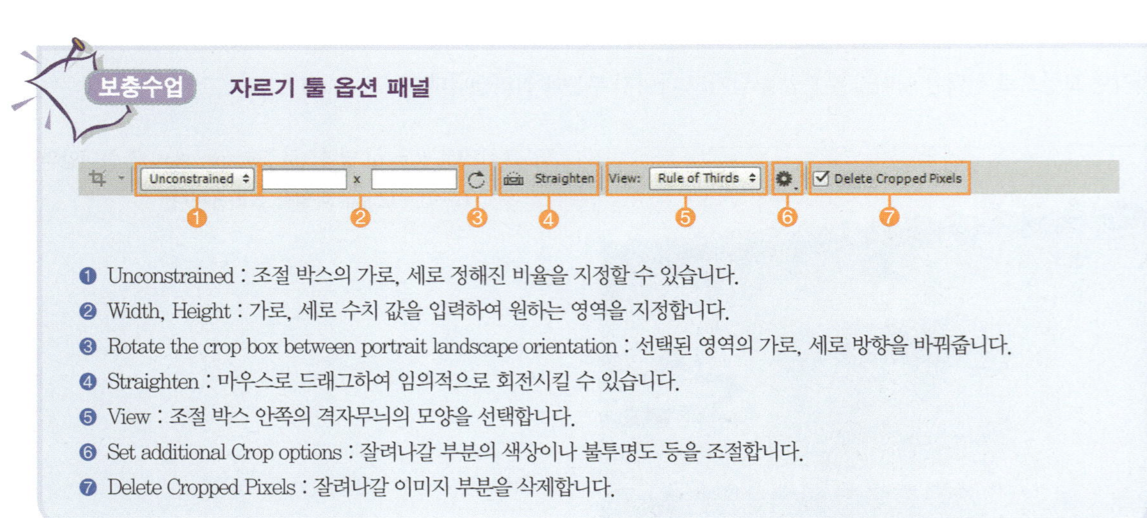

❶ Unconstrained : 조절 박스의 가로, 세로 정해진 비율을 지정할 수 있습니다.

❷ Width, Height : 가로, 세로 수치 값을 입력하여 원하는 영역을 지정합니다.

❸ Rotate the crop box between portrait landscape orientation : 선택된 영역의 가로, 세로 방향을 바꿔줍니다.

❹ Straighten : 마우스로 드래그하여 임의적으로 회전시킬 수 있습니다.

❺ View : 조절 박스 안쪽의 격자무늬의 모양을 선택합니다.

❻ Set additional Crop options : 잘려나갈 부분의 색상이나 불투명도 등을 조절합니다.

❼ Delete Cropped Pixels : 잘려나갈 이미지 부분을 삭제합니다.

직접 해보기 원근 자르기 툴(Perspective Crop Tool)

CS6에서 새롭게 추가된 기능으로 기울어져 찍힌 사진을 수평 및 수직을 바로잡아 왜곡된 이미지를 바로 잡거나 일반 이미지를 왜곡시켜 표현 할 수 있는 도구입니다.

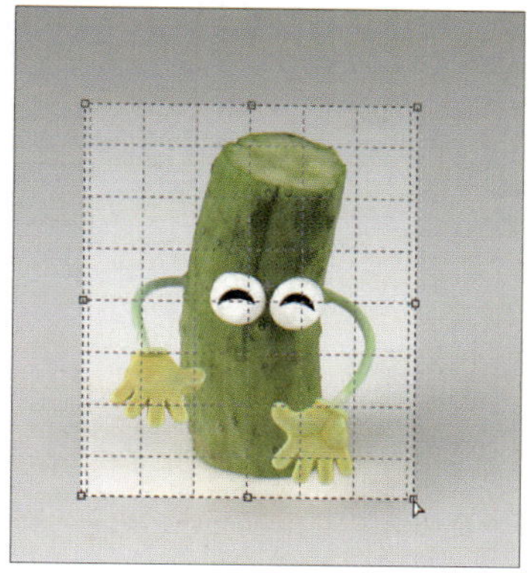

01 [File]-[Open] 명령으로 "Sample〉part02" 폴더안의 "p02-01-13.jpg" 파일을 불러옵니다. 툴 패널에서 원근 자르기 툴을 지정하고 마우스로 잘라낼 부분을 드래그합니다. 그 결과 선택 부분을 제외한 나머지 부분이 어둡게 표시되는데 이 부분이 바로 잘려나갈 부분입니다.

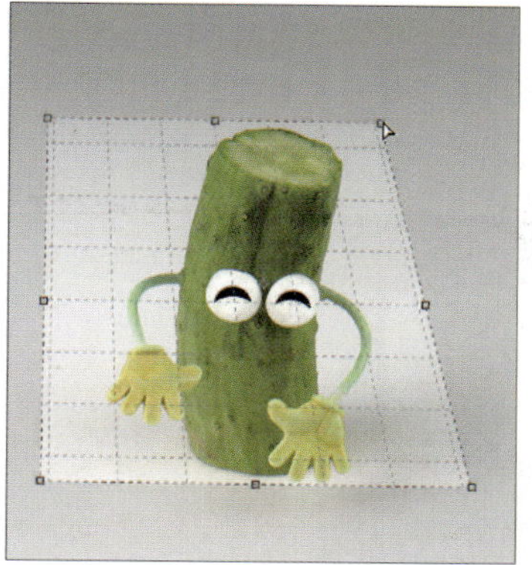

02 선택된 영역의 포인트를 자유롭게 드래그하여 위치를 이동시켜봅니다.

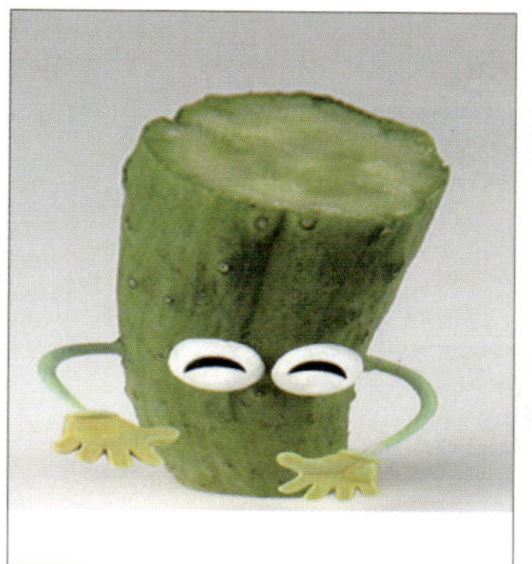

03 포인트를 원하는 곳으로 자유롭게 이동시킨 후 Enter 키를 누르면 이미지의 모양이 변형된 채로 선택된 부분만 남고 나머지 부분은 삭제됩니다.

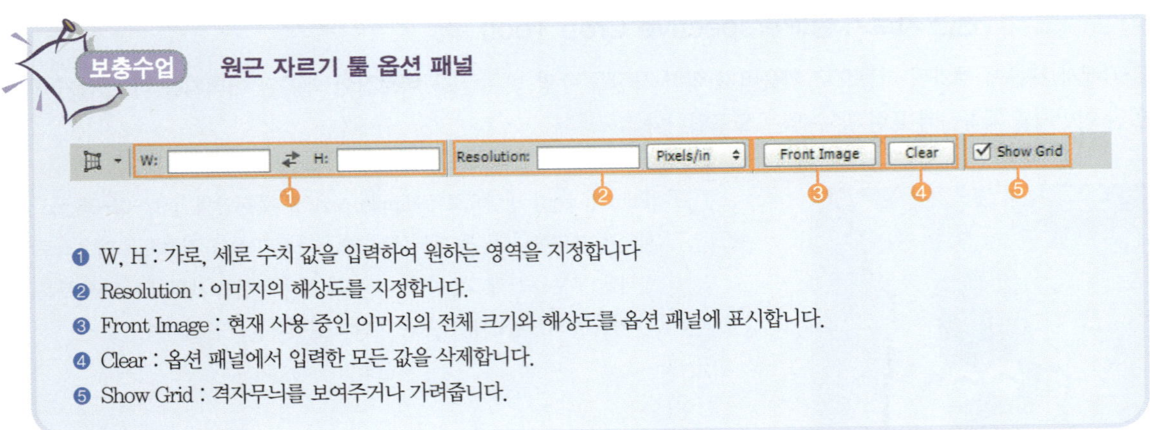

❶ W, H : 가로, 세로 수치 값을 입력하여 원하는 영역을 지정합니다
❷ Resolution : 이미지의 해상도를 지정합니다.
❸ Front Image : 현재 사용 중인 이미지의 전체 크기와 해상도를 옵션 패널에 표시합니다.
❹ Clear : 옵션 패널에서 입력한 모든 값을 삭제합니다.
❺ Show Grid : 격자무늬를 보여주거나 가려줍니다.

직접 해보기 분할 툴(Slice Tool)

이미지를 분할하여 여러 장의 독립된 형태로 저장할 수 있는 기능입니다. 웹 이미지 제작 시 이미지 분할과 최적화를 위해 사용됩니다.

O1 [File]-[Open] 명령으로 "Sample〉part02" 폴더안의 "p02-01-14.jpg" 파일을 불러옵니다. 분할 툴을 선택하고 흰색 텍스트 박스 부분을 드래그합니다. 그러면 이미지 분할 영역이 표시됩니다.

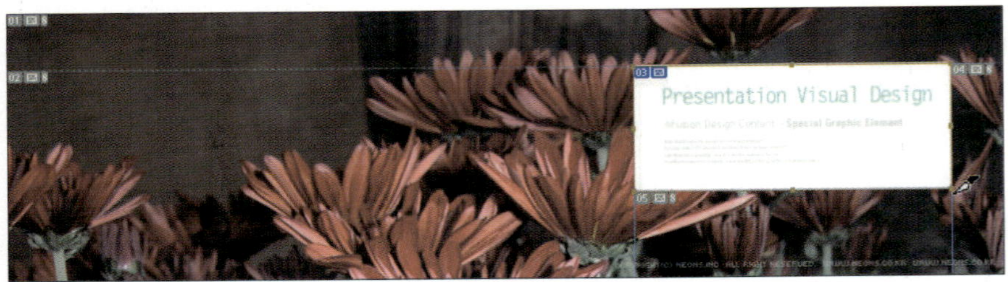

O2 계속하여 이미지에 각각 드래그하여 분할합니다.

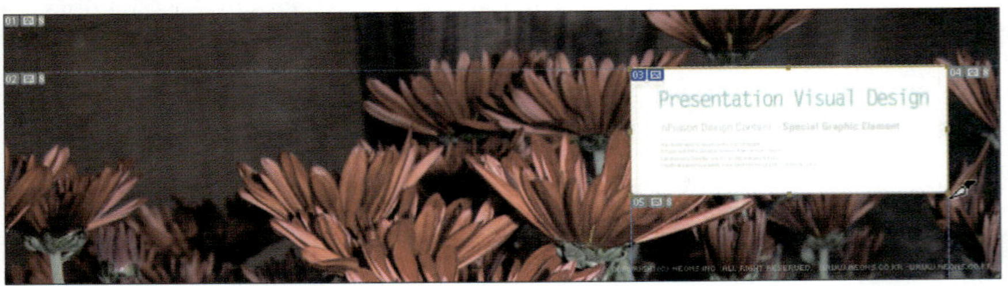

직접 해보기 분할 선택 툴(Slice Selection Tool)

분할된 영역을 선택하는 기능으로 이동, 복사, 삭제 등의 명령을 실행할 수 있습니다.

01 분할된 이미지에 링크를 걸어봅니다. 툴 패널의 분할 선택 툴을 선택하고 텍스트 상자 버튼 영역을 클릭하면 분할된 이미지 영역이 선택됩니다. 선택된 영역에 더블클릭하여 Slice Options 대화상자를 엽니다. URL 항목에 웹 문서 주소를 입력하고, Target 항목으로 _blank를 입력한 후 OK 버튼을 클릭합니다.

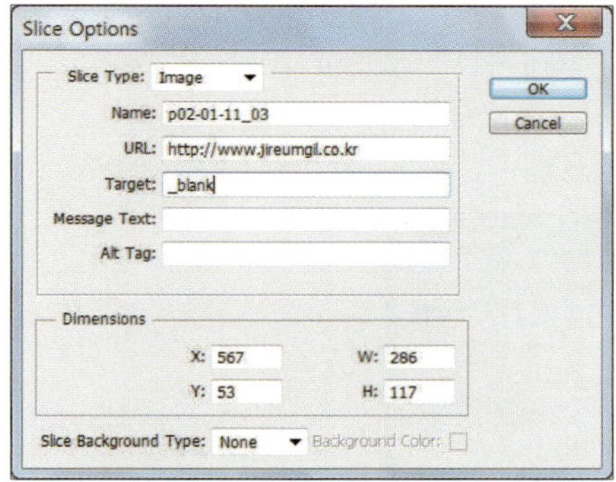

02 링크 설정을 마무리하고 분할 이미지와 웹 문서를 만들기 위하여 저장합니다. [File] 메뉴의 [Save for Web & Devices] 명령을 실행하고 파일 형식을 지정하고 Save 버튼을 클릭합니다.

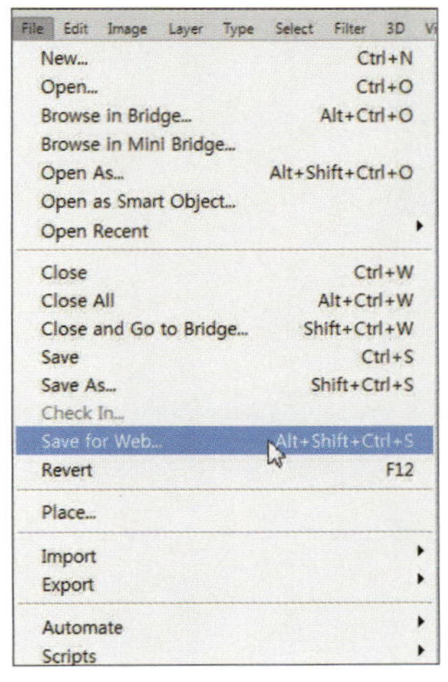

03 Save Optimized As 대화상자에서 파일 이름을 입력하고 파일 형식으로 HTML and Images를 선택하고 저장합니다. 컴퓨터에서 저장된 폴더를 찾아 웹 문서를 더블클릭합니다. 웹 브라우저에 분할된 이미지가 웹 문서로 만들어져 나타납니다. 적용된 링크가 제대로 동작하는지 버튼을 클릭하여 해당 사이트로 이동하는지 확인합니다.

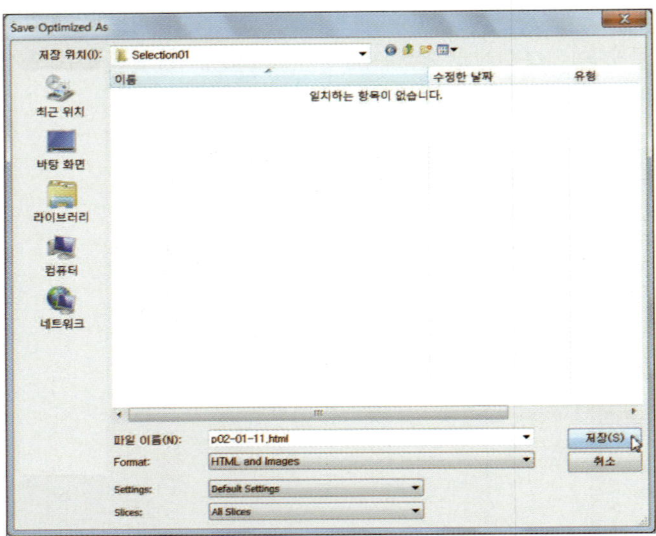

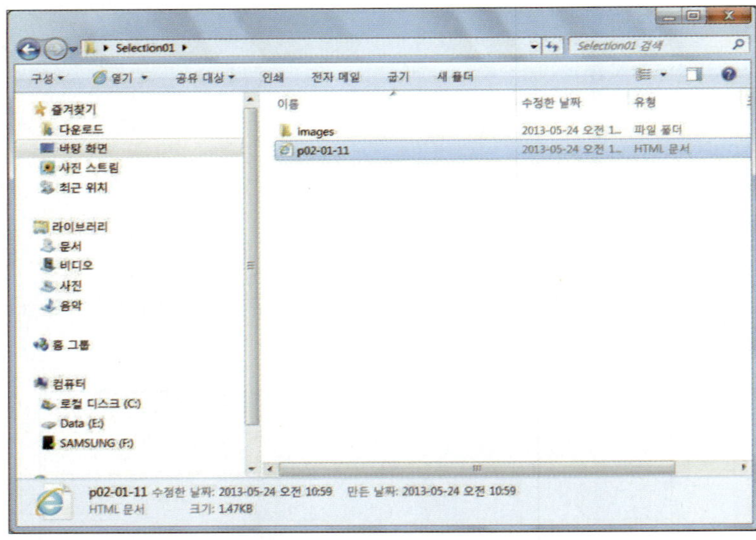

보충수업 분할 툴 옵션 패널

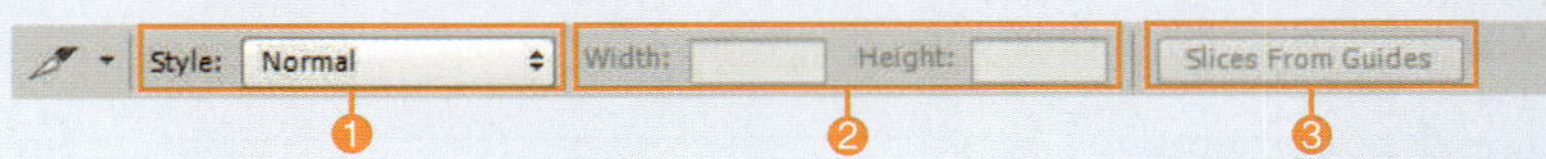

❶ Style

이미지를 분할할 때 마우스로 드래그하여 지정할 것인지, 입력한 수치만큼 정확히 분할할 것인지를 지정합니다.

ⓐ Normal : 사용자가 마우스로 드래그하여 분할합니다.

ⓑ Fixed Aspect Ratio : 가로, 세로의 비율을 일정하게 유지한 채로 드래그하여 분할합니다.

ⓒ Fixed Size : 입력한 수치만큼의 픽셀 크기로 분할합니다.

❷ Width, Height

가로, 세로 수치 값을 입력합니다.

❸ Slice From Guides

가이드를 활용할 경우 가이드라인을 기준으로 영역이 자동 분할됩니다.

분할 선택 툴 옵션 패널

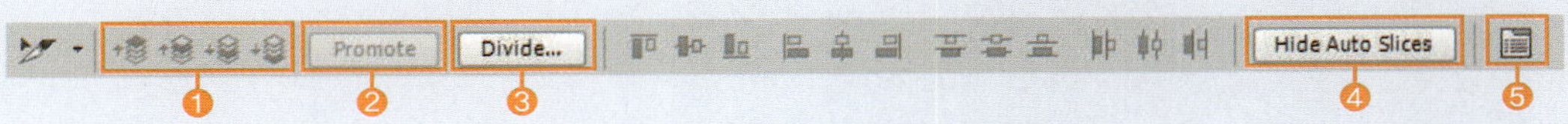

❶ 정렬 옵션

분할 영역이 겹쳐있을 경우 정렬 방식을 지정합니다.

ⓐ Bring to front : 선택된 분할 영역을 맨 위로 이동합니다.

ⓑ Bring forward : 선택된 분할 영역을 한 단계 위로 이동합니다.

ⓒ Send backward : 선택된 분할 영역을 맨 뒤로 이동합니다.

ⓓ Send to back : 선택된 분할 영역을 한 단계 아래로 이동합니다.

❷ Promote

사용자가 드래그하여 지정한 곳을 분할 영역이라고 하고, 이외에 자동으로 생성된 영역을 자동 분할 영역이라고 합니다. 이 분할 영역을 사용자 분할 영역으로 변환합니다.

❸ Divide

선택된 영역을 사용자가 원하는 개수와 크기로 자동 분할합니다.

❹ Hide Auto Slices

원하는 영역을 분할하면 자동으로 분할되는 다른 영역을 가리거나 보여줍니다.

❺ Slice Option

분할된 이미지 파일의 이름과 URL, 메시지 등을 입력할 수 있습니다.

Photoshop

 **실전문제**

1. 선택 툴을 이용하여 조개 이미지를 합성시켜 보세요.

▲ 준비 파일 : Sample〉part02〉p02-01-15.jpg, 16.jpg

▲ 완성 파일 : Artwork〉part02〉p02-01-12.psd

힌트

❶ 준비된 두 파일을 열고 툴 패널에서 자석 올가미 도구를 선택합니다.

❷ 조개 이미지의 외곽선을 따라가며 선택한 후 이동 툴로 바다 이미지로 드래그하여 가져옵니다.

❸ Ctrl + T 를 눌러 크기를 조절하고 회전시켜줍니다.

❹ 레이어 패널 하단의 Add a layer style 아이콘을 눌러 Drop Shadow 효과를 적용합니다.

❺ 이동 툴이 지정된 상태에서 Alt 키를 누른채 드래그하여 하나를 더 복사합니다. 그리고 Ctrl + T 를 눌러 크기를 조절하고 회전시켜줍니다.

❻ 나머지 조개 이미지 또한 위와 동일한 방법으로 작업하여 완성합니다.

2. 선택 툴과 Filter 기능을 이용하여 직접 하늘 이미지를 만들어 보세요.

▲ 준비 파일 : Sample〉part02〉p02-01-17.jpg

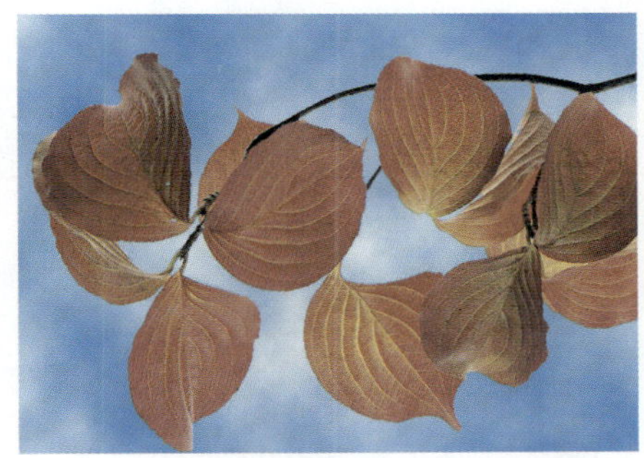

▲ 완성 파일 : Artwork〉part02〉p02-01-13.psd

힌트

❶ 준비된 파일을 열고 마술봉 툴을 지정합니다. 옵션 패널에서 Contiguous 항목을 체크 해제하고 배경을 클릭하여 선택합니다.

❷ 전경색과 배경색을 각각 파란색과 흰색으로 지정합니다.

❸ [Filter] 메뉴에서 [Render]-[Clouds] 명령을 실행하여 구름 효과를 만듭니다.

3. 주어진 이미지를 이용하여 조각 이미지를 만들어 보세요.

▲ 준비 파일 : Sample〉part02〉p02-01-18.jpg

▲ 완성 파일 : Artwork〉part02〉p02-01-14.psd

힌트

❶ 준비된 파일을 열고 툴 패널에서 가로선 선택 툴을 지정합니다. 이미지를 클릭하여 가로로 선택 영역을 만들고, 계속하여 세로선 선택 툴을 지정하고 Shift 키를 누른채 클릭하여 세로 선을 함께 선택합니다.

❷ 전경색을 흰색으로 지정하고 Alt + Delete 를 눌러 색상을 채워 넣습니다.

❸ 사각 선택 툴로 이미지의 일부분을 드래그하여 선택한 후 레이어 패널 하단의 Create new fill or adjustment layer 아이콘을 클릭하여 Hue/Saturation 명령을 선택합니다. Colorize 항목을 체크하고 보라색 색상으로 보정시킵니다.

❹ 나머지 다른 영역을 사각 선택 툴로 선택하고 전경색을 노란색으로 지정 후 Alt + Delete 로 채워 넣습니다.

03 section

이미지 복원 및
브러시 도구 익히기

포토샵 이미지의 복제와 복원 기능의 강력함은 포토샵이 사랑받는 가장 큰 이유라고 할 수 있습니다. 색상을 변경하고, 이미지를 편집하는 툴 기능과 달리 원본 이미지의 질감을 그대로 살려가며 이미지를 복제, 복원하는 강력한 기능을 제공합니다. 브러시 툴은 우리가 흔히 사용하는 붓처럼 사용할 수 있으며, 다양한 브러시 종류를 이용할 수 있습니다. 또한 전문가용 에어브러시 툴의 세밀한 기능들도 모두 표현이 가능하고 그라디언트 툴은 배경이나 오브젝트, 컬러링 등 다방면에 폭넓게 사용됩니다. 이처럼 컬러링 작업에 필요한 툴들은 그 기능의 활용도가 높은 만큼 익혀야 할 옵션 사항이나 세부 기능이 매우 많기 때문에 각 툴에 대한 충분한 이해와 많은 연습을 필요로 합니다.

차례

직접 해보기 스폿 힐링 브러시 툴(Spot Healing Brush Tool)

마우스로 처음 클릭한 곳을 복사하여 드래그하는 마지막 부분까지 이미지를 자연스럽게 연결하여 복사하는 기능입니다.

01 [File]-[Open] 명령으로 "Sample〉part02" 폴더안의 "p02-02-01.jpg" 파일을 불러 옵니다. 이미지 상단 부분의 새를 스폿 힐링 브러시 툴로 지워보겠습니다. 툴 패널에 서 스폿 힐링 브러시 툴을 선택하고 옵션 패널에서 브러시 드롭다운 메뉴를 클릭합 니다. 그림처럼 Size 항목을 조절하여 브러시의 크기를 지정합니다.

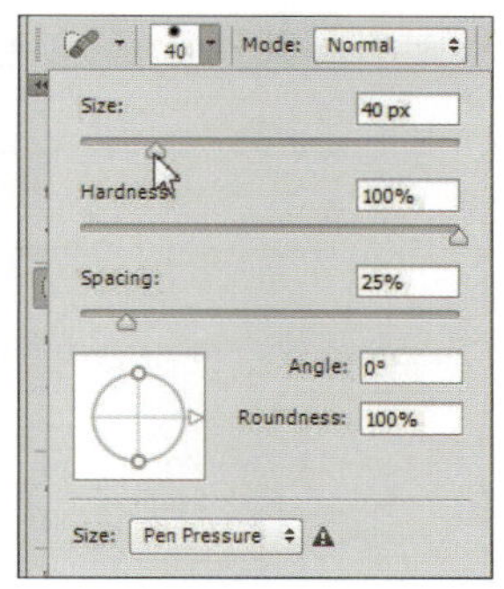

02 또한 옵션 패널의 Type은 Proximity Match 항목을 체크합니다. 그런 다음 이미지의 배경 부분을 시작점으로 새 부분까지 드래그합니다. 이와 같은 방법을 되풀이하여 이미지를 깨끗하게 복구시켜 나갑니다.

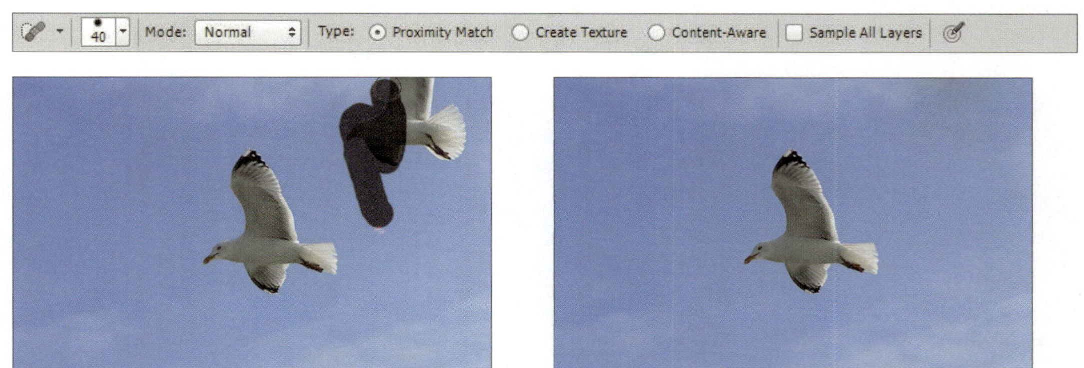

보충수업 스폿 힐링 브러시 툴 옵션 패널

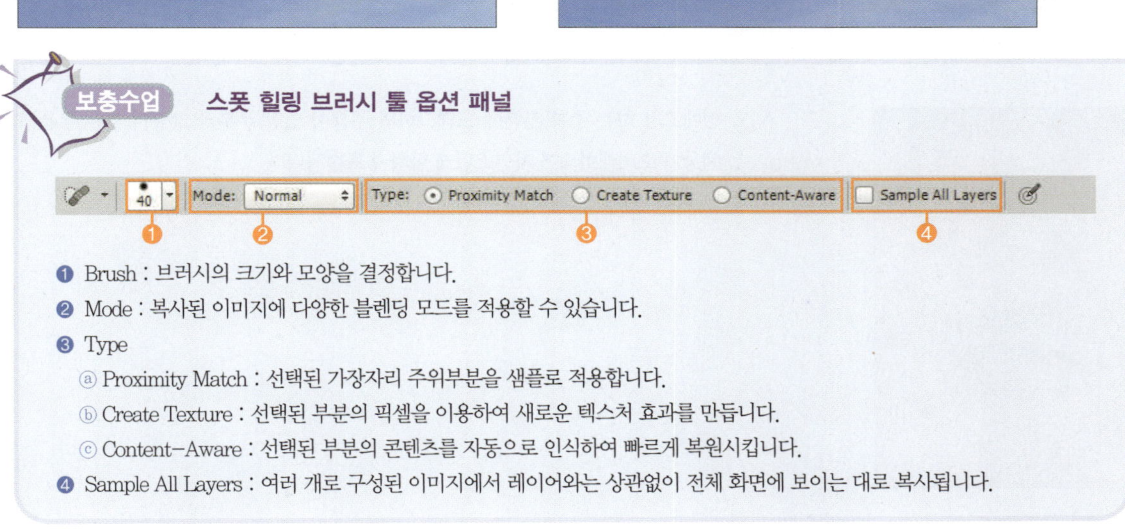

❶ Brush : 브러시의 크기와 모양을 결정합니다.

❷ Mode : 복사된 이미지에 다양한 블렌딩 모드를 적용할 수 있습니다.

❸ Type

　ⓐ Proximity Match : 선택된 가장자리 주위부분을 샘플로 적용합니다.

　ⓑ Create Texture : 선택된 부분의 픽셀을 이용하여 새로운 텍스처 효과를 만듭니다.

　ⓒ Content-Aware : 선택된 부분의 콘텐츠를 자동으로 인식하여 빠르게 복원시킵니다.

❹ Sample All Layers : 여러 개로 구성된 이미지에서 레이어와는 상관없이 전체 화면에 보이는 대로 복사됩니다.

직접 해보기 힐링 브러시 툴(Healing Brush Tool)

이미지를 다른 이미지로 복제할 때 그림자, 빛, 텍스추어 등의 속성을 그대로 보존하면서 먼지, 흠, 주름과 같은 것들을 효율적으로 제거합니다.

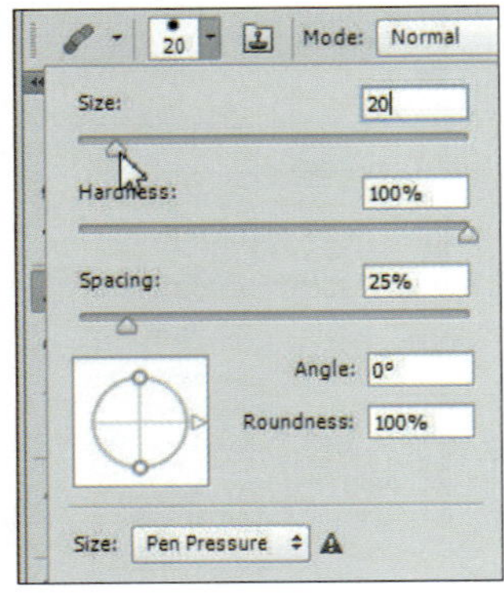

O1 [File]-[Open] 명령으로 "Sample>part02" 폴더안의 "p02-02-02.jpg" 파일을 불러옵니다. 먼저 돋보기 툴로 이마 부분을 확대하고, 힐링 브러시 툴을 선택한 후 옵션 패널에서 브러시 드롭다운 메뉴를 클릭합니다. Size 항목을 조절하여 브러시의 크기를 조절합니다.

강의노트

화면을 확대할 때는 돋보기 툴을 사용하는 것보다는 단축키를 이용하면 더욱 효과적입니다. Ctrl + + 키를 누르면 화면이 확대되고, Ctrl + - 키를 누르면 화면이 축소됩니다.

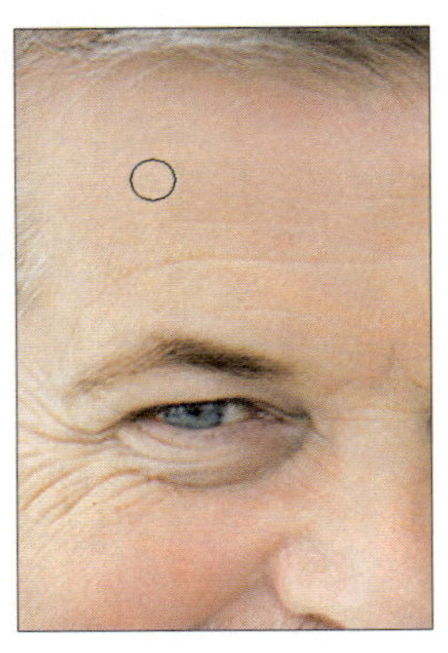

O2 이마의 주름 부분을 제거하기 위해 Alt 키를 누른 상태에서 주름이 없는 부분을 클릭합니다. 이때 클릭한 부분은 복원시키는 소스 이미지로 설정됩니다.

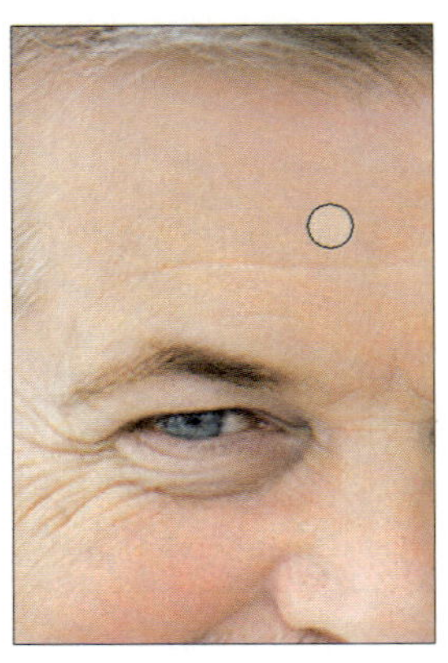

O3 없애고자 하는 주름 부분에 드래그하면 주름이 있던 부분과 그렇지 않은 부분의 색상이 오버레이되어 자연스럽게 합쳐져 표현됩니다.

○4 다시  키를 눌러 새로운 영역을 지정해 눈 부분의 주름 또한 복원시켜 나갑니다. 이때 브러시의 크기를 적당한 크기로 조절하고 Space Bar 키를 눌러 화면 이동해가면서 세밀하게 작업하여 완성합니다.

강의노트

작업 도중 화면을 빠르게 이동하려면 키보드의 Space Bar 키를 누른 채 마우스를 이미지에 클릭 드래그하면 됩니다.

보충수업 　힐링 브러시 툴 옵션 패널

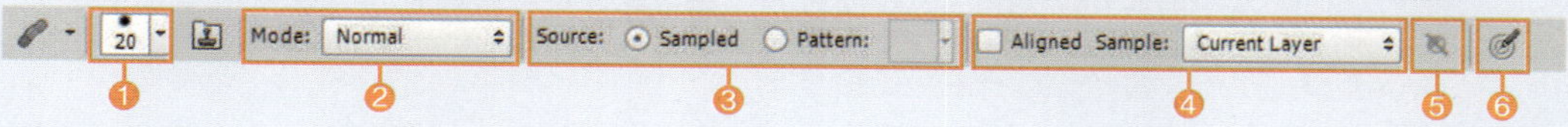

① Brush ② Mode: Normal ③ Source: ◉ Sampled ○ Pattern: ④ □ Aligned Sample: Current Layer ⑤ ⑥

① Brush

사용할 브러시의 크기와 모양을 결정합니다.

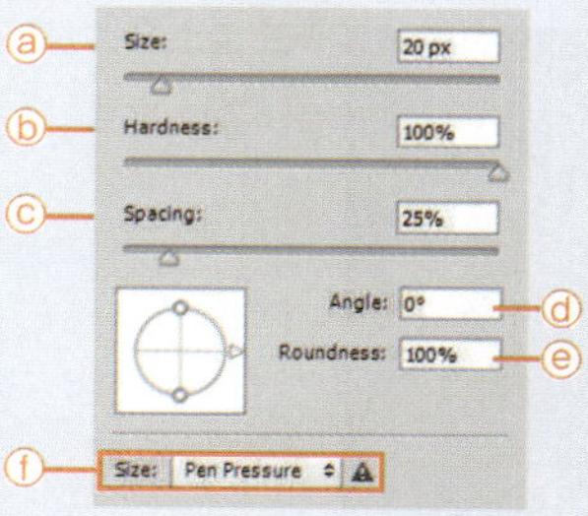

ⓐ Diameter : 브러시의 크기를 조절합니다.

ⓑ Hardness : 브러시의 부드럽고 거친 정도를 조절합니다.

ⓒ Spacing : 선택된 브러시의 기본 단위인 원들이 연결되는 간격을 조절합니다. 수치가 클수록 원과 원 사이의 간격이 멀어집니다.

ⓓ Angle : 브러시 형태의 각도를 조절합니다.

ⓔ Roundness : 브러시의 완만한 곡면도를 조절합니다.

ⓕ Size : 타블렛을 사용할 경우 압력 감지 부분에 대한 옵션입니다.

② Mode

브러시 적용 시에 다양한 블렌딩 모드를 적용할 수 있습니다.

③ Source

ⓐ Sampled : 마우스로 지정한 지점의 이미지를 샘플로 추출하여 이미지를 리터칭합니다.

ⓑ Pattern : 패턴으로 등록된 이미지 샘플을 선택하여 리터칭합니다.

④ Aligned Sample

복사 대상이 이미지 샘플인 경우 기준점과 처음 클릭하여 드래그한 간격을 유지하면서 대상을 복사하게 됩니다.

⑤ 보정 레이어로 적용된 색상 보정 명령을 포함해서 복원시킬 것인지, 원본 상태 그대로 소스로 활용할 것인지를 설정합니다.

⑥ 타블렛 사용시 펜의 강도에 따라 복원 영역을 지정할 수 있습니다.

직접 해보기 패치 툴(Patch Tool)

이미지를 다른 이미지로 복제할 때 그림자, 빛, 텍스추어 등의 속성을 그대로 보존하면서 먼지, 흠, 주름과 같은 것들을 효율적으로 제거하는 기능은 힐링 브러시 툴과 동일하지만, 패치 툴은 [Alt] 키를 사용하지 않고 드래그하여 영역을 만들어 복원시키는 기능입니다.

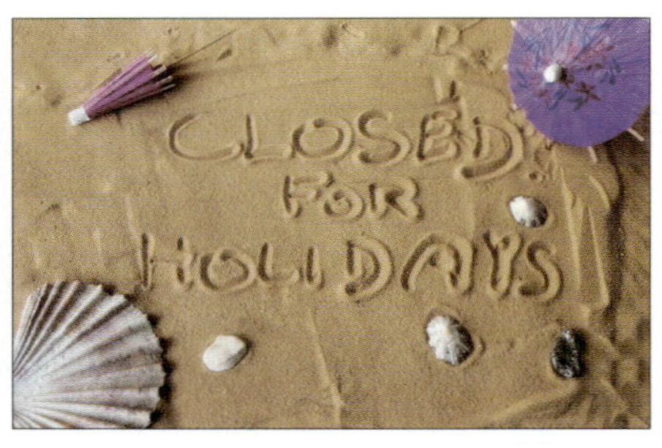

O1 [File]-[Open] 명령으로 "Sample〉part02" 폴더안의 "p02-02-03.jpg" 파일을 불러옵니다.

O2 툴 패널에서 패치 툴을 지정한 후 옵션 패널의 패치 항목을 Destination으로 지정합니다.

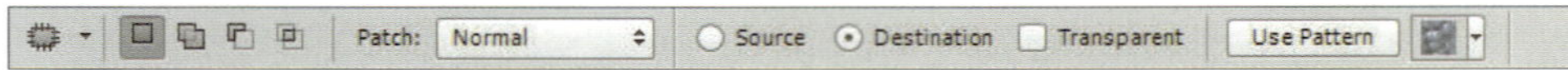

O3 패치 툴로 모래의 깨끗한 부분을 드래그하여 선택 영역을 설정해 줍니다. 그런 다음 글씨가 새겨진 이미지 부분으로 드래그 앤 드롭합니다. 그러면 색상이 오버레이되면서 깨끗하게 정리됩니다.

O4 [Ctrl] +[D]를 눌러 선택 영역을 해제한 후 동일한 방법으로 반복 작업하여 모래를 깨끗하게 정리하여 자연스럽게 수정, 복원하여 표현합니다.

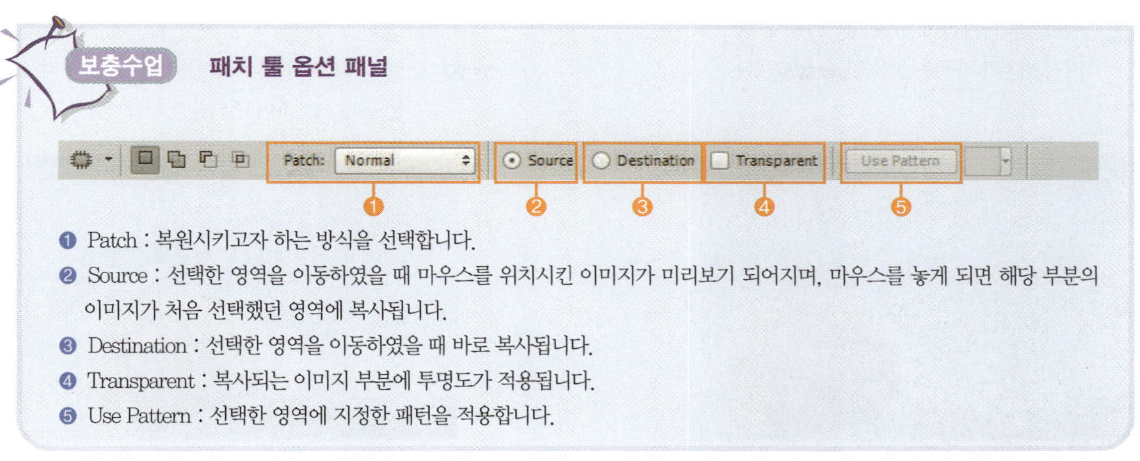

❶ Patch : 복원시키고자 하는 방식을 선택합니다.
❷ Source : 선택한 영역을 이동하였을 때 마우스를 위치시킨 이미지가 미리보기 되어지며, 마우스를 놓게 되면 해당 부분의
이미지가 처음 선택했던 영역에 복사됩니다.
❸ Destination : 선택한 영역을 이동하였을 때 바로 복사됩니다.
❹ Transparent : 복사되는 이미지 부분에 투명도가 적용됩니다.
❺ Use Pattern : 선택한 영역에 지정한 패턴을 적용합니다.

직접 해보기 내용 인식 이동 툴(Content-Aware Move Tool) ✄

이미지에서 특정 부분의 크기 변화가 일어나지 않도록 보호하면서 선택된 영역만 자연스럽게 이동시킬 수 있는
도구입니다.

O1 [File]-[Open] 명령으로 "Sample〉part02" 폴더안의 "p02-02-04.jpg" 파일을 불러옵니다.

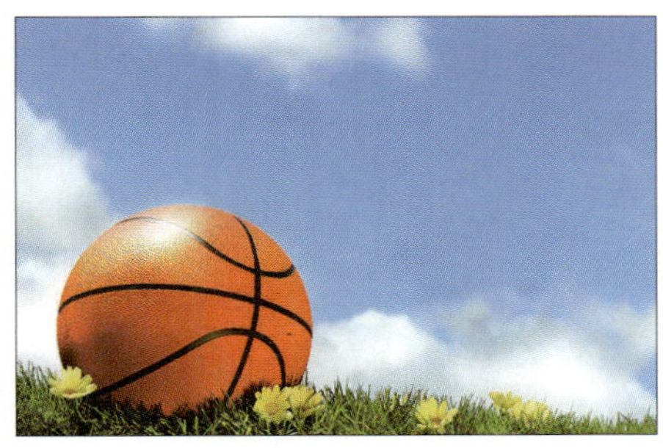

O2 툴 패널에서 내용 인식 이동 툴을 선택하고 이동시키고자 하는 이미지 부분을 드래그하여 선택 영역을 설정합니다.

03 마우스로 드래그하여 옆으로 이동시키면 이미지 위치가 바뀌는 것을 볼 수 있습니다.

04 Ctrl + D 를 눌러 선택 영역을 해제하고 앞서 학습하였던 도장 툴이나 힐링 브러시 툴 등을 이용하여 주위를 정리합니다.

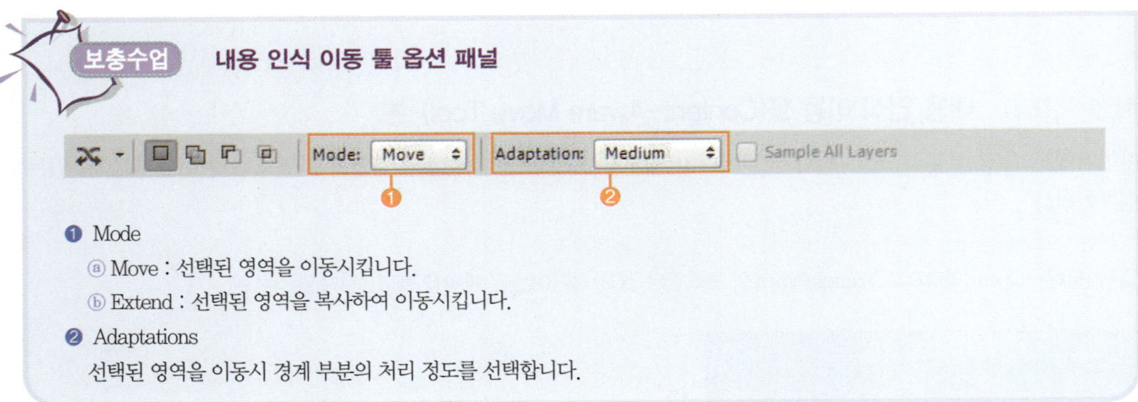

❶ Mode
 ⓐ Move : 선택된 영역을 이동시킵니다.
 ⓑ Extend : 선택된 영역을 복사하여 이동시킵니다.
❷ Adaptations
 선택된 영역을 이동시 경계 부분의 처리 정도를 선택합니다.

직접 해보기   레드 아이 툴(Red Eye Tool)

레드 아이 툴은 적목 현상을 없앨 수 있으며 또한 눈동자의 크기와 어두운 정도를 선택할 수도 있습니다.

01 [File]-[Open] 명령으로 "Sample〉part02" 폴더안의 "p02-02-05.jpg" 파일을 불러옵니다. 강아지 눈의 적목 현상을 없애 보겠습니다. 툴 패널에서 레드 아이 툴을 선택한 후 옵션 패널에서 Pupil Size를 적당히 조절합니다.

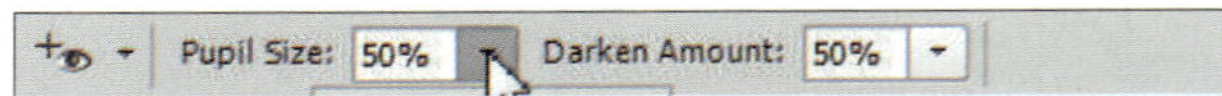

O2 빨간 눈동자 부분을 클릭 드래그하여 눈동자의 색상을 검은색으로 바꿔줍니다.

보충수업   레드 아이 툴 옵션 패널

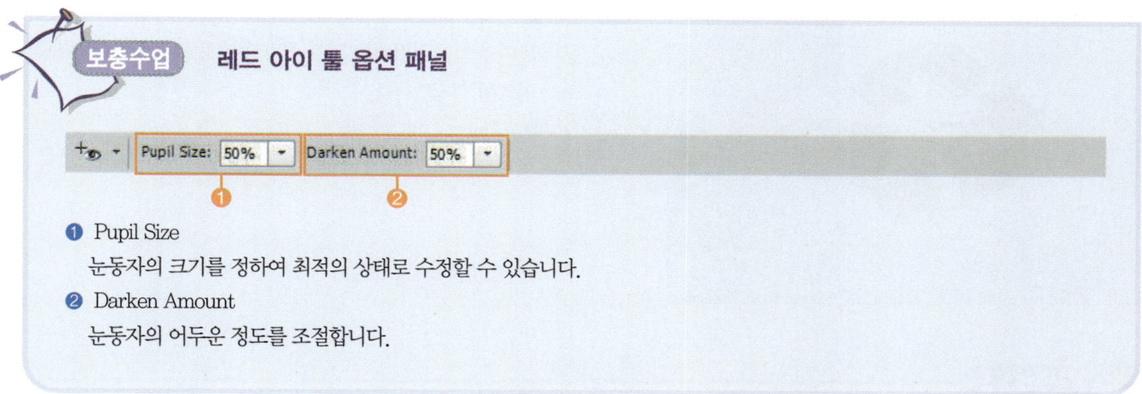

① Pupil Size
   눈동자의 크기를 정하여 최적의 상태로 수정할 수 있습니다.
② Darken Amount
   눈동자의 어두운 정도를 조절합니다.

직접 해보기 도장 툴(Clone Stamp Tool)

이미지의 특정 부분을 다른 이미지의 부분 또는 전체에 복제하는 도구로 Alt 키를 누른 상태에서 클릭하여 복제 기준점을 설정하고 원하는 위치에 드래그하면 기준점의 이미지가 복제됩니다.

O1 [File]-[Open] 명령으로 "Sample〉part02" 폴더안의 "p02-02-06.jpg" 파일을 불러옵니다. 먼저 돋보기 툴로 티셔츠의 중앙 부분을 확대시킵니다.

Photoshop

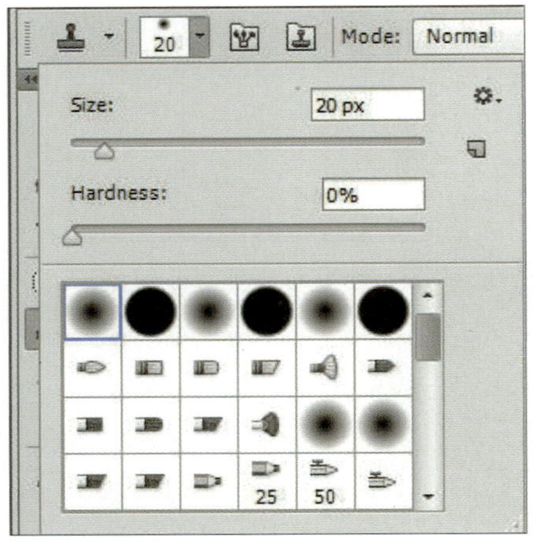

O2 툴 패널에서 도장 툴을 지정한 후 상단 옵션 패널에서 브러시의 모양과 크기를 조절합니다.

O3 [Alt] 키를 누른 상태로 티셔츠의 깨끗한 부분을 클릭합니다. 그러면 마우스 포인터의 형태가 십자 형태로 변경되면서 복제될 소스 영역이 설정됩니다.

도장 툴을 이용하여 [Alt] 키를 누르고 클릭하면 소스 이미지가 설정됩니다. 도장 툴로 드래그하면 소스 이미지 부분이 십자 형태로 표시되는데 이 십자 형태는 현재 어느 부분의 소스 이미지를 이용한다는 것을 확인할 수 있는 표시입니다.

O4 티셔츠의 로고 부분에 마우스를 드래그하면 깨끗한 부분이 칠해지면서 복원되는 것을 볼 수 있습니다.

05 위와 동일한 방법으로 작업 영역에 따라 도장 툴 브러시의 크기를 조절하면서 작업을 진행하면 효과적인 결과물을 얻을 수 있습니다.

보충수업 　**도장 툴 옵션 패널**

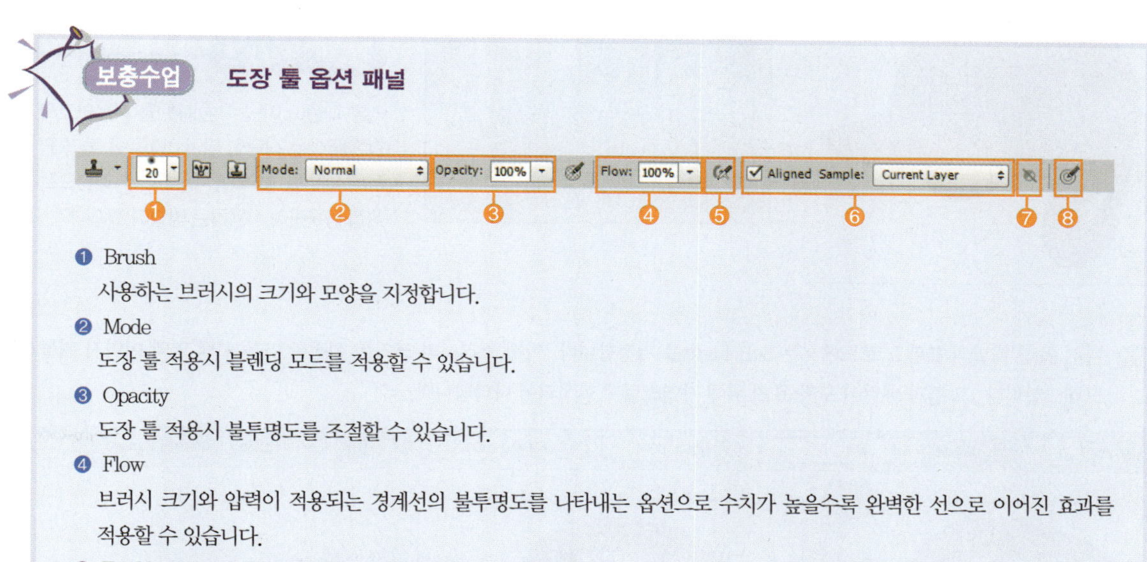

❶ **Brush**
사용하는 브러시의 크기와 모양을 지정합니다.

❷ **Mode**
도장 툴 적용시 블렌딩 모드를 적용할 수 있습니다.

❸ **Opacity**
도장 툴 적용시 불투명도를 조절할 수 있습니다.

❹ **Flow**
브러시 크기와 압력이 적용되는 경계선의 불투명도를 나타내는 옵션으로 수치가 높을수록 완벽한 선으로 이어진 효과를 적용할 수 있습니다.

❺ **Enable airbrush-style build-up effects**
이 항목을 체크하면 에어브러시가 활성화됩니다. 에어브러시는 마우스 왼쪽 버튼을 누르고 있는 정도에 따라 채색의 양이 결정됩니다. 즉, 계속 누르고 있으면 덧칠이 됩니다.

❻ **Aligned Sample**
이 항목을 체크하였을 경우에는 입력된 부분부터 복제되는 위치까지 거리를 기억하여 마우스의 이동에 따라 변하게 되며, 체크하지 않았을 경우에는 초기 입력 위치만을 기억하여 다시 입력할 때 초기입력 부분이 복제됩니다.

ⓐ Current Layer : 현재 작업 레이어에서 이미지를 복제합니다.
ⓑ Current & Below : 작업 레이어와 밑에 있는 레이어에서 이미지를 복제합니다.
ⓒ All Layer : 전체 레이어에서 이미지를 복제합니다.

❼ 보정 레이어로 적용된 색상 보정 명령을 포함해서 복원시킬 것인지, 원본 상태 그대로 소스로 활용할 것인지를 설정합니다.

❽ 타블렛 사용시 펜의 강도에 따라 복원 영역을 지정할 수 있습니다.

Photoshop

직접 해보기 패턴 도장 툴(Pattern Stamp Tool)

원하는 이미지의 일부분을 패턴으로 등록한 후 적용하는 기능으로 패턴으로 등록시킬 부분을 사각 선택 툴로 선택하여 Edit〉Define Pattern 명령으로 패턴을 등록 후 원하는 이미지 위에 드래그하면 패턴이 적용됩니다.

O1 [File]-[Open] 명령으로 "Sample〉part02" 폴더안의 "p02-02-07.jpg" 파일을 불러옵니다. 모자 표면에 패턴 이미지를 적용시켜 보겠습니다. 툴 패널에서 빠른 선택 툴을 이용하여 모자를 선택한 후, 패턴 도장 툴을 선택한 후 옵션 패널의 패턴 드롭다운 메뉴를 클릭합니다. 그리고 패턴의 형태 중 Bubbles를 선택합니다.

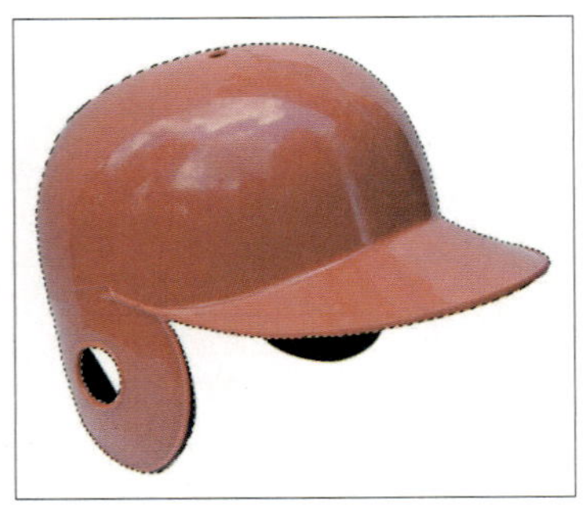
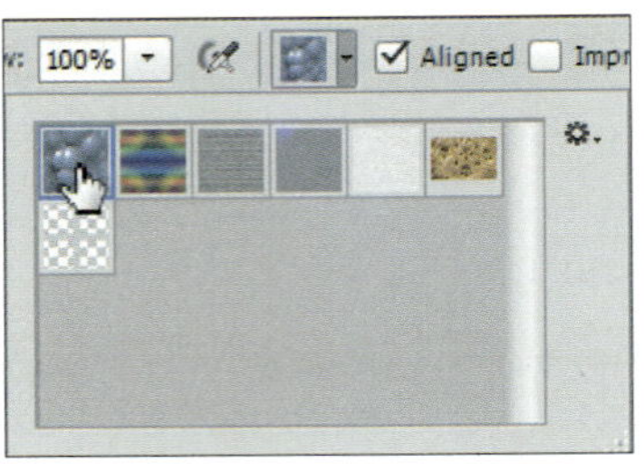

강의노트

기본 패턴이 아닌 다른 패턴을 사용하고자 할 경우에는 상단의 팝업 아이콘을 눌러 원하는 패턴을 불러와 사용하거나 패턴으로 직접 등록하여 사용하는 방법이 있습니다.

O2 다시 옵션 패널의 블렌드 모드에서는 Soft Light를 지정합니다. 이제 브러시의 크기를 설정한 다음 선택 영역 이미지 위를 드래그합니다. 그 결과 패턴이 모자 표면 위에 자연스럽게 합성되어 나타납니다.

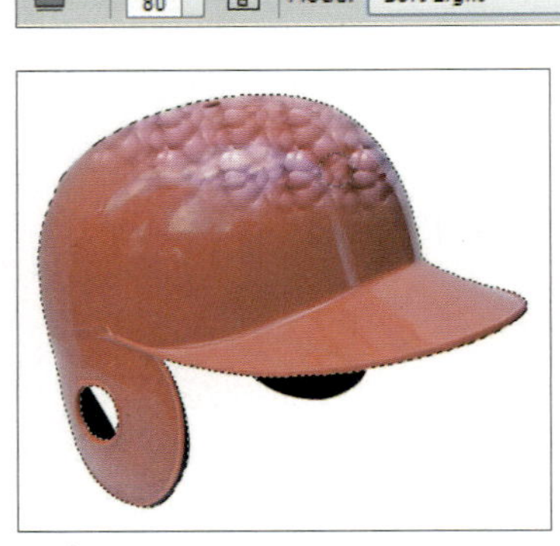

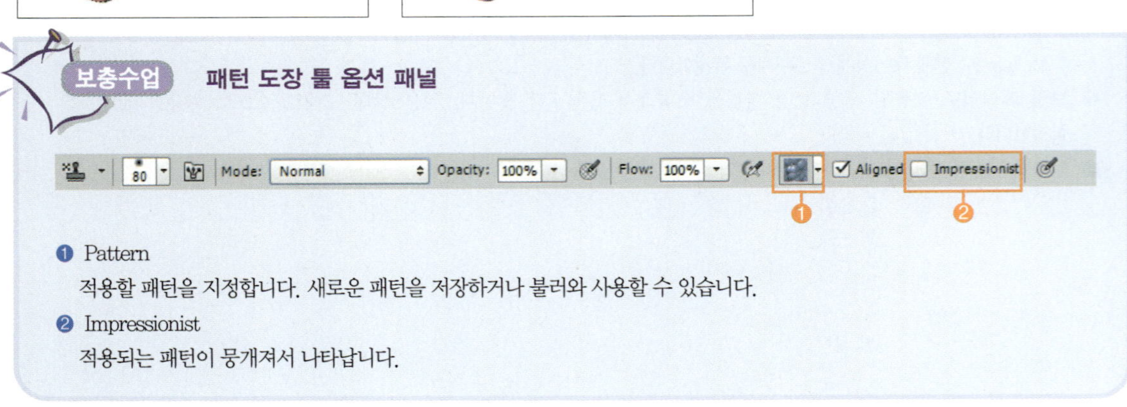

보충수업 패턴 도장 툴 옵션 패널

❶ Pattern
적용할 패턴을 지정합니다. 새로운 패턴을 저장하거나 불러와 사용할 수 있습니다.

❷ Impressionist
적용되는 패턴이 뭉개져서 나타납니다.

직접 해보기 브러시 툴(Brush Tool)

사용자가 임의로 여러 가지 형태의 다양한 브러시를 지정하거나 만들어 그림을 그릴 수 있으며, 원하는 영역에 채색을 할 수도 있습니다.

01 [File]-[Open] 명령으로 "Sample〉part02" 폴더안의 "p02-02-08.jpg" 파일을 불러옵니다. 전경색을 클릭하여 자주색으로 변경하고 OK 버튼을 클릭합니다.

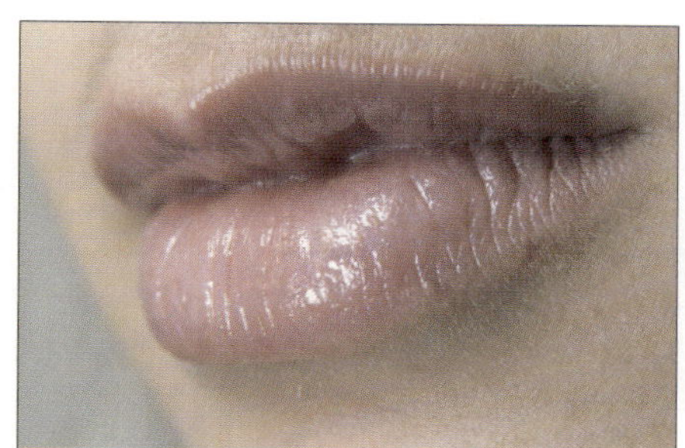
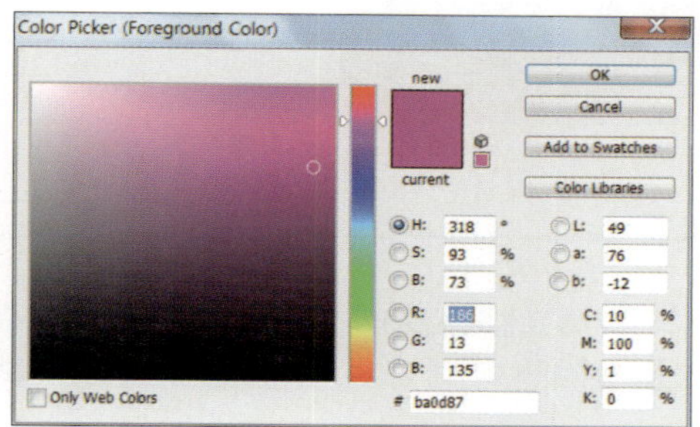

02 툴 패널에서 브러시 툴을 선택하고 옵션 패널의 브러시 드롭다운 메뉴를 클릭하여 적당한 브러시 크기를 조절합니다.

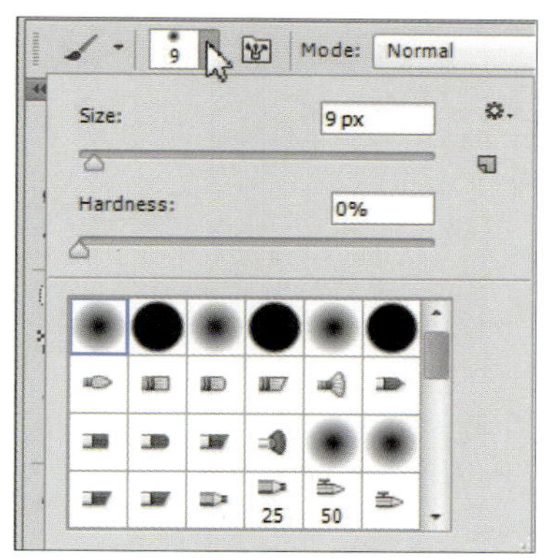

03 옵션 패널에서 Opacity 값을 낮추어 마우스로 드래그하여 색상을 투명하게 칠해줍니다.

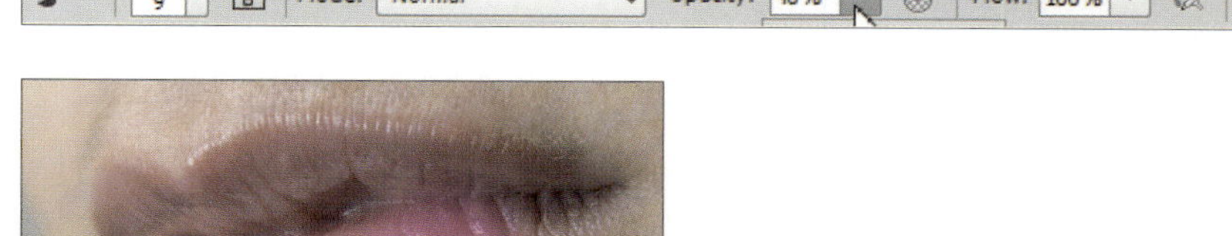

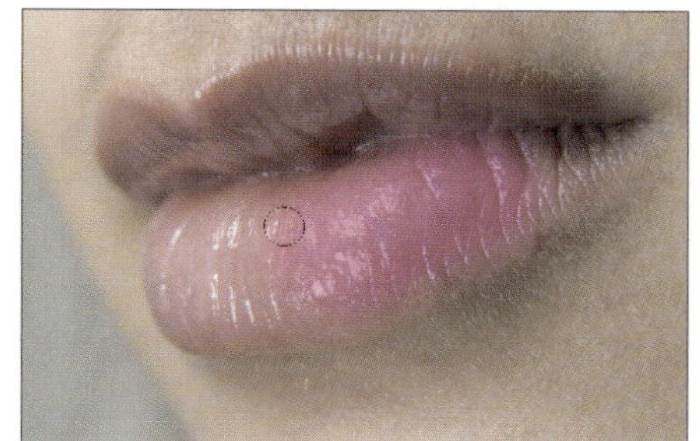

04 브러시의 크기를 조절해 가면서 여러 번 드래그하여 화장을 시켜 봅니다.

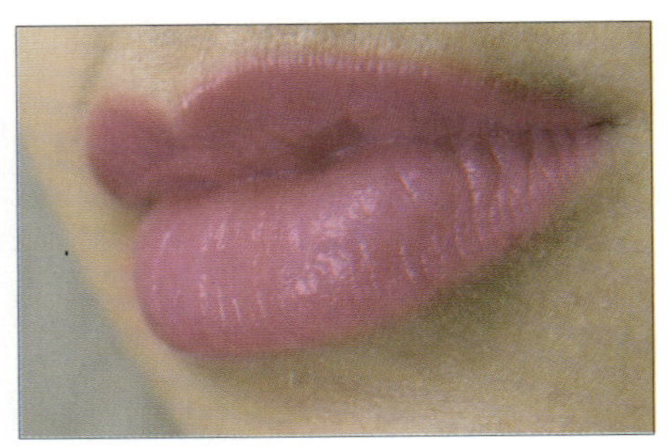

브러시 작업 도중 브러시의 크기를 조절하기 위해서 일일이 옵션 패널의 드롭다운 메뉴를 클릭하고 크기를 변경한다면 작업의 효율성이 떨어집니다. 이때는 단축키를 활용하면 되는데 키보드의 [ ]] 키를 누르면 브러시의 크기가 확대되고, [[ ] 키를 누르면 크기가 작아집니다.

보충수업 브러시 툴 옵션 패널

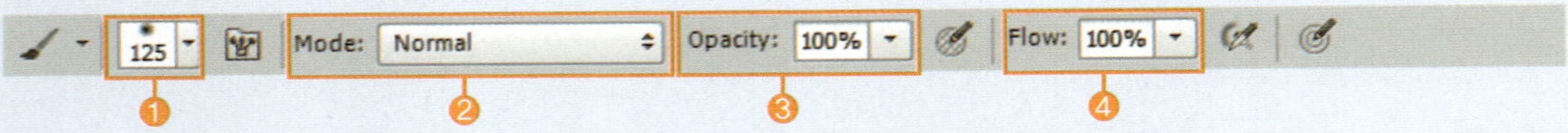

❶ Brush

사용하는 브러시의 크기와 모양을 지정합니다.

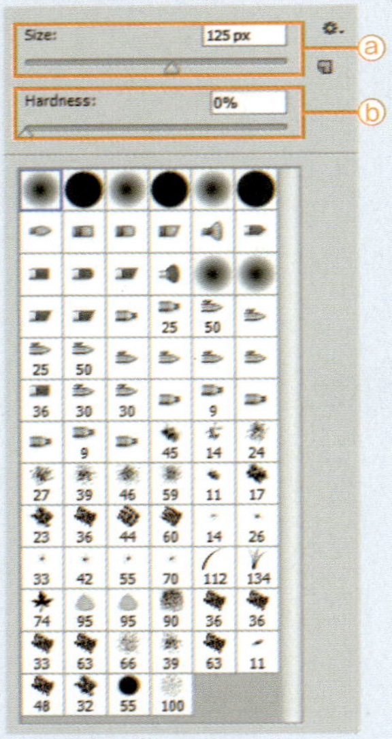

ⓐ Size : 브러시의 크기를 조절합니다.

ⓑ Hardness : 브러시 경계 부분의 부드럽고 거친 정도를 조절합니다.

❷ Mode

브러시 적용 시 블렌딩 모드를 적용할 수 있습니다.

❸ Opacity

브러시 적용 시 불투명도를 조절할 수 있습니다.

❹ Flow

브러시 크기와 압력이 적용되는 경계선의 불투명도를 나타내는 옵션으로 수치가 높을수록 완벽한 선으로 이어집니다.

직접 해보기 연필 툴(Pencil Tool)

연필 툴은 계단 현상이 적용되기 때문에 선이 부드럽지 않고 딱딱하고 거친 느낌을 줍니다.

01 [File]-[Open] 명령으로 "Sample〉part02" 폴더안의 "p02-02-09.jpg" 파일을 불러옵니다. 이미지 위에 연필 툴을 이용하여 문자 형태를 그려 보겠습니다.

02 툴 패널에서 연필 툴을 선택하고 옵션 패널의 드롭다운 메뉴에서 브러시 크기를 조절합니다. 그리고 전경색을 초록색으로 지정합니다.

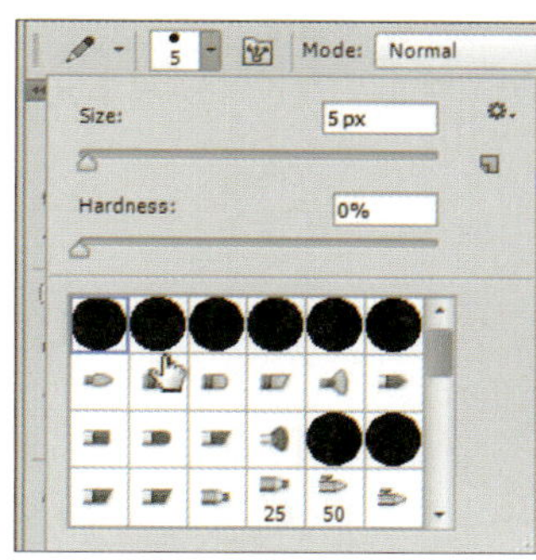
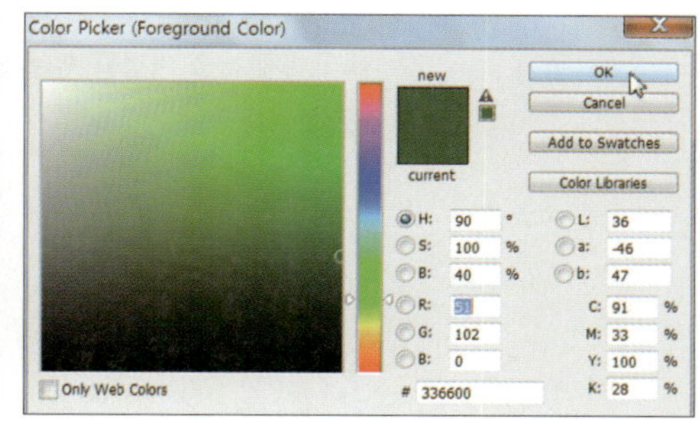

03 이미지에 마우스를 클릭한 후 Shift 키를 누른 채 다른 부분을 클릭하면 라인이 연결되면서 그려집니다. 동일한 방법으로 Shift 키를 누른 채 마우스를 클릭하여 원하는 문자를 그립니다. 색이 잘못 채워졌을 경우 Ctrl + Alt + Z 를 눌러 실행을 취소한 다음 다시 작업하면 됩니다.

마우스로 드래그하여 글씨를 입력하는 것은 쉽지 않습니다. 그러므로 Ctrl + Alt + Z 를 눌러 실행을 취소해 가며 작업을 합니다.

직접 해보기 컬러 대체 툴(Color Replacement Tool)

이미지의 배경색만 바꾸거나 질감이나 음영을 그대로 유지한 상태로 이미지 특정 부분의 색상을 쉽게 바꿀 수 있습니다.

O1 [File]-[Open] 명령으로 "Sample>part02" 폴더안의 "p02-02-10.jpg" 파일을 불러옵니다. 장미 색상을 파란색으로 바꿔보겠습니다.

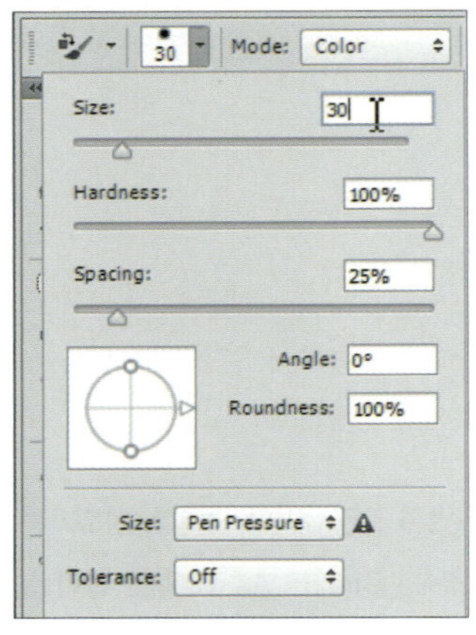

O2 컬러 대체 툴을 지정한 후 옵션 패널에서 브러시의 크기를 알맞게 조절합니다.

O3 전경색 아이콘을 클릭하여 컬러 피커 대화상자를 열고, 대체할 파란색 색상을 지정합니다. 그런 다음 빨간 장미 부분을 드래그하면 지정된 파란색 계열로 색상이 바뀌게 됩니다.

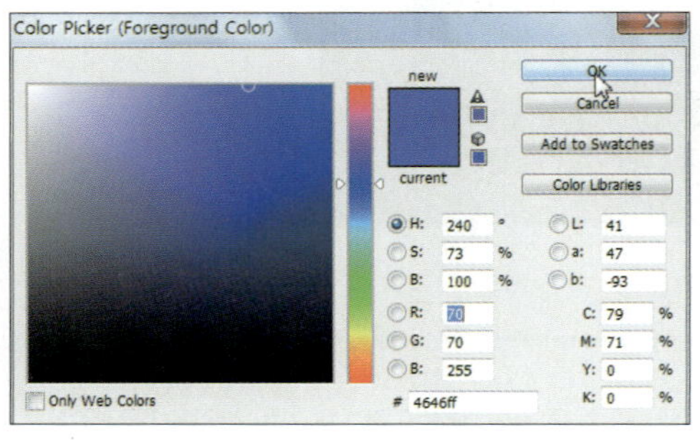

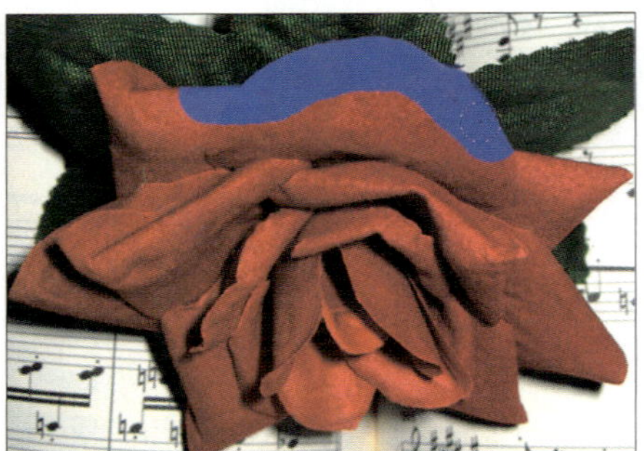

04 세밀한 작업은 이미지를 확대하여 브러시의 크기를 조절해 가면서 색상을 대체시킵니다. 컬러 대체 툴은 처음 클릭한 곳의 색상 수치와 근접한 색상 영역이 전경색 색상으로 대체됩니다.

보충수업　**컬러 대체 툴 옵션 패널**

❶ Brush
브러시의 크기와 모양을 결정합니다.

❷ Mode
이미지에 적용하는 색상 교체 방식을 지정합니다.
ⓐ Hue : 이미지의 채도와 명도 값에 현재 지정된 전경색의 색상 값을 적용합니다.
ⓑ Saturation : 이미지의 명도 값에 현재 지정된 전경색의 색상과 채도 값을 적용합니다.
ⓒ Color : 이미지의 명도 값에 현재 지정된 전경색의 색상 값을 적용합니다.
ⓓ Luminosity : 이미지의 색상과 채도 값에 현재 지정된 명도 값을 적용합니다.

❸ Sampling
이미지의 색상을 적용할 샘플 색상을 지정합니다.
ⓐ Continuous : 연속적으로 전체 이미지에 전경색을 적용합니다.
ⓑ Once : 처음 클릭한 색상에만 전경색을 적용합니다.
ⓒ Background Swatch : 컬러 피커에서 배경색으로 지정한 부분만을 전경색으로 적용합니다.

❹ Limits
이미지 색상 적용 범위를 자유롭게 결정합니다.
ⓐ Discontiguous : 처음 클릭한 샘플 색상의 이미지뿐만 아니라 인접한 색상까지 전경색을 적용합니다.
ⓑ Contiguous : 처음 클릭한 샘플 색상의 이미지만 전경색을 적용합니다.
ⓒ Find Edges : 샘플 색상의 경계 부분을 구별하여 전경색을 적용합니다.

❺ Tolerance
전경색이 적용될 때의 적용 허용 범위를 조절합니다.

Photoshop

직접 해보기   믹서 브러시 툴(Mixer Brush Tool)

브러시 툴을 이용하여 색상을 혼합하여 채색할 수 있습니다. 수채 색연필로 수채화를 그리듯이 사진을 유화풍의 그림으로 손쉽게 그리게 해줍니다.

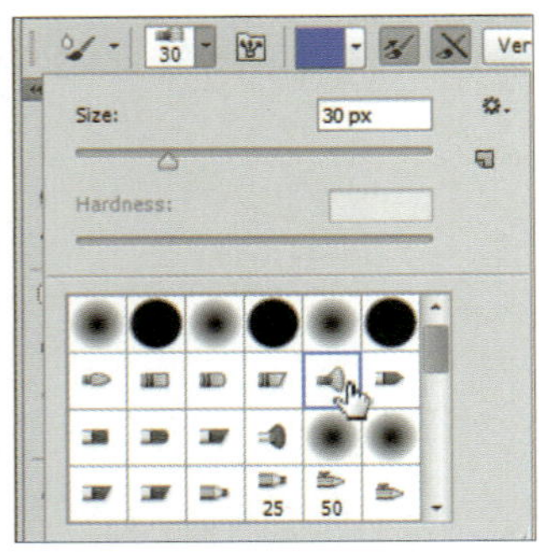

O1 [File]–[Open] 명령으로 "Sample〉part02" 폴더안의 "p02–02–11.jpg" 파일을 불러옵니다. 믹서 브러시 툴을 선택하고 옵션 패널의 브러시 드롭다운 메뉴를 클릭하여 퍼진 붓 스타일을 선택합니다. 또한 스타일 목록에서 Very Wet, Heavy Mix 스타일을 선택합니다.

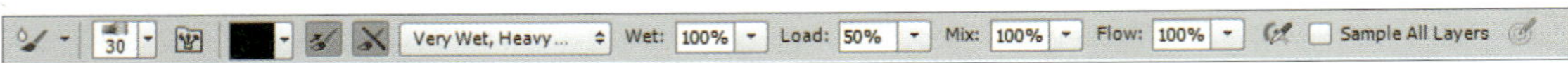

O2 꽃잎에 대고 마우스를 드래그하면 수채화 느낌의 이미지가 표현됩니다.

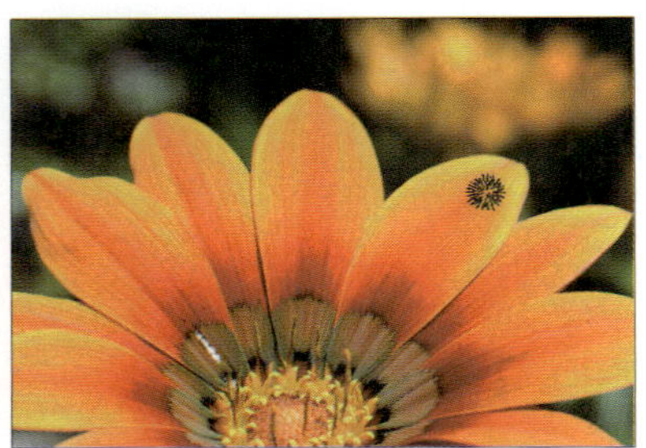

O3 브러시의 크기와 종류를 조절해 가면서 꽃잎 부분을 유화느낌으로 표현해 봅니다.

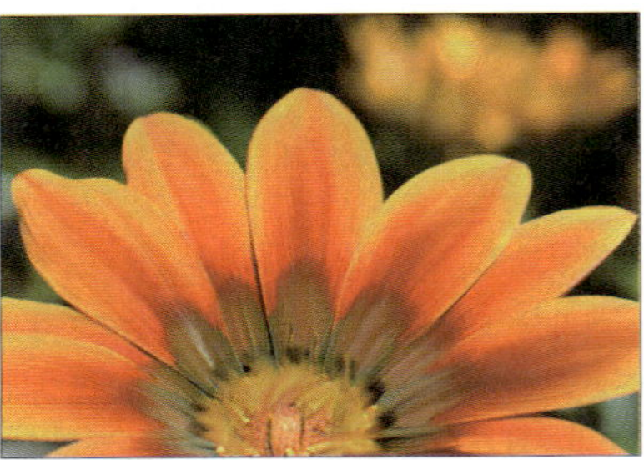

보충수업   믹서 브러시 툴 옵션 패널

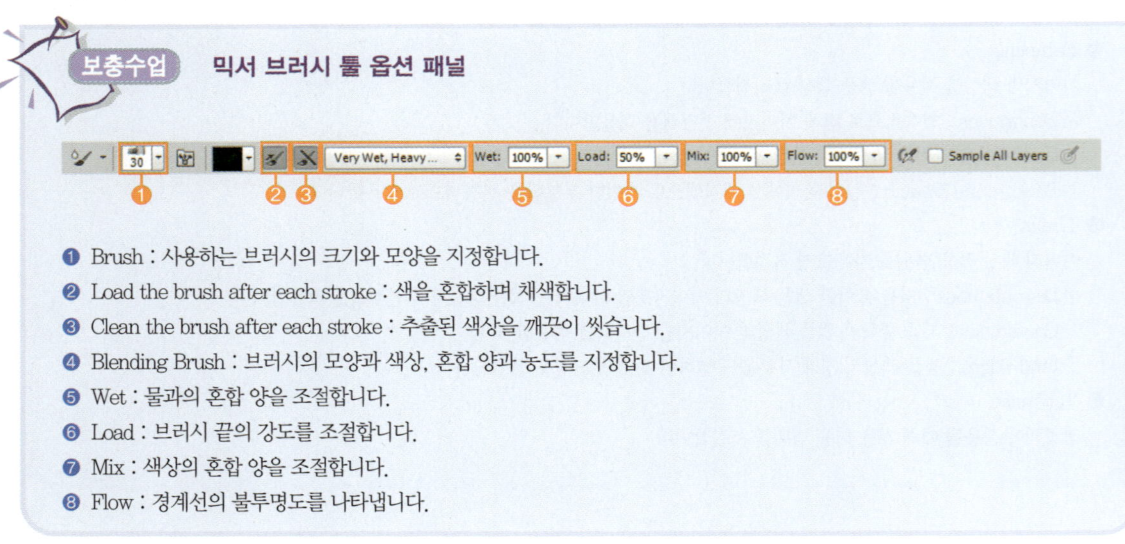

❶ Brush : 사용하는 브러시의 크기와 모양을 지정합니다.

❷ Load the brush after each stroke : 색을 혼합하며 채색합니다.

❸ Clean the brush after each stroke : 추출된 색상을 깨끗이 씻습니다.

❹ Blending Brush : 브러시의 모양과 색상, 혼합 양과 농도를 지정합니다.

❺ Wet : 물과의 혼합 양을 조절합니다.

❻ Load : 브러시 끝의 강도를 조절합니다.

❼ Mix : 색상의 혼합 양을 조절합니다.

❽ Flow : 경계선의 불투명도를 나타냅니다.

직접 해보기 히스토리 브러시 툴(History Brush Tool)

다양한 작업을 통하여 변경된 이미지를 원래의 상태로 되돌릴 수 있는 도구입니다. 즉, 마지막으로 저장된 원본으로 복원시키면서 다양한 효과를 적용할 수 있습니다. 하지만 이미지의 크기와 캔버스 크기를 변화시켰거나 컬러모드와 해상도 등을 변경하였을 경우에는 적용할 수 없습니다.

01 [File]−[Open] 명령으로 "Sample〉part02" 폴더안의 "p02-02-12.jpg" 파일을 불러옵니다. 이미지를 먼저 흑백으로 전환시켜 보겠습니다. [Image]−[Adjustments]−[Desaturate] 메뉴를 클릭합니다.

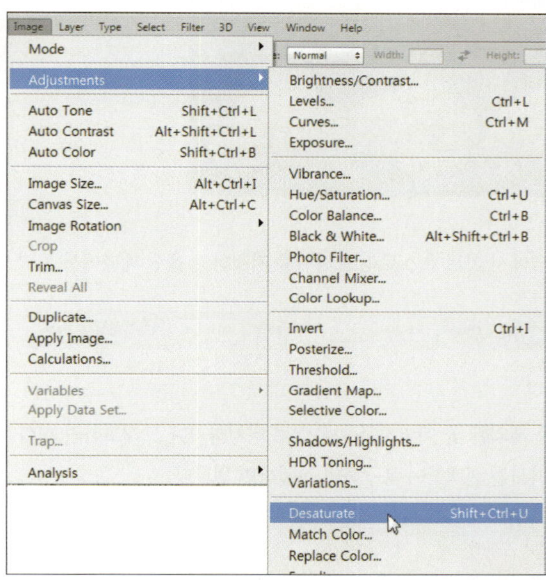

02 그러면 이미지가 흑백으로 바뀌게 되고 계속하여 툴 패널의 히스토리 브러시 툴을 선택한 후 브러시의 크기를 조절합니다. 복구하고자 하는 부분을 문지르듯이 드래그하면 원본 이미지 상태로 복구되고 나머지는 흑백 상태 그대로 남게 됩니다.

직접 해보기 아트 히스토리 브러시 툴(Art History Brush)

Style의 옵션 설정에 따라서 다양한 붓 질감을 이용하여 회화적인 효과를 표현합니다.

01 [File]-[Open] 명령으로 "Sample〉part02" 폴더안의 "p02-02-13.jpg" 파일을 불러옵니다.

02 툴 패널에서 아트 히스토리 브러시를 지정하고 옵션 패널에서 브러시의 크기와 브러시 스타일을 Dab으로 선택합니다.

03 배경을 제외한 꽃 이미지를 마우스로 터치하거나 드래그하면 회화적인 효과를 만듭니다. 작업 도중 잘못된 부분은 히스토리 브러시를 선택하여 복구하며 작업하면 됩니다.

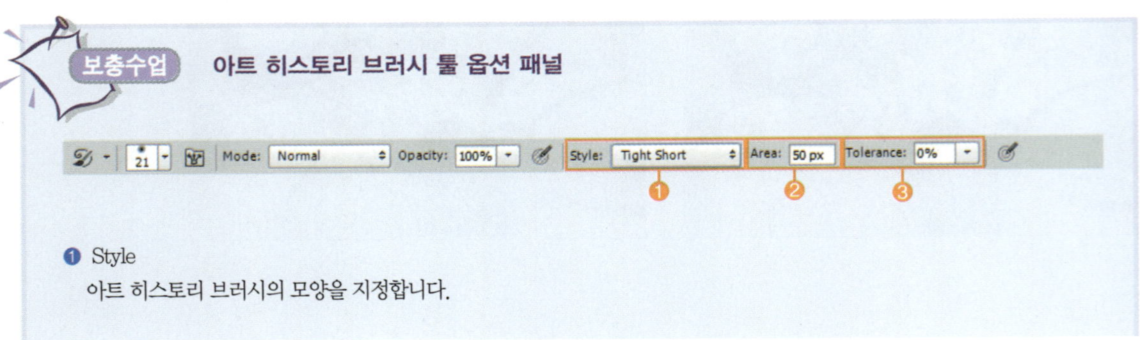

❶ Style
  아트 히스토리 브러시의 모양을 지정합니다.

▲ 원본 이미지　　▲ Tight Short　　▲ Tight Medium　　▲ Tight Long

▲ Loose Medium　　▲ Loose Long　　▲ Dab　　▲ Tight Curl

▲ Tight Curl Long　　▲ Loose Curl　　▲ Loose Curl Long

❷ Area

　마우스를 한 번 클릭하였을 때 적용되는 브러시의 크기와 영역을 조절합니다.

❸ Tolerance

　원본 이미지의 색상 허용 범위를 조절합니다. 수치가 높을수록 원본과 유사한 색상을 나타냅니다.

직접 해보기 그라디언트 툴(Gradient Tool)

두 가지 이상의 색상과 색상 사이에 변해가는 색상을 뚜렷한 경계 없이 부드럽게 채워줍니다.

O1 [File]–[Open] 명령으로 "Sample>part02" 폴더안의 "p02-02-14.jpg" 파일을 불러옵니다. 먼저 돋보기 툴로 화면을 확대합니다.

O2 툴 패널에서 빠른 선택 툴로 고글 부분을 드래그하여 선택 영역을 만듭니다.

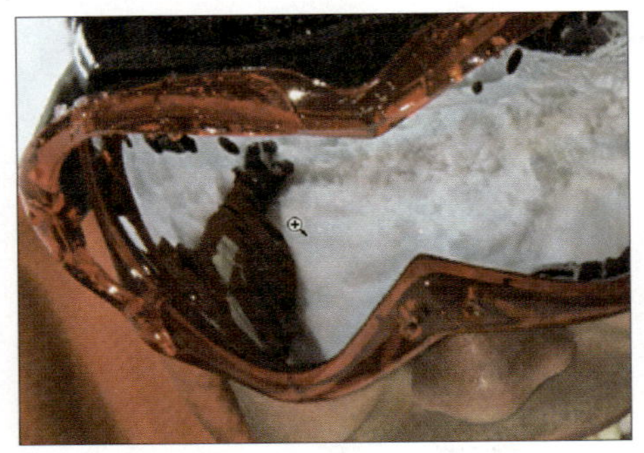

O3 그라디언트 툴을 선택한 후 옵션 패널의 그라디언트 드롭다운 메뉴를 클릭합니다.

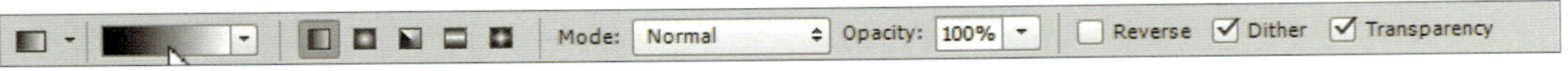

O4 그라디언트 편집 창에서 Spectrum 색상을 선택합니다.

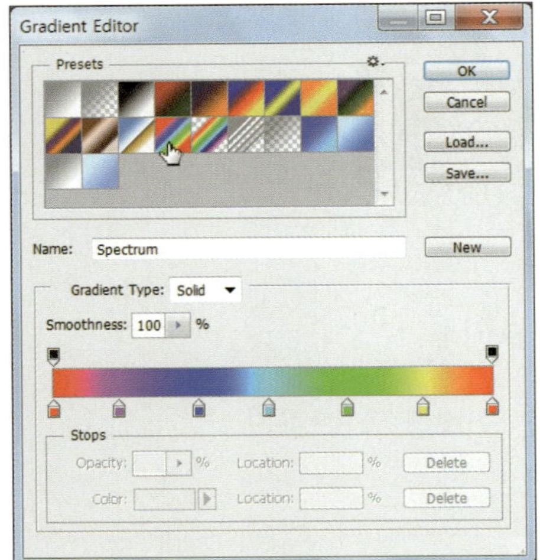

그라디언트 색상을 만들어 사용하고자 하는 경우에는 그라디언트 편집 창에서 슬라이드를 더블클릭하여 색상을 지정하고 슬라이드를 추가 또는 삭제하여 원하는 그라디언트를 만들어 사용할 수 있습니다.

O5 그런 다음 옵션 패널의 Opacity 값을 낮춰 입력합니다.

Opacity는 이미지의 불투명도를 조절할 수 있는 기능으로 수치가 낮아질수록 투명해지므로 바로 아래 레이어의 이미지와 합성하듯이 자연스럽게 표현 할 수 있습니다.

06 선택 영역이 잡힌 부분에 드래그하여 그라디언트 색상을 적용합니다.

그라디언트를 적용할 때 마우스로 클릭한 시작점이 그라디언트 색상 슬라이더 왼쪽의 색상이 되고, 끝점이 색상 슬라이더 오른쪽 색상이 연결되어 적용됩니다. 드래그한 거리와 각도에 따라 다양한 형태로 적용되므로 반복 적용해 보아야합니다.

보충수업 **그라디언트 툴 옵션 패널**

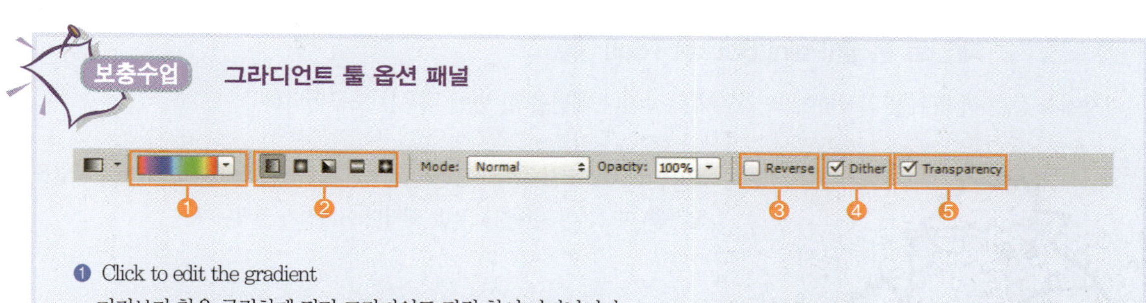

❶ Click to edit the gradient

미리보기 창을 클릭하게 되면 그라디언트 편집 창이 나타납니다.

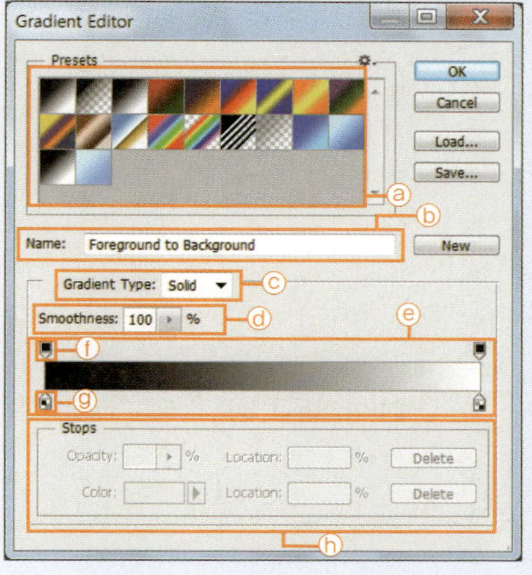

ⓐ Presets : 포토샵에서 제공하는 그라디언트 색상모음으로 선택할 수 있으며, 원하는 그라디언트를 선택하여 수정할 수도 있습니다.

ⓑ Name : 현재 선택된 그라디언트의 이름을 나타내는 부분으로 직접 입력하여 변경할 수도 있습니다.

ⓒ Gradient Type : 그라디언트의 색상 단계를 표현하는 방식으로 단색으로 표현하는 Solid와 라인 효과를 적용 한 듯한 색상을 표현하는 Noise 방식이 있습니다.

ⓓ Smoothness : 그라디언트가 변화하는 부드러운 정도를 조절합니다. 수치가 높을수록 부드럽게 표현됩니다.

ⓔ 색상 슬라이더 : 현재 선택된 그라디언트의 색상 정보를 보여줍니다.

ⓕ Opacity Stop : 색상 슬라이더 바 상단의 버튼으로 그라디언트에 적용하는 색상의 불투명도를 조절합니다.

ⓖ Color Stop : 색상 슬라이더 바 하단의 버튼으로 그라디언트에 적용하는 색상을 지정합니다.

ⓗ Stops : 불투명도 및 색상 등을 조절합니다.

❷ Gradient : 그라디언트가 적용되는 모양을 지정합니다.

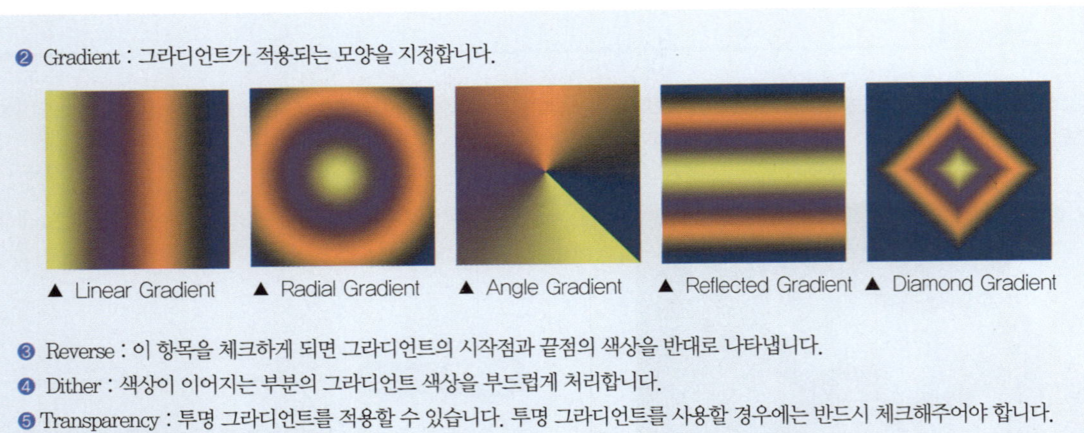

❸ Reverse : 이 항목을 체크하게 되면 그라디언트의 시작점과 끝점의 색상을 반대로 나타냅니다.

❹ Dither : 색상이 이어지는 부분의 그라디언트 색상을 부드럽게 처리합니다.

❺ Transparency : 투명 그라디언트를 적용할 수 있습니다. 투명 그라디언트를 사용할 경우에는 반드시 체크해주어야 합니다.

직접 해보기   페인트 통 툴(Paint Bucket Tool)

이미지에서 같은 색 범위를 인식하여 그 영역에 색상이나 패턴을 한 번에 채우는 도구입니다.

O1   [File]-[Open] 명령으로 "Sample〉part02" 폴더안의 "p02-02-15.jpg" 파일을 불러옵니다. 색이 칠해지지 않은 캐릭터 이미지가 열립니다.

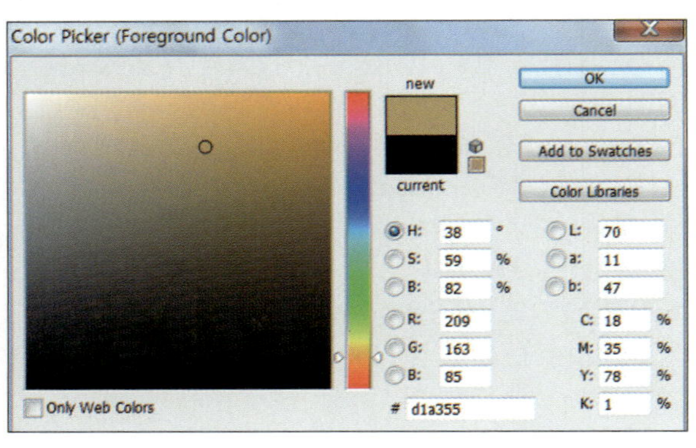

O2   툴 패널에서 페인트 통 툴을 선택하고 전경색을 클릭하여 어두운 황토색으로 지정합니다.

03 페인트 통 툴로 이미지의 안쪽 부분을 클릭하면 황토색이 채워집니다. 색이 잘 못 채워졌을 경우 [Ctrl]+[Alt]+[Z]를 눌러 실행 취소한 다음 다시 작업하면 됩니다.

04 이미지의 나머지 각 면에도 동일한 방법으로 채색을 완성합니다.

보충수업 **페인트 통 툴 옵션 패널**

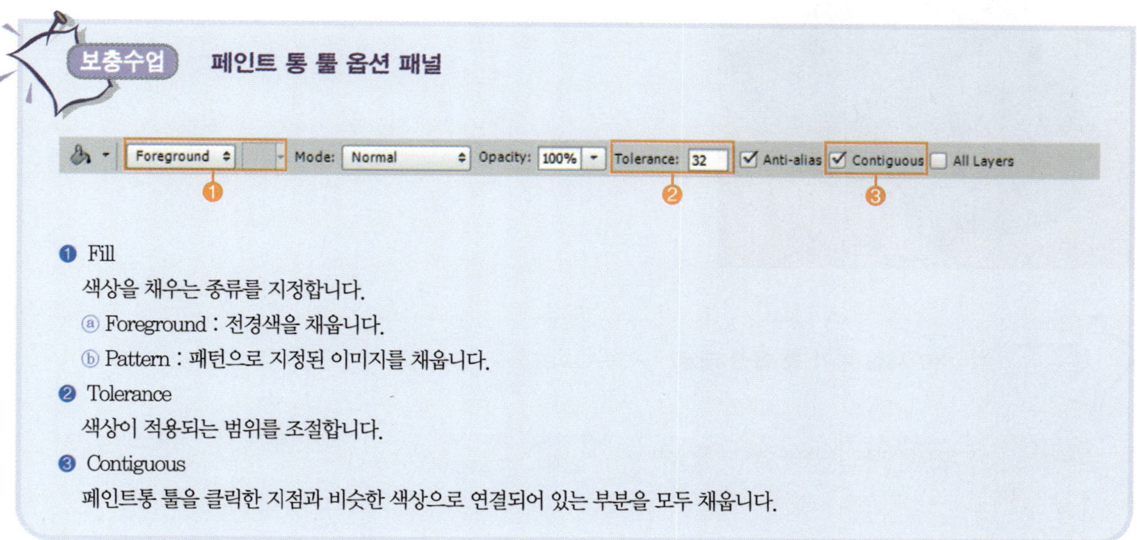

❶ Fill

색상을 채우는 종류를 지정합니다.

ⓐ Foreground : 전경색을 채웁니다.

ⓑ Pattern : 패턴으로 지정된 이미지를 채웁니다.

❷ Tolerance

색상이 적용되는 범위를 조절합니다.

❸ Contiguous

페인트통 툴을 클릭한 지점과 비슷한 색상으로 연결되어 있는 부분을 모두 채웁니다.

직접 해보기 3D 재질 놓기 툴(3D Material Drop Tool)

3D 오브젝트에 재질을 칠합니다.

01 [File]-[Open] 명령으로 "Sample〉part02" 폴더안의 "p02-02-16.psd" 파일을 불러옵니다.

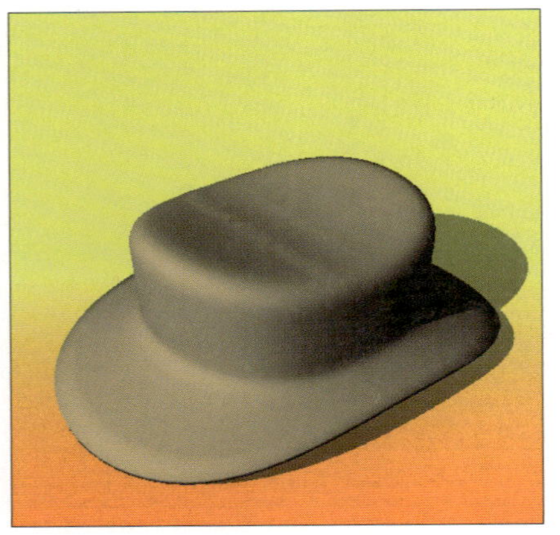

02 레이어 패널에서 모자 레이어를 선택합니다. 그리고 툴 패널에서 3D 재질 놓기 툴을 선택하고 옵션 패널에서 Material Picker 아이콘을 클릭하여 원하는 재질을 선택합니다.

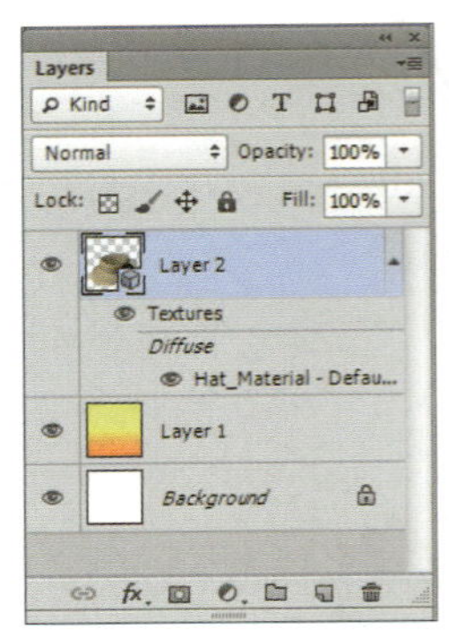
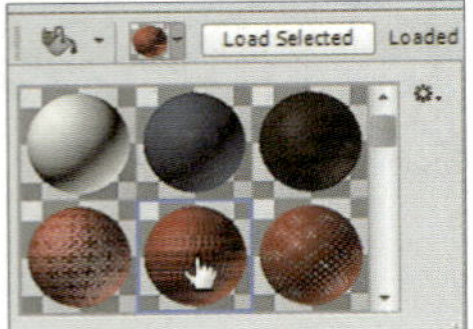

03 오브젝트에 마우스를 클릭하면 재질이 입혀집니다. [Window] 메뉴에서 Properties 패널을 불러와서 세부적으로 옵션을 조절할 수 있습니다.

보충수업 **3D 재질 놓기 툴 옵션 패널**

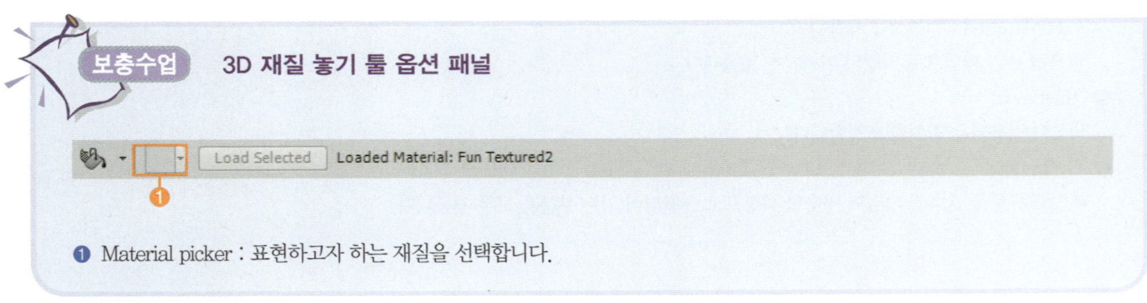

❶ Material picker : 표현하고자 하는 재질을 선택합니다.

직접 해보기 지우개 툴(Eraser Tool)

마우스를 드래그하여 부분을 투명하게 지워주거나 배경색으로 칠해줍니다..

O1 [File]-[Open] 명령으로 "Sample〉part02" 폴더안의 "p02-02-17.jpg, 18.jpg" 파일을 불러옵니다.

O2 두 이미지를 합성하기 위하여 이동 툴을 선택한 후 구름 이미지를 배경 이미지 창으로 Shift 키를 누른채 드래그하여 이동시킵니다.

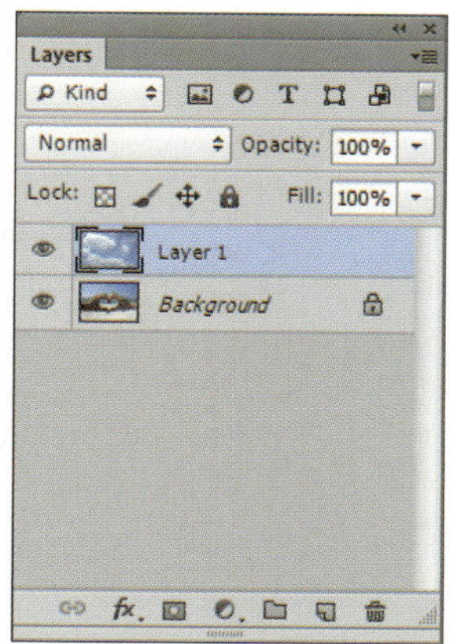

이미지를 이동시킬 때 Shift 키를 누른채 드래그하면 원본의 정중앙에 이미지가 위치하게 됩니다.

O3 툴 패널에서 지우개 툴을 선택하고 옵션 패널에서 브러시의 크기를 조절합니다. 이미지의 하단 부분을 자연스럽게 드래그하여 삭제시켜줍니다.

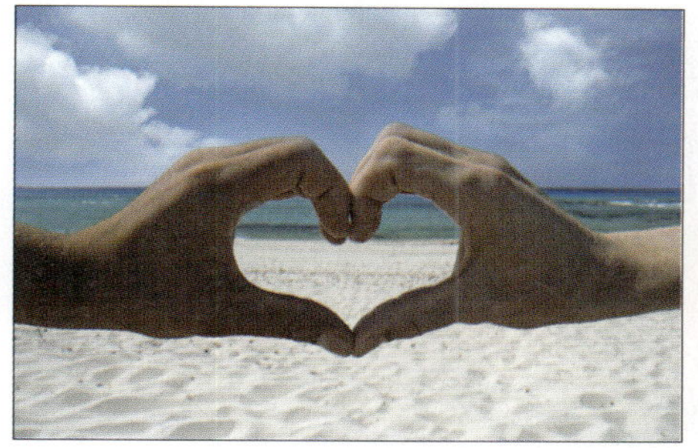

보충수업　지우개 툴 옵션 패널

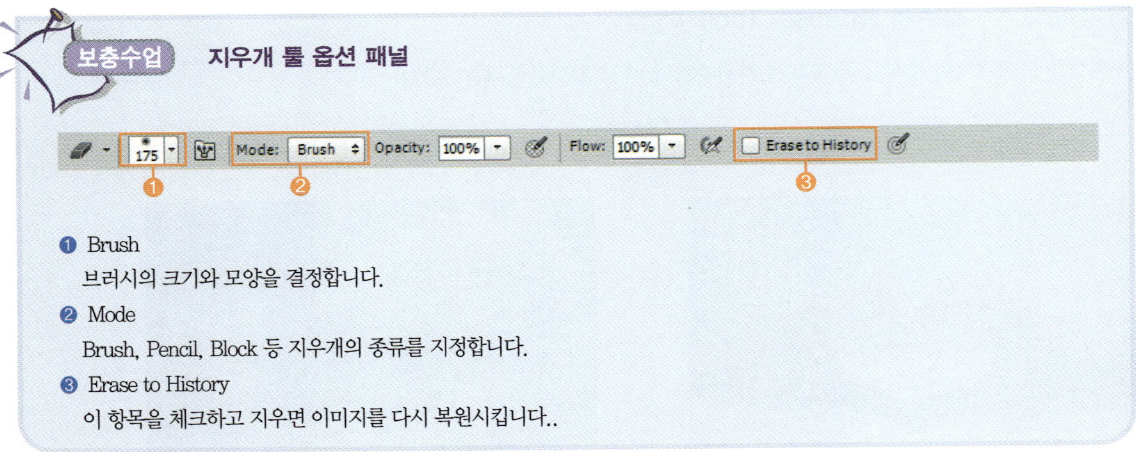

❶ Brush
　브러시의 크기와 모양을 결정합니다.
❷ Mode
　Brush, Pencil, Block 등 지우개의 종류를 지정합니다.
❸ Erase to History
　이 항목을 체크하고 지우면 이미지를 다시 복원시킵니다..

직접 해보기　배경 지우개 툴(Background Eraser Tool)

마우스로 클릭한 부분의 이미지 색상을 인식하여 투명하게 지워줍니다.

01　[File]-[Open] 명령으로 "Sample〉part02" 폴더안의 "p02-02-19.jpg" 파일을 불러옵니다.

02　툴 패널에서 배경 지우개 툴을 선택하고 브러시의 크기를 조절합니다. 그런 다음 배경에 드래그하면 클릭한 부분의 배경색
　　과 유사한 색상이 모두 지워지는 것을 알 수 있습니다.

O3 계속하여 배경 부분을 드래그하여 모두 지워줍니다.

백그라운드 지우개 툴로 이미지를 드래그하면 레이어 패널에서 백그라운드로 존재하던 이미지가 일반 레이어로 변경되어 배경이 지워집니다.

보충수업　배경 지우개 툴 옵션 패널

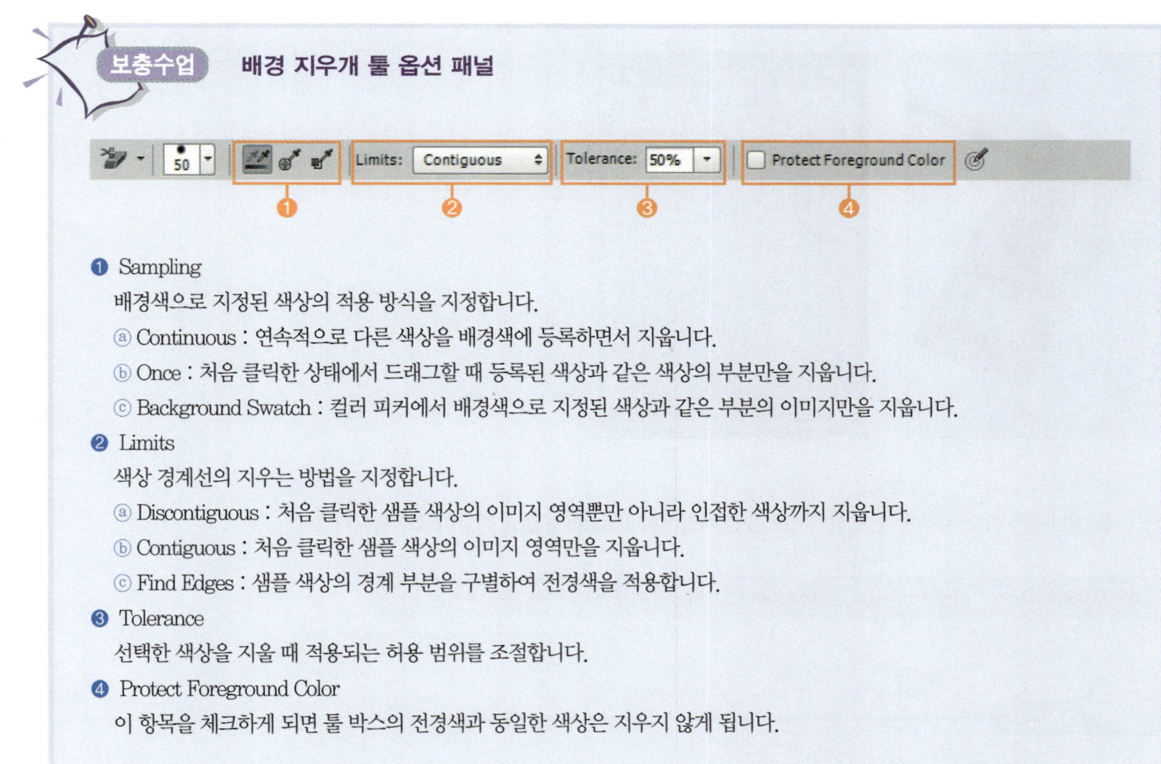

❶ Sampling

배경색으로 지정된 색상의 적용 방식을 지정합니다.

ⓐ Continuous : 연속적으로 다른 색상을 배경색에 등록하면서 지웁니다.

ⓑ Once : 처음 클릭한 상태에서 드래그할 때 등록된 색상과 같은 색상의 부분만을 지웁니다.

ⓒ Background Swatch : 컬러 피커에서 배경색으로 지정된 색상과 같은 부분의 이미지만을 지웁니다.

❷ Limits

색상 경계선의 지우는 방법을 지정합니다.

ⓐ Discontiguous : 처음 클릭한 샘플 색상의 이미지 영역뿐만 아니라 인접한 색상까지 지웁니다.

ⓑ Contiguous : 처음 클릭한 샘플 색상의 이미지 영역만을 지웁니다.

ⓒ Find Edges : 샘플 색상의 경계 부분을 구별하여 전경색을 적용합니다.

❸ Tolerance

선택한 색상을 지울 때 적용되는 허용 범위를 조절합니다.

❹ Protect Foreground Color

이 항목을 체크하게 되면 툴 박스의 전경색과 동일한 색상은 지우지 않게 됩니다.

직접 해보기 마술 지우개 툴(Magic Eraser Tool)

마술봉 툴처럼 옵션 바의 Tolerance 설정 값에 따라 유사한 색상을 선택하여 한꺼번에 지워줍니다.

O1 [File]-[Open] 명령으로 "Sample〉part02" 폴더안의 "p02-02-20.jpg, 21.jpg" 파일을 불러옵니다. 마술 지우개 툴을 이용하여 배경을 지워보겠습니다.

O2 두 이미지를 합성하기 위하여 이동 툴을 선택한 후 신호등 이미지를 하늘 이미지 창으로 Shift 키를 누른 채 드래그하여 이동시킵니다.

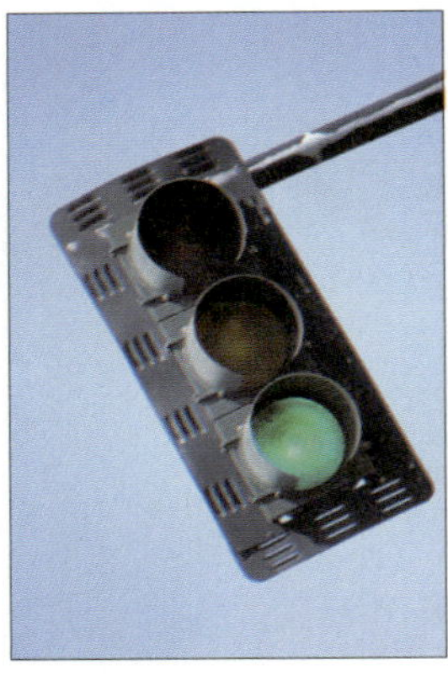
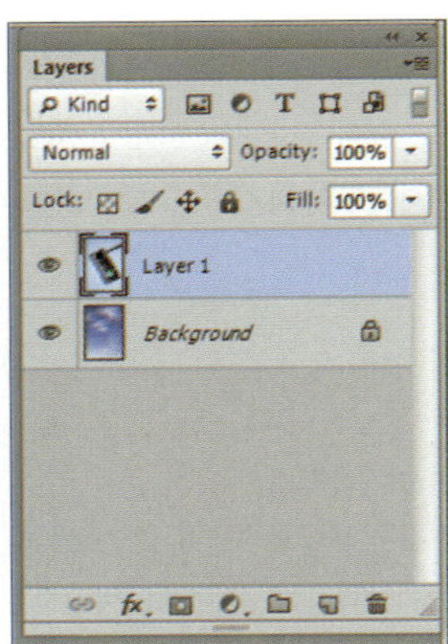

O3 툴 패널에서 마술 지우개 툴을 선택하고 옵션 패널에서 Tolerance 값을 적당히 조절합니다.

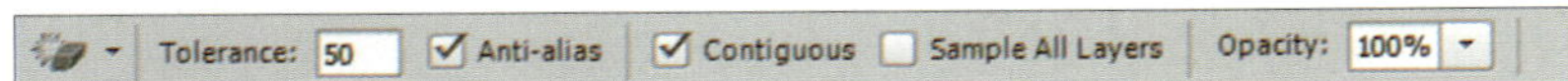

Tolerance는 마술 지우개 툴로 지울 색상의 허용 범위를 조절하는 기능입니다.

04 이미지의 배경 부분을 클릭합니다. 그 결과 배경이 투명하게 지워지면서 하늘 이미지와 자연스럽게 합성이 되는 것을 볼 수 있습니다.

보충수업 — 마술 지우개 툴 옵션 패널

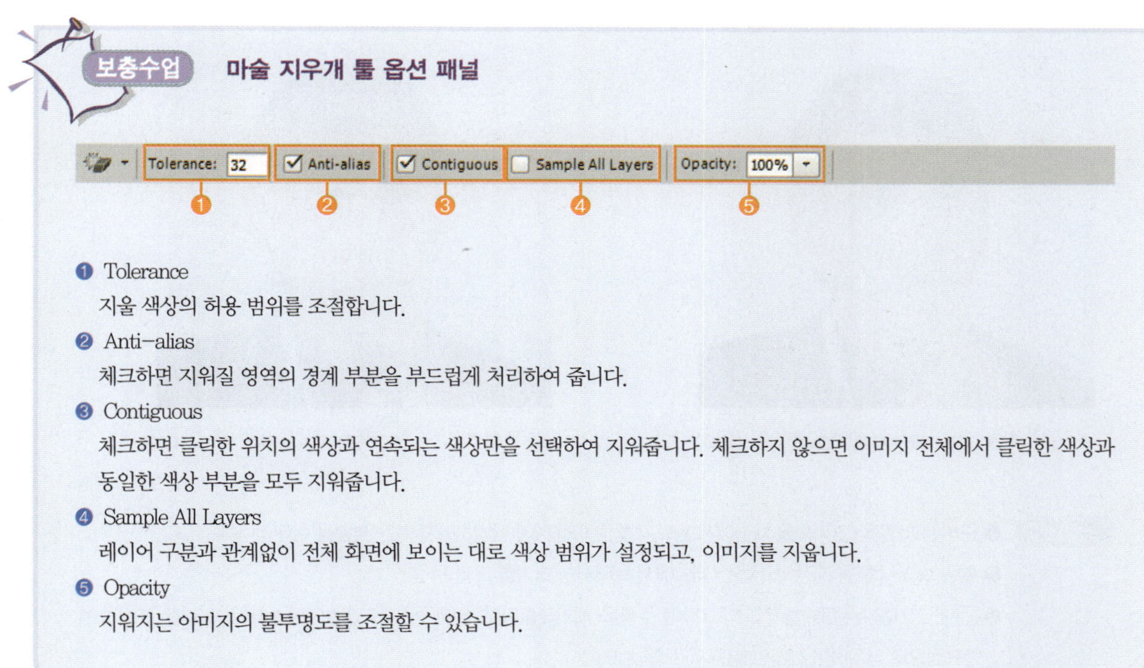

❶ Tolerance
지울 색상의 허용 범위를 조절합니다.

❷ Anti-alias
체크하면 지워질 영역의 경계 부분을 부드럽게 처리하여 줍니다.

❸ Contiguous
체크하면 클릭한 위치의 색상과 연속되는 색상만을 선택하여 지워줍니다. 체크하지 않으면 이미지 전체에서 클릭한 색상과 동일한 색상 부분을 모두 지워줍니다.

❹ Sample All Layers
레이어 구분과 관계없이 전체 화면에 보이는 대로 색상 범위가 설정되고, 이미지를 지웁니다.

❺ Opacity
지워지는 이미지의 불투명도를 조절할 수 있습니다.

 **실전문제**

1. 준비된 이미지에 브러시 툴을 이용하여 배경을 꾸며보세요.

▲ 준비 파일 : Sample〉part02〉p02-02-22.jpg

▲ 완성 파일 : Artwork〉part02〉p02-02-20.psd

힌트

❶ 준비된 파일을 불러와 툴 패널에서 브러시 툴을 선택합니다.

❷ 전경색과 배경색을 각각 초록색과 노란색 계통으로 지정하고, 옵션 패널에서 브러시의 모양을 지정합니다.

❸ 이미지의 하단 부분에 반복적으로 드래그하여 칠해줍니다.

2. 주어진 이미지에서 주름을 깨끗하게 제거해보세요.

▲ 준비 파일 : Sample〉part02〉p02-02-23.jpg

▲ 완성 파일 : Artwork〉part02〉p02-02-21.psd

힌트

❶ 준비된 파일을 불러와 툴 패널에서 돋보기 툴을 이용하여 작업하고자 하는 부분을 확대합니다.

❷ 힐링 브러시 툴을 지정하고 옵션 패널에서 브러시의 크기를 조절합니다.

❸ [Alt] 키를 누른채 클릭, 드래그하여 주름을 제거해줍니다. 위와 동일한 방법으로 브러시 크기를 조절하며 반복적으로 터치하여 깨끗이 복원시켜 줍니다.

3. 두 이미지를 자연스럽게 합성시켜 보세요.

 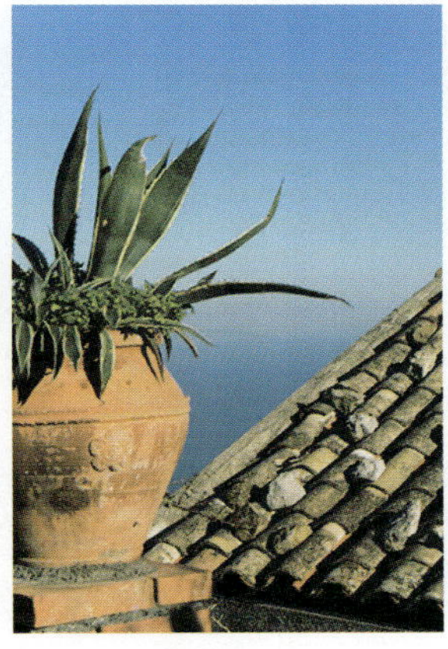

▲ 준비 파일 : Sample〉part02〉p02-02-24.jpg, 25.jpg

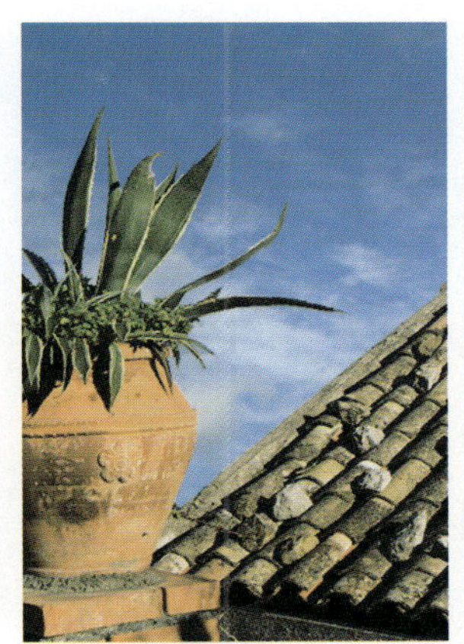

▲ 완성 파일 : Artwork〉part02〉p02-02-22.psd

힌트

❶ 준비된 두 파일을 불러와 툴 패널에서 이동 툴을 선택하고 화분 이미지를 하늘 이미지로 끌어갑니다.

❷ 툴 패널에서 미술 지우개 툴을 선택하고, 옵션 패널에서 Tolerance 값을 조절합니다.

❸ 배경 부분을 반복적으로 클릭하여 배경을 깨끗이 지워줍니다.

4. 그라디언트 색상을 적용하여 자연스러운 이미지를 만들어 보세요.

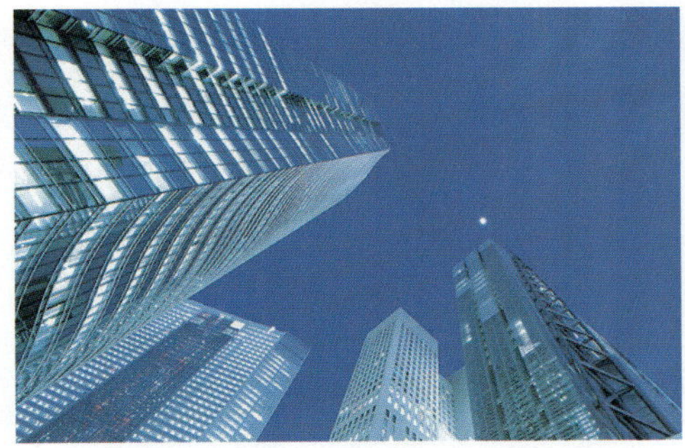

▲ 준비 파일 : Sample〉part02〉p02-02-26.jpg

▲ 완성 파일 : Artwork〉part02〉p02-02-23.psd

힌트

❶ 준비된 파일을 불러옵니다. 먼저 툴 패널에서 다각형 올가미 도구를 이용하여 건물 외곽을 따라 클릭하여 선택 영역을 만듭니다.

❷ [Select]-[Inverse] 명령을 실행하여 선택 영역을 전환시켜 줍니다.

❸ 툴 패널에서 그라디언트 툴을 선택하고 그라디언트 편집 창에서 흰색과 하늘색 색상을 각각 지정합니다.

❹ 옵션 패널에서 그라디언트의 형태를 Radial Gradient로 지정하고 드래그하여 색상을 채워 넣습니다.

❺ 좀 더 자연스럽게 표현하기 위해서 [Filter]-[Render]-[Lens Flare] 명령을 실행하여 빛 효과를 추가해 줍니다.

Photoshop

04 section

이미지 리터칭과 패스 도구 익히기

전문 사진작가들의 디지털 이미지에는 주제를 부각시키기 위하여 배경의 초점을 흐리게 하거나 주제를 보다 선명하게 조절하여 표현하는 경우를 볼 수 있습니다. 디지털 이미지의 미세한 리터칭은 전체적인 사진의 느낌을 변경할 수 있을 뿐 아니라 오래된 사진이나 초점이 흔들린 사진도 손쉽게 복구할 수 있습니다. 또한 다양한 특수 효과를 적용하여 더욱 사실감 넘치는 이미지를 나타낼 수 있습니다. 디자인 실무에서 정교한 이미지 작업을 할 때 기본적인 선택 툴보다는 펜 툴을 많이 사용합니다. 펜 툴의 가장 큰 장점은 사용자가 직선과 곡선을 자유롭게 사용하여 복잡한 형태의 선택 영역을 쉽게 만들 수 있으며, 작업된 패스는 패스 패널에 저장하여 언제든지 재사용할 수 있다는 것입니다. 펜 툴을 능숙하게 다루기 위해서는 형태 제작을 위한 펜 툴 사용법을 꾸준히 연습해야 합니다. 펜 툴은 일러스트레이터 작업과도 많은 연관이 있으므로 충분한 실력을 쌓아두어야 합니다.

차례

- 블러 툴(Blur Tool)
- 샤픈 툴(Sharpen Tool)
- 스머지 툴(Smudge Tool)
- 닷지 툴(Dodge Tool)
- 번 툴(Burn Tool)
- 스폰지 툴(Sponge Tool)
- 펜 툴(Pen Tool)
- 자유 펜 툴(Freedom Pen Tool)
- 포인트 추가 툴(Add Anchor Point Tool)
- 포인트 삭제 툴 (Delete Anchor Point Tool)
- 포인트 속성 변환 툴(Convert Point Tool)
- 패스 선택 툴(Path Selection Tool)
- 직접 선택 툴(Direct Selection Tool)

직접 해보기   블러 툴(Blur Tool) 🖌

이미지에 뿌옇게 초점이 흐린 효과를 줍니다.

01   [File]-[Open] 명령으로 "Sample〉part02" 폴더안의 "p02-03-01.jpg" 파일을 불러옵니다.

02   툴 패널의 블러 툴을 선택합니다. 옵션 패널에서 브러시의 크기를 조절한 후 이미지를 문지르듯 드래그합니다. 그 결과 배경 이미지가 뭉개지는 현상이 나타납니다.

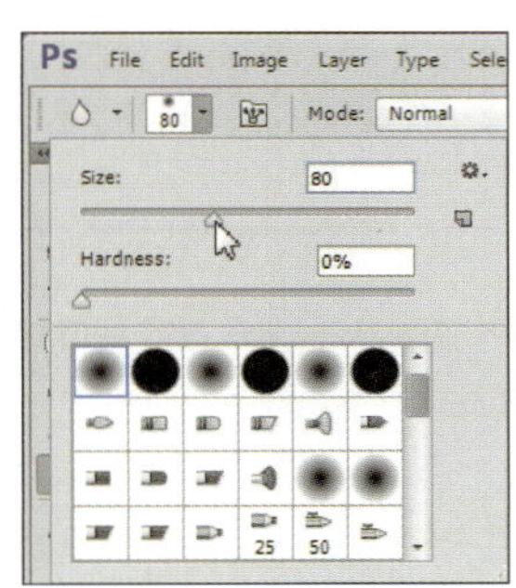
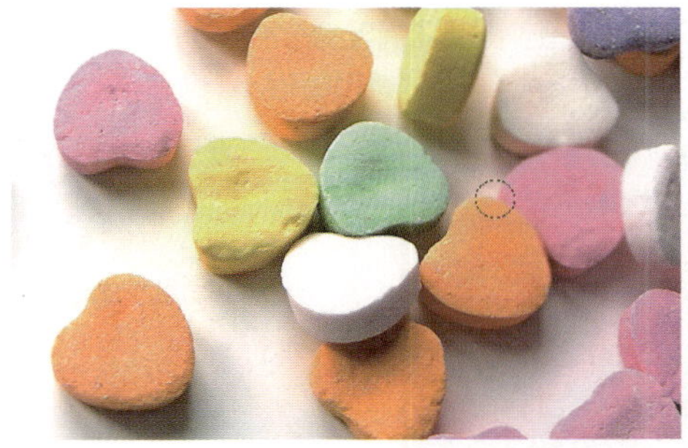

03   계속하여 브러시의 크기를 조절해가며 배경 부분을 드래그하여 아웃포커싱 효과를 만듭니다.

보충수업   **블러 툴 옵션 패널**

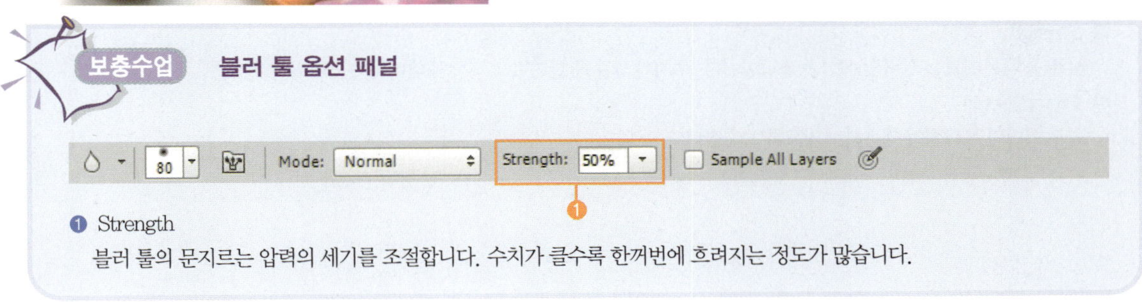

❶ Strength
    블러 툴의 문지르는 압력의 세기를 조절합니다. 수치가 클수록 한꺼번에 흐려지는 정도가 많습니다.

직접 해보기 샤픈 툴(Sharpen Tool) △.

이미지에 뚜렷하게 초점이 선명한 효과를 줍니다.

01 [File]-[Open] 명령으로 "Sample>part02" 폴더 안의 "p02-03-02.jpg" 파일을 불러옵니다.

02 툴 패널에서 샤픈 툴을 지정한 후 옵션 패널에서 브러시의 크기를 조절합니다.

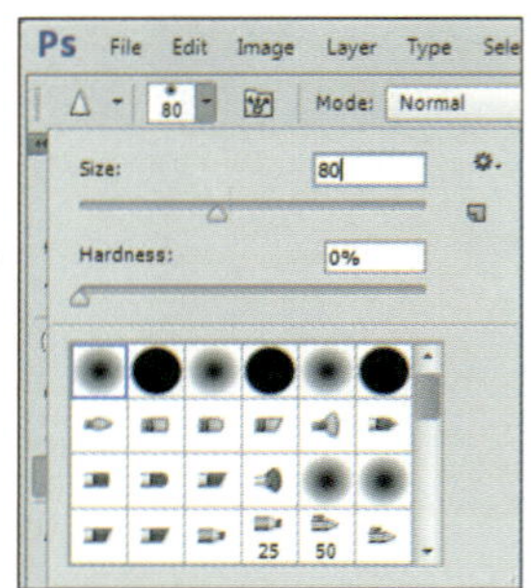

03 이미지를 문지르듯 드래그하면 픽셀과 픽셀 경계의 색상차가 높아져 이미지가 선명해집니다.

강의노트

샤픈 툴을 지나치게 많이 사용하면 픽셀간의 대비 값이 높아져 이미지가 깨져 보이므로 적당히 사용하는 것이 좋습니다.

보충수업 샤픈 툴 옵션 패널

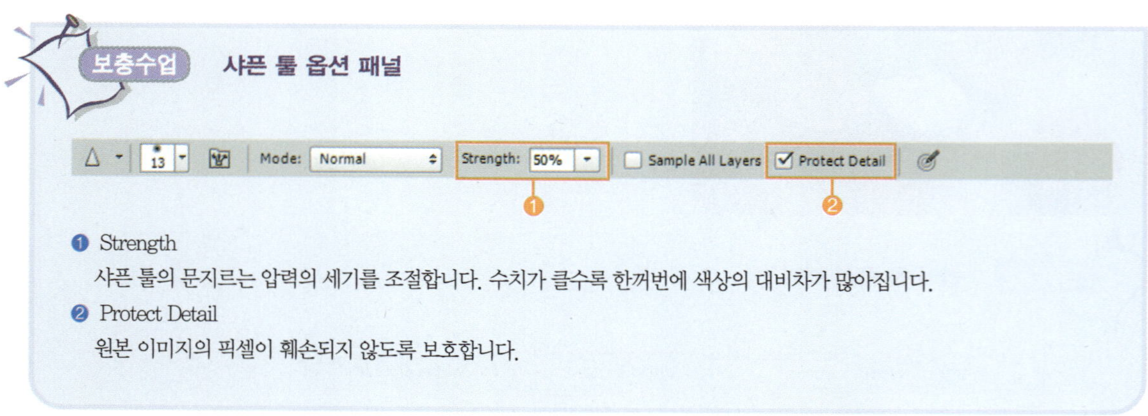

❶ Strength
샤픈 툴의 문지르는 압력의 세기를 조절합니다. 수치가 클수록 한꺼번에 색상의 대비차가 많아집니다.

❷ Protect Detail
원본 이미지의 픽셀이 훼손되지 않도록 보호합니다.

직접 해보기 스머지 툴(Smudge Tool)

손가락으로 문지르는 듯한 효과를 줍니다.

01 [File]–[Open] 명령으로 "Sample〉part02" 폴더 안의 "p02-03-03.jpg" 파일을 불러옵니다.

02 툴 패널에서 스머지 툴을 지정한 후 옵션 패널에서 브러시의 크기를 조절합니다. 그런 다음 촛불을 마우스로 밀어내듯이 드래그합니다.

03 브러시의 크기를 조절해가면서 좀 더 세밀하게 밀어줍니다.

보충수업 **스머지 툴 옵션 패널**

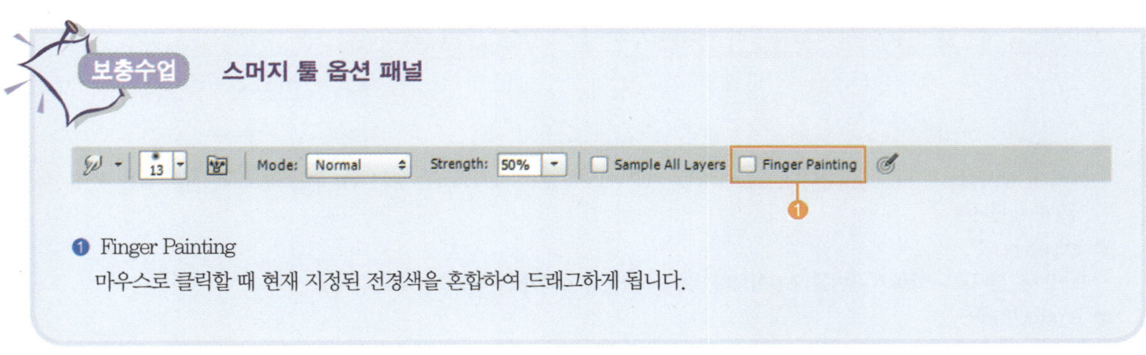

❶ Finger Painting
   마우스로 클릭할 때 현재 지정된 전경색을 혼합하여 드래그하게 됩니다.

직접 해보기 닷지 툴(Dodge Tool)

마우스로 드래그하여 원하는 이미지 영역을 밝게 합니다.

01 [File]-[Open] 명령으로 "Sample>part02" 폴더 안의 "p02-03-04.jpg" 파일을 불러옵니다. 꽃을 닷지 툴을 사용하여 밝게 조절해 보겠습니다.

02 툴 패널에서 닷지 툴을 지정하고 옵션 패널에서 브러시의 크기를 조절합니다.

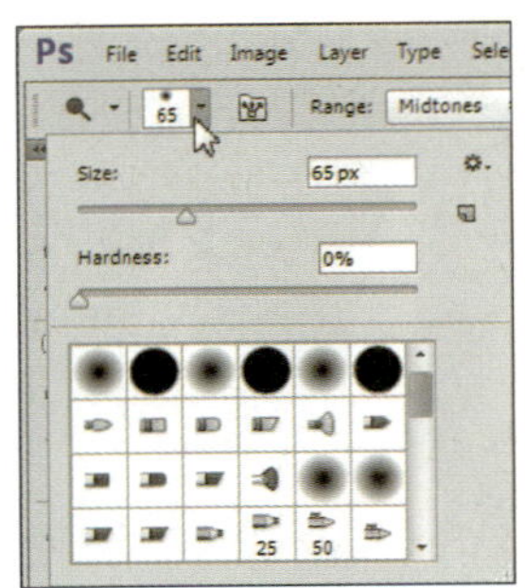

03 꽃 부분을 드래그하면 이미지가 밝아집니다.

보충수업 닷지 툴 옵션 패널

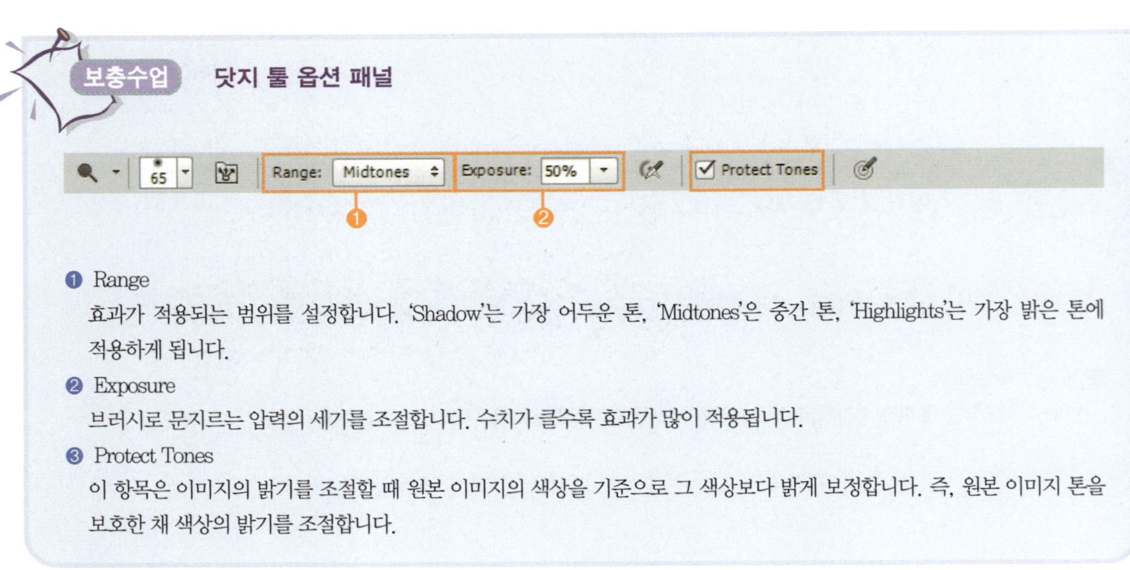

❶ Range

효과가 적용되는 범위를 설정합니다. 'Shadow'는 가장 어두운 톤, 'Midtones'은 중간 톤, 'Highlights'는 가장 밝은 톤에 적용하게 됩니다.

❷ Exposure

브러시로 문지르는 압력의 세기를 조절합니다. 수치가 클수록 효과가 많이 적용됩니다.

❸ Protect Tones

이 항목은 이미지의 밝기를 조절할 때 원본 이미지의 색상을 기준으로 그 색상보다 밝게 보정합니다. 즉, 원본 이미지 톤을 보호한 채 색상의 밝기를 조절합니다.

직접 해보기 번 툴(Burn Tool) 

이미지를 부분적으로 어둡게 만듭니다.

O1 [File]-[Open] 명령으로 "Sample〉part02" 폴더 안의 "p02-03-05.jpg" 파일을 불러옵니다.

O2 툴 패널에서 번 툴을 지정하고 옵션 패널에서 브러시 크기를 조절합니다. 이미지를 드래그하면 어둡게 보정됩니다

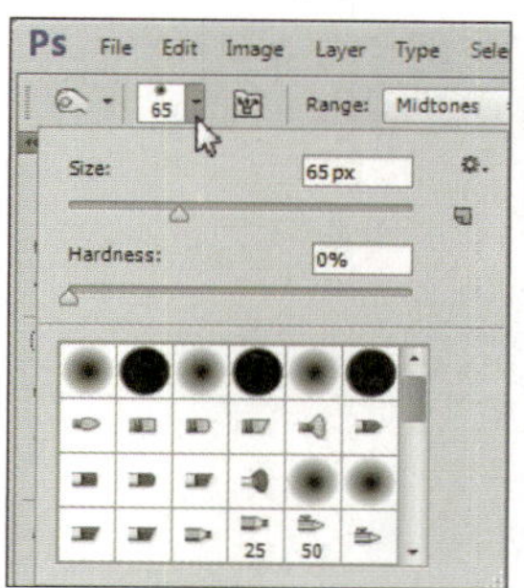

O3 브러시의 크기를 조절해가면서 드래그하면 좀 더 사실감 있는 이미지를 만들 수 있습니다.

보충수업 번 툴 옵션 패널

① Range
효과가 적용되는 범위를 지정합니다. 'Shadow'는 가장 어두운 톤, 'Midtones'는 중간 톤, 'Hightlights'는 가장 밝은 톤에 적용하게 됩니다.

② Exposure
브러시로 문지르는 압력의 세기를 조절합니다. 수치가 클수록 효과가 많이 적용됩니다.

③ Protect Tones
이미지의 밝기를 조절할 때 원본 이미지의 색상을 기준으로 그 색상보다 어둡게 보정됩니다. 즉, 원본 이미지 톤을 보호한 채 색상의 밝기를 조절합니다.

직접 해보기 스폰지 툴(Sponge Tool) 

이미지의 채도를 조절하여 선명하거나 탁하게 만듭니다.

01 [File]-[Open] 명령으로 "Sample〉part02" 폴더안의 "p02-03-06.jpg" 파일을 불러옵니다.

02 툴 패널에서 스폰지 툴을 지정하고 브러시의 크기를 조절합니다. 옵션 패널에서 Mode 항목을 Saturate 로 설정한 후 낙엽 위를 문지르듯 드래그합니다.

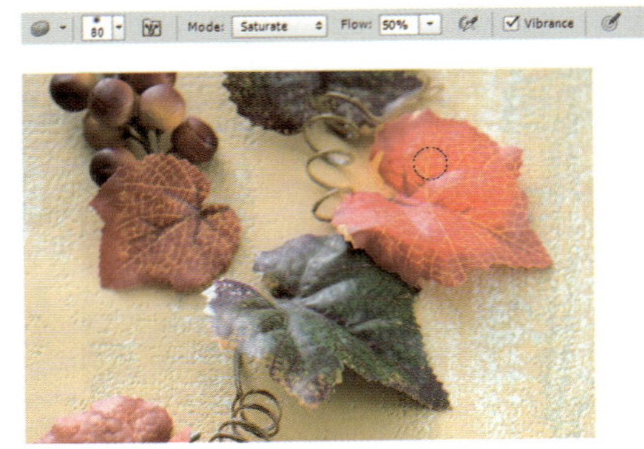

03 그 결과 채도가 점차 높아져 선명하게 보이게 됩니다. 반대로 옵션 패널에서 Mode 항목을 Desatruate로 설정한 후 드래그 하면 색상이 탁해집니다.

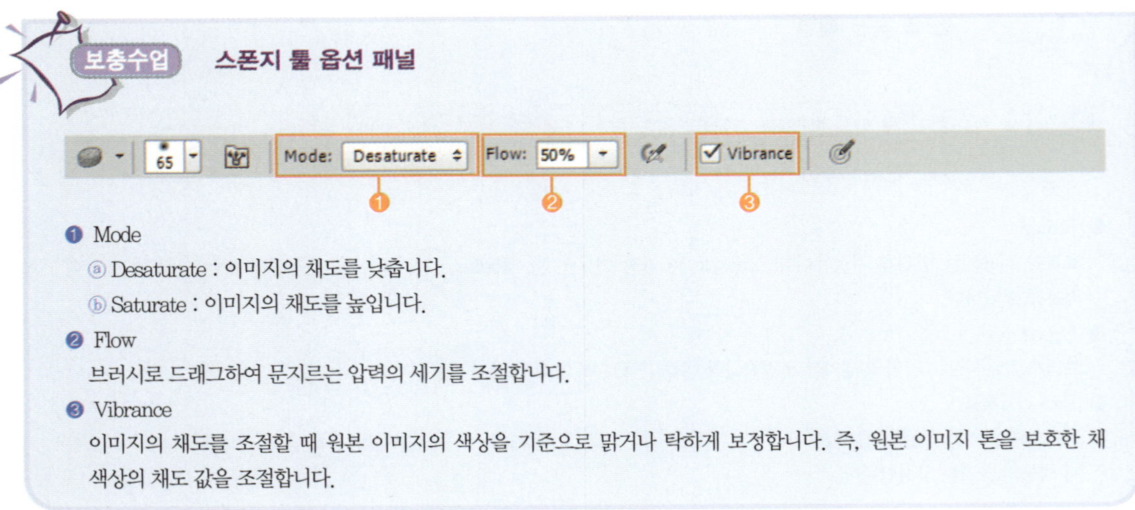

보충수업 스폰지 툴 옵션 패널

❶ Mode
  ⓐ Desaturate : 이미지의 채도를 낮춥니다.
  ⓑ Saturate : 이미지의 채도를 높입니다.

❷ Flow
  브러시로 드래그하여 문지르는 압력의 세기를 조절합니다.

❸ Vibrance
  이미지의 채도를 조절할 때 원본 이미지의 색상을 기준으로 맑거나 탁하게 보정합니다. 즉, 원본 이미지 톤을 보호한 채 색상의 채도 값을 조절합니다.

직접 해보기 펜 툴(Pen Tool)

곡선과 직선으로 이루어진 이미지의 외곽을 패스화시킬 수 있습니다. 패스 영역은 언제든지 픽셀 영역이나 선택 영역으로 전환하여 사용 가능합니다.

01 [File]–[Open] 명령으로 "Sample〉part02" 폴더안의 "p02–03–07.jpg, 08.jpg" 파일을 불러옵니다. 먼저 감자 이미지를 선택하고 돋보기 툴로 화면을 확대시킵니다.

Photoshop

02 툴 패널에서 펜 툴을 선택하고 [Window] 메뉴에서 Paths 패널을 불러옵니다. 그리고 옵션 패널에서 paths 항목을 체크합니다.

03 곡선 패스를 만들기 위해서 감자 외곽 부분을 시작점으로 마우스를 클릭합니다.

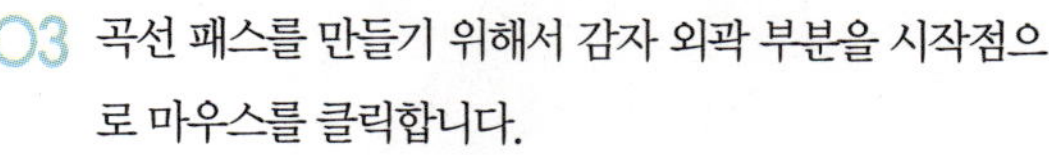

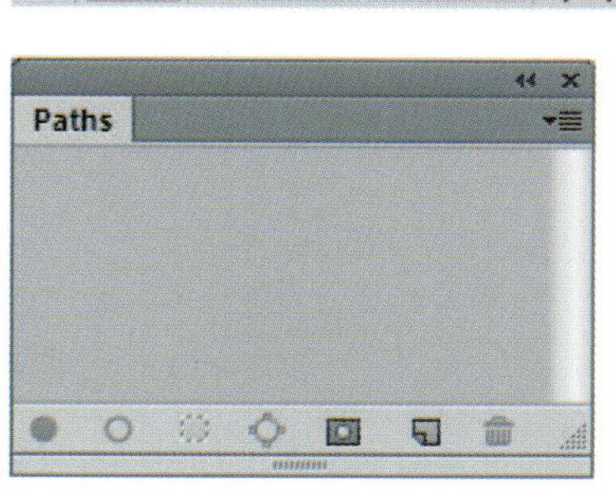

04 그런 다음 다른 지점에 마우스를 클릭한 채로 드래그하면 마우스 진행 방향으로 방향선이 생기면서 곡선의 패스가 만들어집니다.

05 진행 중인 방향선의 영향으로 포인트를 생성한 후 곡선이 정확하지 않을 수가 있습니다. 이때는 진행 방향선을 삭제해야 합니다. Alt 키를 누르고 포인트를 클릭하면 진행하는 쪽의 방향선이 삭제됩니다.

곡선 패스 만들기

곡선의 패스는 방향선에 의하여 곡선의 형태와 방향을 조절할 수 있습니다. 따라서 정교한 곡선 패스를 만들기 위해서는 방향선의 성질을 적절히 조정할 수 있어야 합니다.

06 포인트를 클릭하며 직선을 그리고 곡선은 포인트를 만들고 방향선을 드래그하면 이미지 외곽에 맞게 곡선을 생성합니다. 다시 Alt 키를 누르고 포인트를 클릭하여 방향선을 삭제하고 다음 포인트를 만들어 패스를 만들어갑니다.

07 동일한 작업으로 곡선 패스를 만들어 갑니다. 앵커 포인트의 위치가 잘못 되었을 경우에는 직접 선택 툴을 이용하여 포인트를 이동하거나 핸들을 조절할 수 있습니다.

08 첫 번째 포인트와 연결하여 닫힌 패스를 완성합니다. 오른쪽 감자 이미지 또한 위와 동일한 방법으로 패스 작업을 합니다.

09 작업된 패스를 저장하기 위해서 Paths 패널에서 Work Path를 더블클릭합니다. Save Path 대화상자에서 패스 이름을 입력하고 OK 버튼을 클릭하면 패널에 저장됩니다.

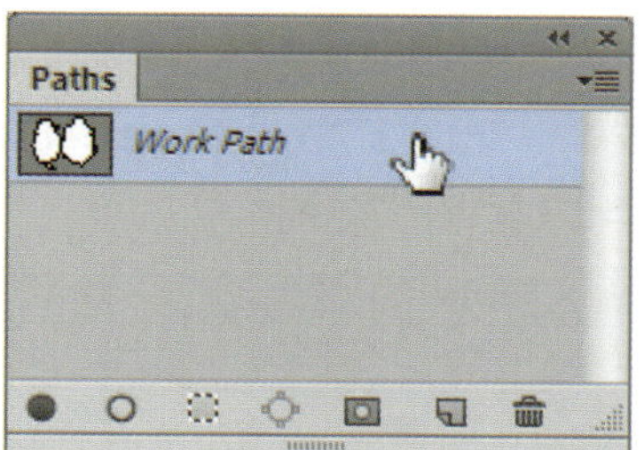

강의노트

패스 패널에 등록된 패스 영역을 선택영역으로 잡기 위해서는 패널 하단의 Load path as a selection 아이콘으로 드래그하여 선택 영역을 잡을 수도 있지만, 키보드의 Ctrl 키를 누른 채 패널에서 해당 패스 영역을 클릭하면 좀 더 용이하게 패스 영역을 잡을 수 있습니다.

10 Paths 패널 하단의 Load path as a selection 아이콘을 클릭합니다. 그 결과 패스 영역이 선택 영역으로 전환됩니다.

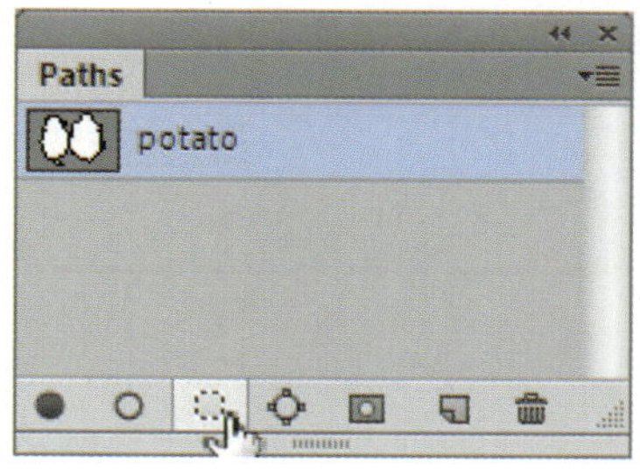

11 툴 패널에서 이동 툴을 선택하고 배경 이미지로 드래그합니다.

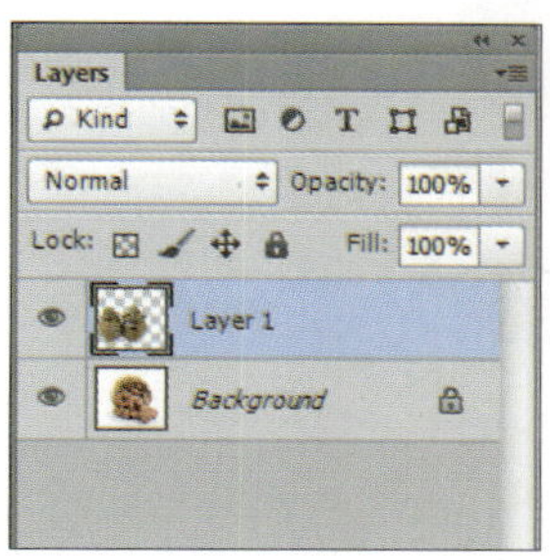

12 `Ctrl`+`T`를 눌러 조절 박스의 모서리 부분을 `Shift` 키를 누른 채 드래그하여 크기를 조절합니다.

13 `Enter` 키를 눌러 조절 박스를 없애줍니다. 레이어 패널에 감자 레이어가 생긴 것을 볼 수 있습니다. 계속하여 Layers 패널 하단의 Add a layer style 아이콘을 클릭하여 Drop Shadow 명령을 적용하여 자연스럽게 합성시켜 줍니다.

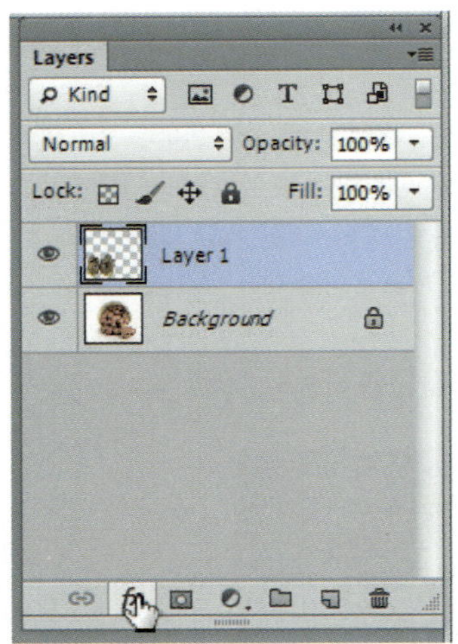

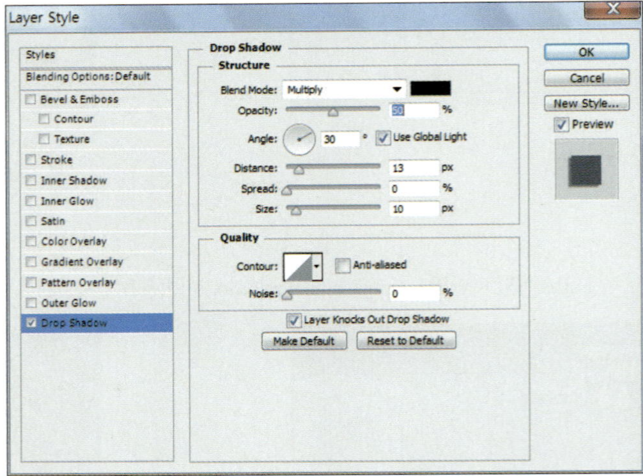

보충수업 펜 툴 옵션 패널

패스 작업할 때의 옵션 패널

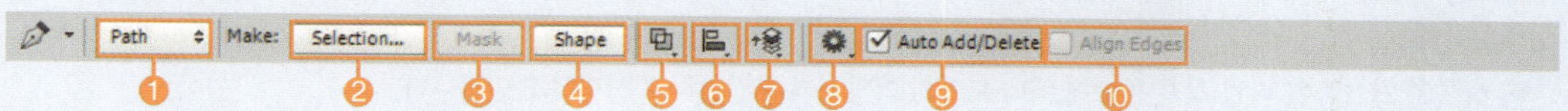

셰이프 작업할 때의 옵션 패널

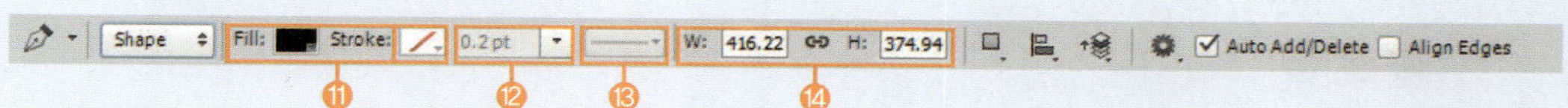

❶ Pick tool mode
  ⓐ Shape : 패스를 제작할 때 도형으로 만듭니다. 레이어 패널과 패스 패널에 Shape 창이 생성됩니다.

 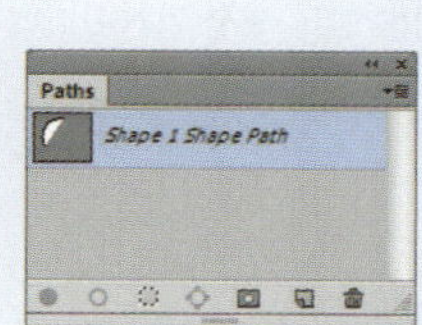 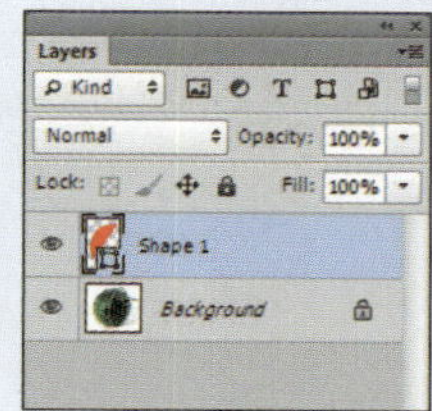

  ⓑ Paths : 패스로 만들어줍니다. 레이어와는 상관없이 패스 패널에 Work Path 창이 생성됩니다.

 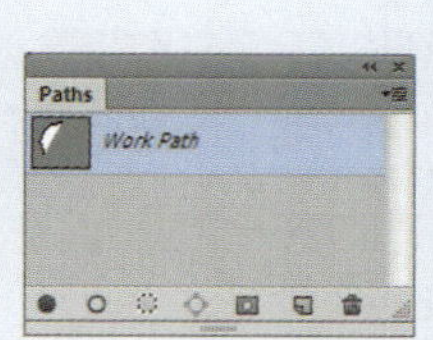 

  ⓒ Pixels : 패스, 도형이 아닌 픽셀 이미지로 만들어지면서 전경색이 채워집니다. 펜 툴에서는 지정되지 않고, 도형 툴에서만 지정하여 사용할 수 있습니다.

❷ Selection
  선택한 패스를 선택 영역으로 설정합니다.
❸ Mask
  선택한 레이어에 선택한 패스의 모양으로 벡터 마스크를 만듭니다.
❹ Shape
  선택한 패스를 모양 레이어로 만듭니다.
❺ Path operations
  선택한 패스들의 모양을 합치거나 빼기, 또는 교차하여 모양을 만듭니다.
❻ Path alignment
  선택한 패스들을 정렬합니다.
❼ Path arrangement
  선택한 패스를 정돈합니다.

⑧ Rubber Band

패스를 그리는 동안 마우스 포인터를 가져간 지점에 클릭할 경우 만들어지는 모양이 미리 표시됩니다.

⑨ Auto Add/Delete

패스를 제작할 때 자동으로 포인트를 추가하거나 삭제할 수 있습니다.

⑩ Align Edges

이 항목을 체크하면 픽셀 격자에 맞게 벡터 모양의 가장자리를 정렬하고 선명하게 만듭니다.

⑪ Fill/Stroke

패스의 면색과 선색을 지정합니다.

ⓐ 투명하게 만듭니다.

ⓑ 면색을 칠합니다.

ⓒ 그라디언트 색상을 칠합니다.

ⓓ 패턴을 칠합니다.

ⓔ Color Picker 대화상자가 나타납니다.

ⓕ Recently Used Colors : 최근 사용한 색상 목록입니다.

ⓖ Swatches 패널에 등록되어 있는 색상 견본입니다.

⑫ Set shape stroke width

선의 두께를 지정합니다.

⑬ Set shape stroke type

선의 모양을 지정합니다.

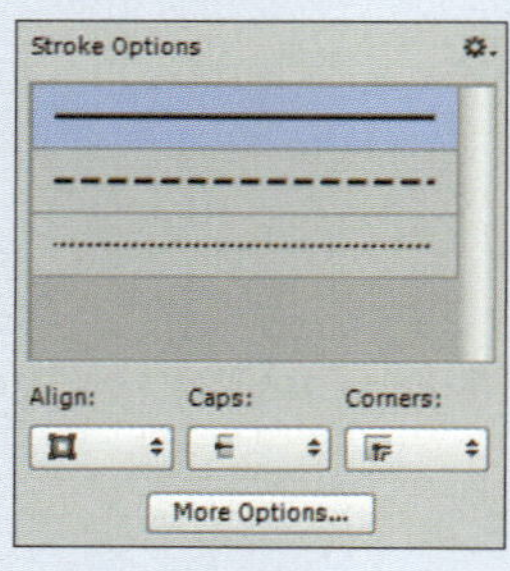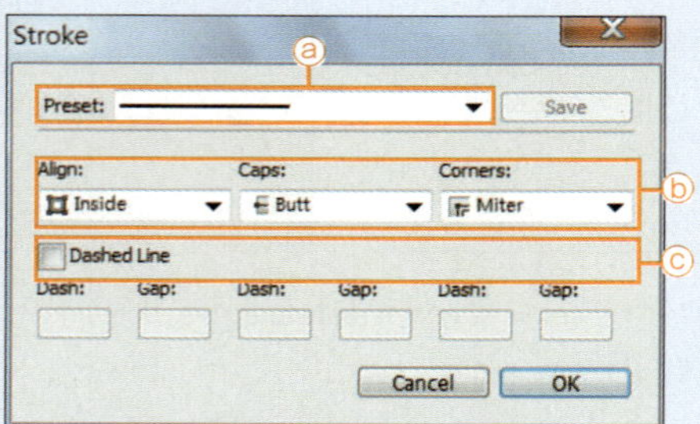

ⓐ Preset : 선 스타일에서 원하는 모양을 선택합니다.

ⓑ Align, Caps, Corners : 패스를 기준으로 외곽선을 안쪽, 중앙, 바깥쪽의 위치를 설정하는 옵션과 선의 양쪽 끝 모양, 선의 모서리 모양을 지정합니다.

ⓒ Dashed Line : 점선을 만들 경우 선의 길이와 간격을 조절합니다.

⑭ W/H

만들어진 패스 모양의 가로, 세로 크기를 확인하고 변경할 수 있습니다.

보충수업   자유 펜 툴, 포인트 추가 툴, 포인트 삭제 툴, 포인트 속성 변환 툴

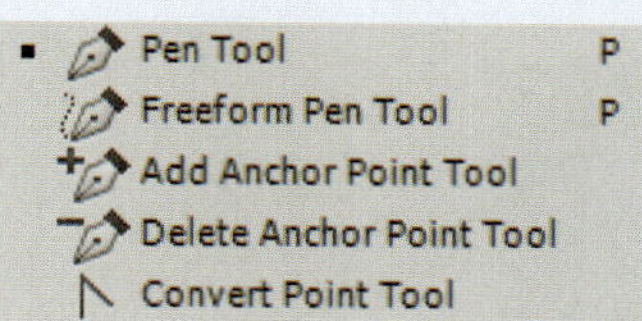

- Pen Tool   P
- Freeform Pen Tool   P
- Add Anchor Point Tool
- Delete Anchor Point Tool
- Convert Point Tool

① 자유 펜 툴(Freedom Pen Tool)
마우스로 자유롭게 드래그하여 패스를 만드는 툴입니다.

② 포인트 추가 툴(Add Anchor Point Tool)
만들어진 패스에 앵커 포인트를 추가합니다.

③ 포인트 삭제 툴 (Delete Anchor Point Tool)
만들어진 패스에 앵커 포인트를 삭제합니다.

④ 포인트 속성 변환 툴(Convert Point Tool)
핸들을 삭제시키거나 생성시켜 앵커 포인트의 속성을 바꾸면서 형태를 변형합니다.

보충수업   패스 선택 툴, 직접 선택 툴

- Path Selection Tool   A
- Direct Selection Tool   A

① 패스 선택 툴(Path Selection Tool)
패스를 전체 선택합니다.

② 직접 선택 툴(Direct Selection Tool)
패스의 포인트를 선택하거나 핸들을 이동시켜 모양을 변형시킬 수 있습니다.

 **실전문제**

1. 이미지의 명암을 조절하여 조명을 밝게 만들어 보세요.

▲ 준비 파일 : Sample〉part02〉p02-03-09.jpg

▲ 완성 파일 : Artwork〉part02〉p02-03-09.psd

힌트 ❶ 준비된 파일을 불러와 툴 패널에서 닷지 툴을 선택합니다.

❷ 옵션 패널에서 브러시의 크기를 조절한 후 조명 이미지에 드래그하여 밝게 보정합니다.

2. 주어진 이미지의 채도를 조절하여 색상을 보정시켜 보세요.

▲ 준비 파일 : Sample〉part02〉p02-03-10.jpg

▲ 완성 파일 : Artwork〉part02〉p02-03-10.psd

힌트 ❶ 준비된 파일을 불러 온 후 펜 툴을 이용하여 낙엽을 선택합니다.

❷ [Select]-[Inverse] 명령을 실행하여 선택 영역을 반대로 지정합니다.

❸ 툴 패널에서 스폰지 툴을 지정하고 옵션 패널에서 Desaturate 옵션을 지정, 채도 값을 조절합니다.

3. 주어진 두 이미지를 자연스럽게 합성시켜 보세요.

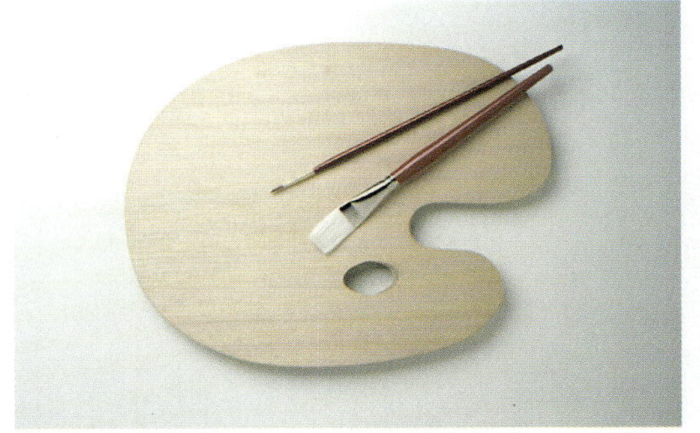 

▲ 준비 파일 : Sample〉part02〉p02-03-11.jpg, 12.jpg

▲ 완성 파일 : Artwork〉part02〉p02-03-11.psd

힌트

❶ 준비된 두 파일을 불러 옵니다. 물감 이미지를 선택하고 Paths 패널에 물감 색상 별로 각각 패스 작업합니다.

❷ 패스 작업한 물감을 선택 영역으로 전환한 후 이동 툴을 사용하여 팔레트 이미지로 가져갑니다.

❸ Ctrl + T 를 눌러 크기를 조절하고 회전시켜 줍니다.

❹ Layers 패널 하단의 Add a layer style 아이콘을 클릭하여 Drop Shadow를 적용합니다.

❺ 나머지 물감 이미지 또한 위와 동일한 방법으로 각각 끌어온 후 자연스럽게 합성합니다.

타이포그래피와 셰이프 도구 익히기

디자인 실무에서 진행되는 광고, 편집, 포스터, 웹 디자인 등을 살펴보면 문자 요소를 활용한 타이포그래피가 매우 중요한 역할을 하고 있는 것을 알 수 있습니다. 디자이너들은 보다 전문적인 포토샵과 일러스트레이터와의 혼합 작업을 통하여 보다 강력하고 효과적인 타이포그래피를 구현할 수 있을 것입니다. 포토샵의 도형 툴은 비트맵 방식과 벡터 방식을 모두 지원하면서도 다양한 형태의 도형을 쉽게 제작할 수 있는 장점을 가지고 있습니다. 사용자가 정의한 도형을 저장하여 수시로 사용할 수 있으며, 새로운 형태의 도형을 만드는데 있어서 매우 편리한 옵션 기능을 제공합니다. 포토샵에서 만들어지는 도형은 셰이프 레이어가 생성되므로 언제든지 수정, 편집이 가능하며, 벡터 방식이기 때문에 이미지의 확대, 축소에도 손상 없이 사용할 수 있습니다.

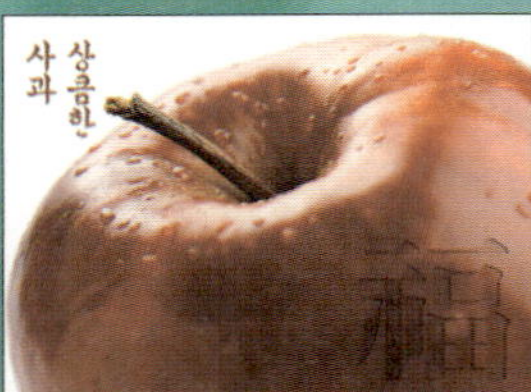

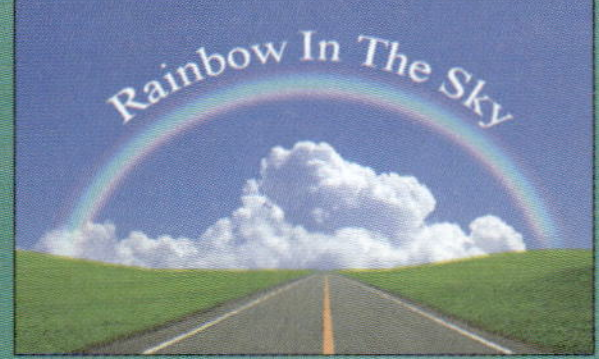

차례

직접 해보기 가로쓰기 문자 툴(Horizontal Type Tool) T.

문자를 수평으로 입력할 때 사용합니다.

01 [File]–[Open] 명령으로 "Sample〉part02" 폴더안의 "p02-04-01.jpg" 파일을 불러옵니다.

02 툴 패널에서 가로쓰기 문자 툴을 지정한 후 옵션 패널에서 글꼴을 고딕 계열로 설정하고 크기도 조절합니다.

Photoshop

03 이미지 위에 마우스를 클릭한 후 'ENJOY YOUR BEAUTIFUL LIFE' 문구를 입력합니다. 문자 입력을 마치기 위해서 옵션 패널 우측에 있는 적용 버튼을 누릅니다.

입력하려고 하는 문자의 글꼴이나 크기, 색상 등은 옵션 패널에서 지정하여도 되지만, Window 메뉴의 Character 패널을 이용하면 좀 더 자세한 속성까지 지정할 수 있습니다.

04 문자 입력을 마친 후 레이어 패널을 확인해 보면 문자 레이어가 생성된 것을 알 수 있습니다. 옵션 패널에서 Character, Paragraph 패널을 불러와 문자 속성과 정렬 등을 맞춥니다.

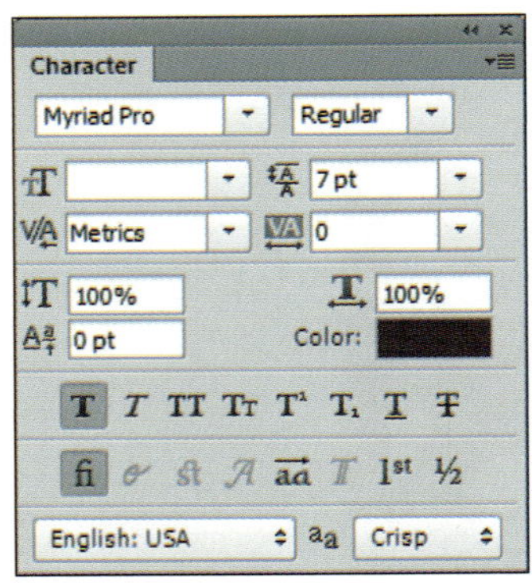
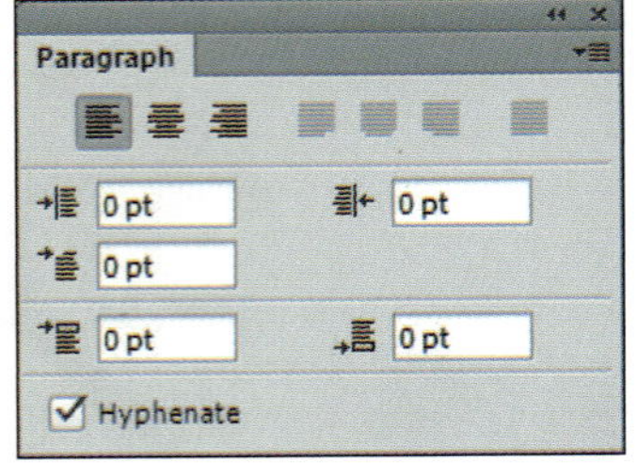

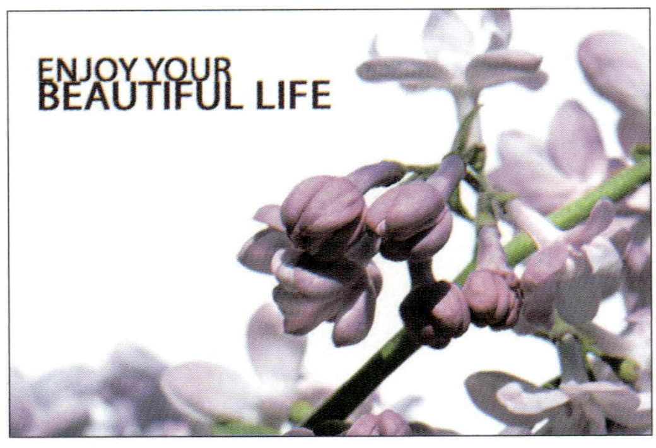

05 나머지 'Simplicity X2' 문구도 입력하고 폰트와 크기 등을 조절합니다.

06 아래쪽의 문장을 입력하기 위하여 문자가 입력될 공간을 가로쓰기 문자 툴로 적당히 드래그합니다. 그러면 문장을 입력할 수 있는 글상자가 생깁니다.

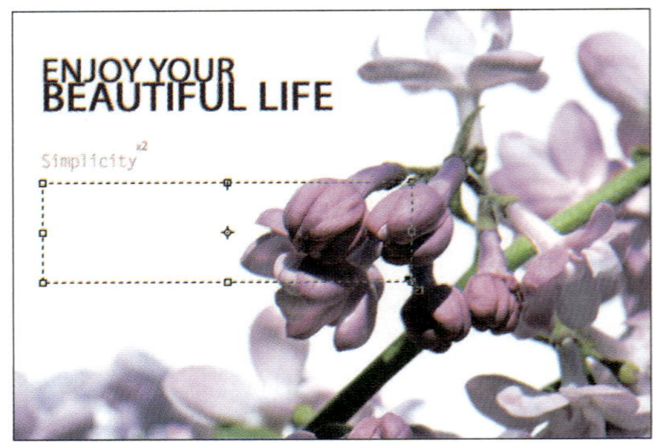

07 글꼴을 지정하고 문자의 크기를 지정하여 문장을 입력해 봅니다. 박스를 넘어가면 자동으로 줄 바꿈이 되면서 내용이 입력됩니다. 문단 입력 상자는 각 조절점을 드래그하면 이동하거나 크기를 조절할 수 있습니다.

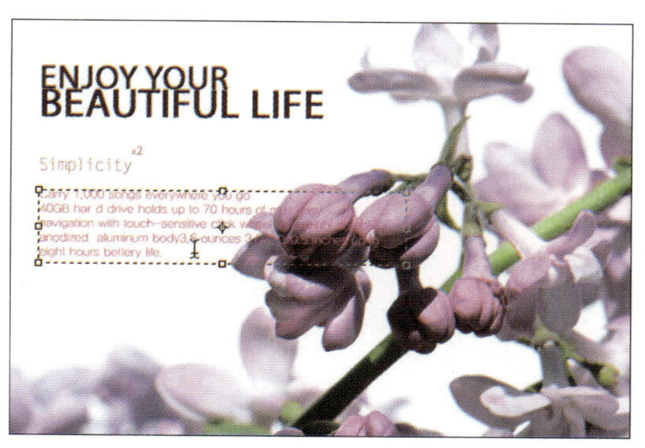

08 글이 입력되었으면 적용 버튼을 누르고 이동 툴로 입력된 문자들을 적당한 위치에 정렬시켜 완료합니다.

강의노트

문단 입력 상자를 이용하지 않으면 문장을 입력할 때 [Enter] 키를 눌러 줄을 바꿔가며 입력해야 합니다.

보충수업 **가로쓰기 문자 툴 옵션 패널**

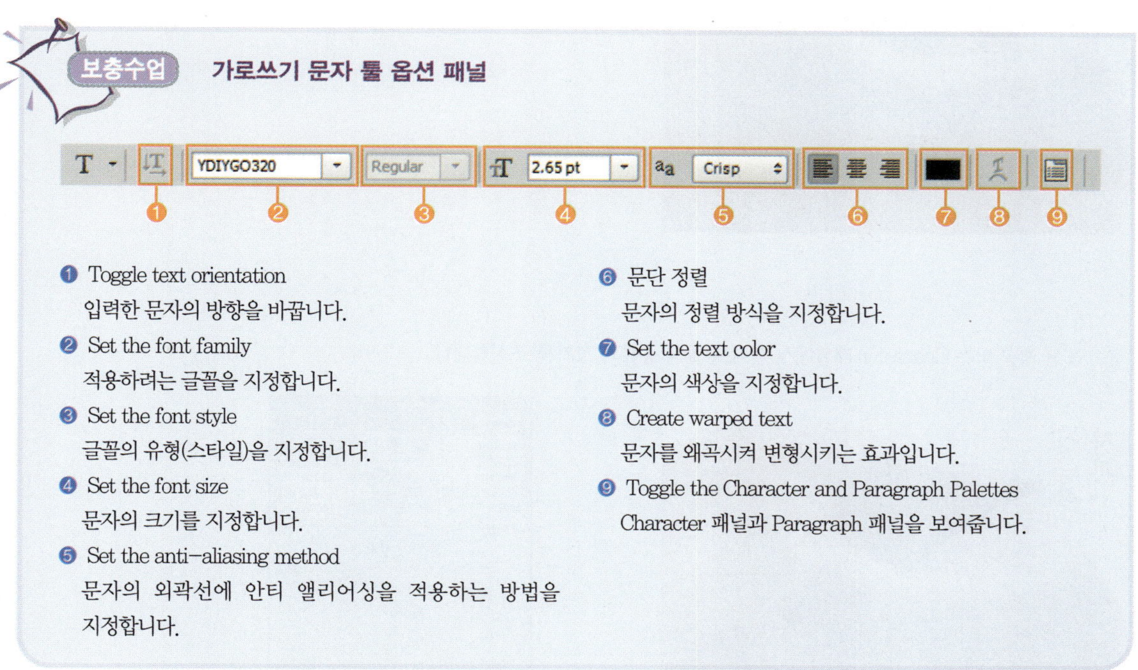

❶ Toggle text orientation
입력한 문자의 방향을 바꿉니다.

❷ Set the font family
적용하려는 글꼴을 지정합니다.

❸ Set the font style
글꼴의 유형(스타일)을 지정합니다.

❹ Set the font size
문자의 크기를 지정합니다.

❺ Set the anti-aliasing method
문자의 외곽선에 안티 앨리어싱을 적용하는 방법을 지정합니다.

❻ 문단 정렬
문자의 정렬 방식을 지정합니다.

❼ Set the text color
문자의 색상을 지정합니다.

❽ Create warped text
문자를 왜곡시켜 변형시키는 효과입니다.

❾ Toggle the Character and Paragraph Palettes
Character 패널과 Paragraph 패널을 보여줍니다.

직접 해보기   세로쓰기 문자 툴(Vertical Type Tool)

문자를 수직으로 입력할 때 사용합니다.

01 [File]−[Open] 명령으로 "Sample〉part02" 폴더안의 "p02-04-02.jpg" 파일을 불러옵니다.

02 세로쓰기 문자 툴을 지정하여 이미지 위에 마우스를 클릭하고 '상큼한 사과'라는 문장을 입력합니다.

03 옵션 패널 또는 Character 패널에서 각각 글꼴의 종류와 크기를 조절합니다.

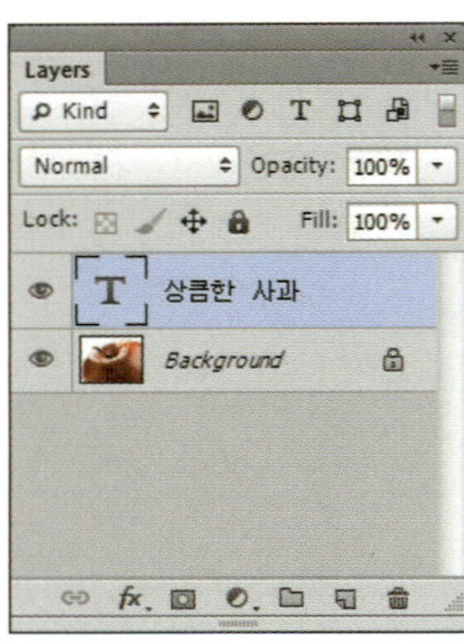

직접 해보기 가로쓰기 문자 선택 툴(Horizontal Type Mask Tool) , 세로쓰기 문자 선택 툴
(Vertical Type Mask Tool)

문자를 수평 선택 영역이나 수직 선택 영역으로 입력할 때 사용합니다. 문자입력 후에는 타입이 아닌 선택 영역으로
바뀝니다.

01 앞서 작업하던 이미지에 계속하여 작업을 이어가 봅니다. 툴 패널에서 가로쓰기 문자 선택 툴을 지정하여 이미지 위에
마우스를 클릭하여 '복' 글자를 입력합니다. 입력 후 바로 키보드에서 한자 키를 눌러 해당 한자를 지정합니다.

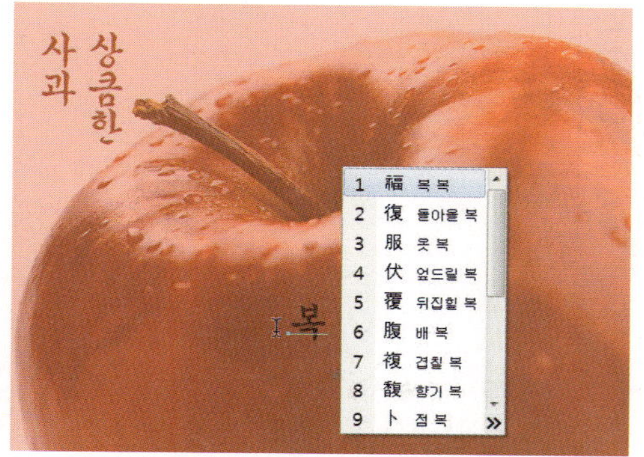
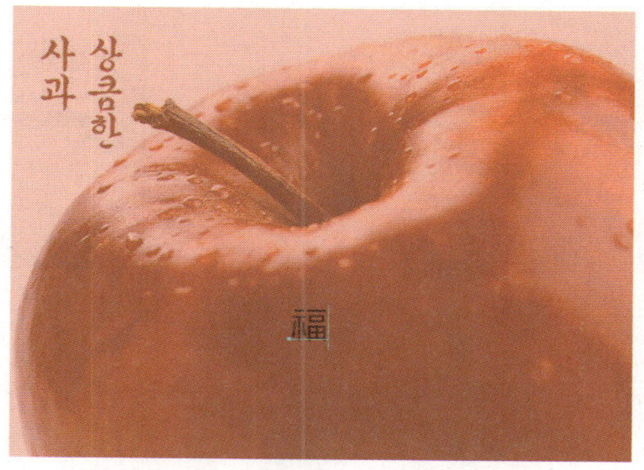

02 옵션 패널 또는 Character 패널에서 각각 글꼴의 종류와 크기를 조절합니다.

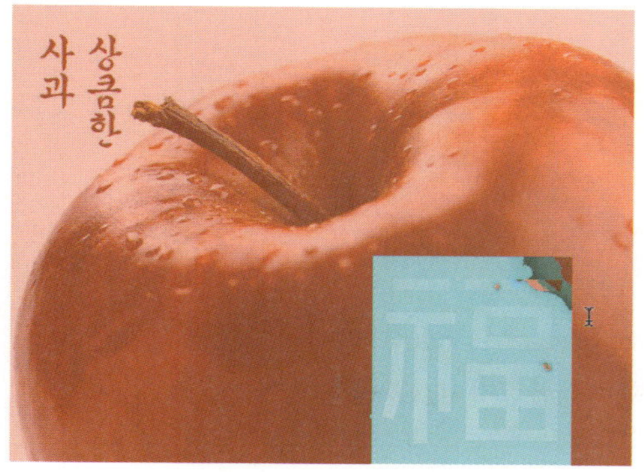

03 그런 다음 적용 버튼을 클릭하거나 이동 툴을 클릭하면 입력된 문자가 선택 영역으로 변경됩니다. 레이어 패널에서도
새로운 문자 레이어가 생기지 않는 것을 볼 수 있습니다.

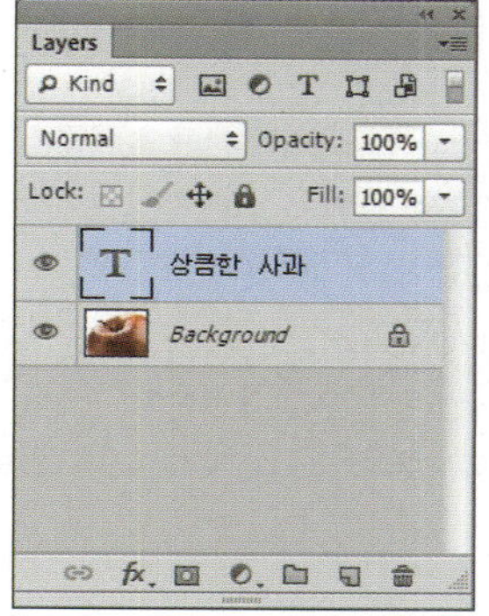

04 선택 영역이 활성화된 상태에서 레이어 패널 하단의 Create new fill or adjustment layer 아이콘을 클릭하여 Levels을 선택하고 이미지를 어둡게 보정시킵니다.

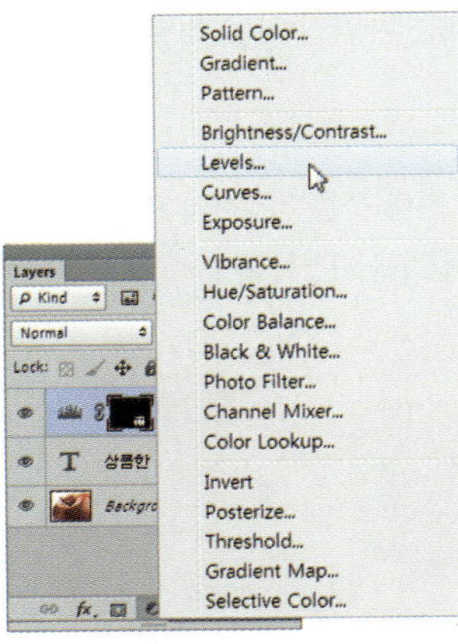 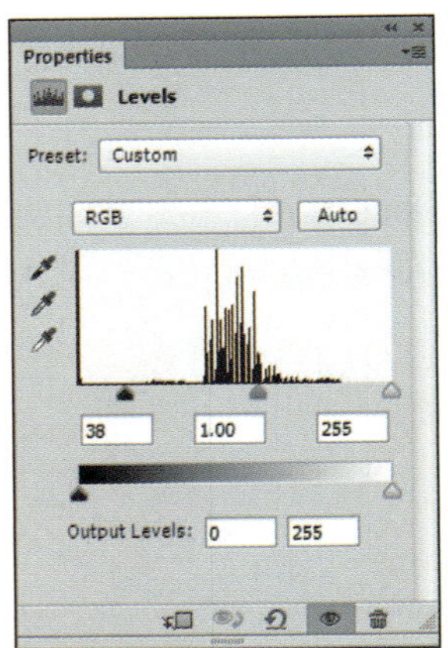

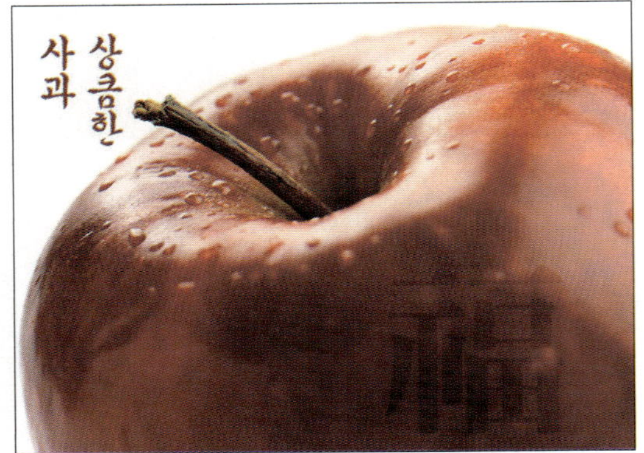

05 계속하여 레이어 패널 하단의 Add a layer style 아이콘을 눌러 Inner Shadow 효과를 적용합니다. 이처럼 선택 영역으로 만들어진 문자에는 특정한 색상을 채우거나 마스크, 레이어 스타일 등 다양한 문자 효과를 만들 수 있습니다.

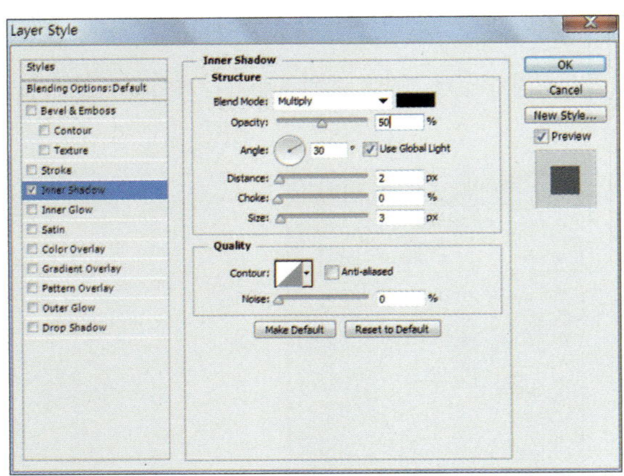 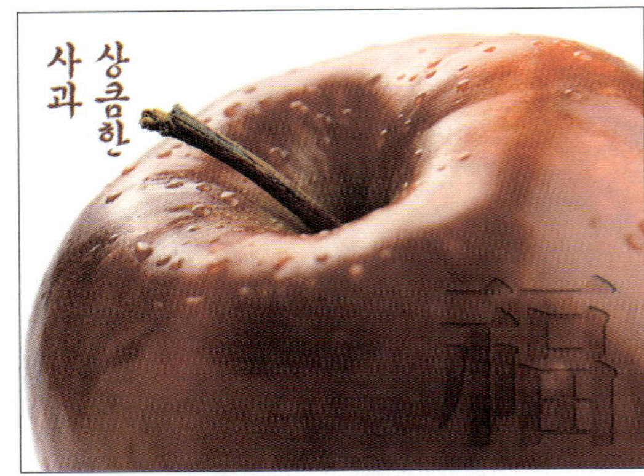

직접 해보기 패스를 따라 흐르는 문자 만들기

펜 툴을 사용하여 직선 또는 곡선을 만든 후 그 패스 모양을 따라 흐르는 문자를 만들 수 있습니다.

01 [File]-[Open] 명령으로 "Sample〉part02" 폴더안의 "p02-04-03.jpg" 파일을 불러옵니다.

02 툴 패널에서 펜 툴을 지정하고 화면처럼 곡선 패스를 만듭니다.

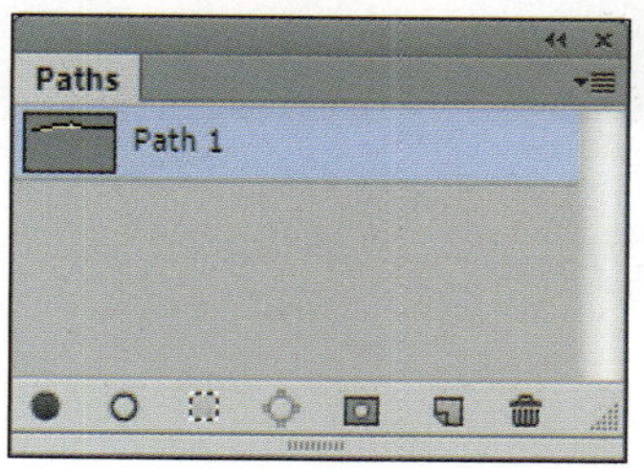

03 그런 다음 가로쓰기 문자 툴을 선택한 후 글꼴이나 크기, 색상 등을 지정하고 패스의 시작 부분 위에 클릭합니다. 그러면 패스 위에 커서가 깜빡입니다.

O4 문자를 입력하면 미리 만들어 놓은 패스가 기준이 되어 그 위에 문자가 흐르게 됩니다.

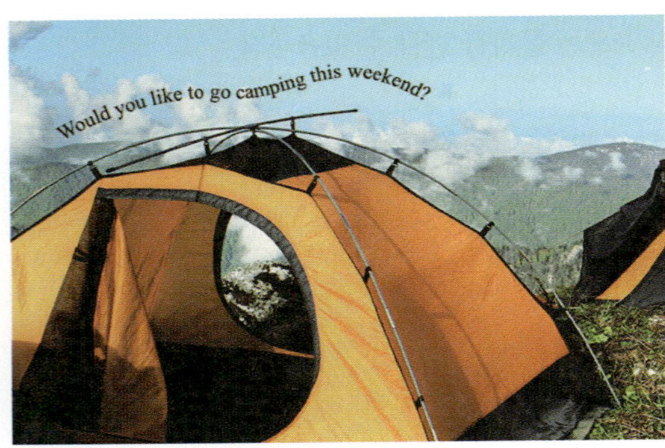

O5 패스 위에 입력한 문장이 부자연스러울 때는 옵션 패널 또는 Character 패널에서 문자의 크기를 조절하여 완성합니다.

강의노트

패스 문자의 변경
직접 선택 툴로 패스의 형태를 변경하면 자동으로 입력된 문자도 패스의 모양대로 변형되어 나타납니다.

직접 해보기 문자 변형기능(Create warped text)

입력된 문자를 비틀게 하거나 휘게 만드는 기능으로 입체적인 물체에 사실적인 문자를 만들 수 있습니다.

O1 [File]-[Open] 명령으로 "Sample>part02" 폴더안의 "p02-04-04.jpg" 파일을 불러옵니다.

O2 툴 패널에서 가로쓰기 문자 툴을 지정하고 이미지에 클릭하여 내용을 입력합니다. 옵션 패널에서 글꼴과 크기를 조절하고
색상은 흰색으로 지정합니다

O3 문장을 변형하기 위하여 옵션 패널의 Create warped text 버튼을 클릭합니다.

O4 Warp Text 대화상자에서 Style 드롭다운 메뉴를 클릭하여 'Arc'를 선택하고 Horizontal 항목을 체크한 다음 Bend 항목의
수치를 조절하여 자연스럽게 변형시켜 봅니다.

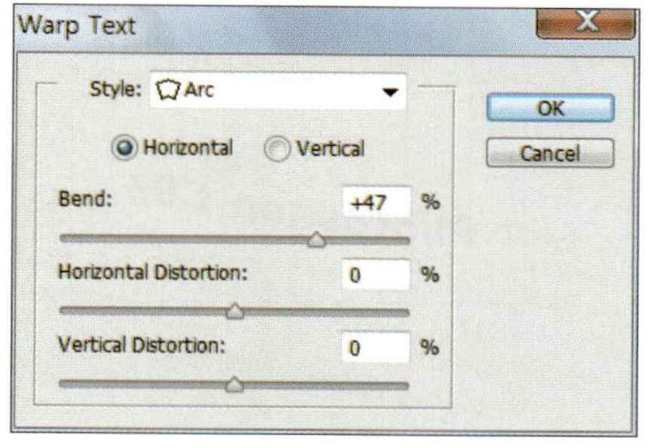

보충수업   **Warped Text 기능**

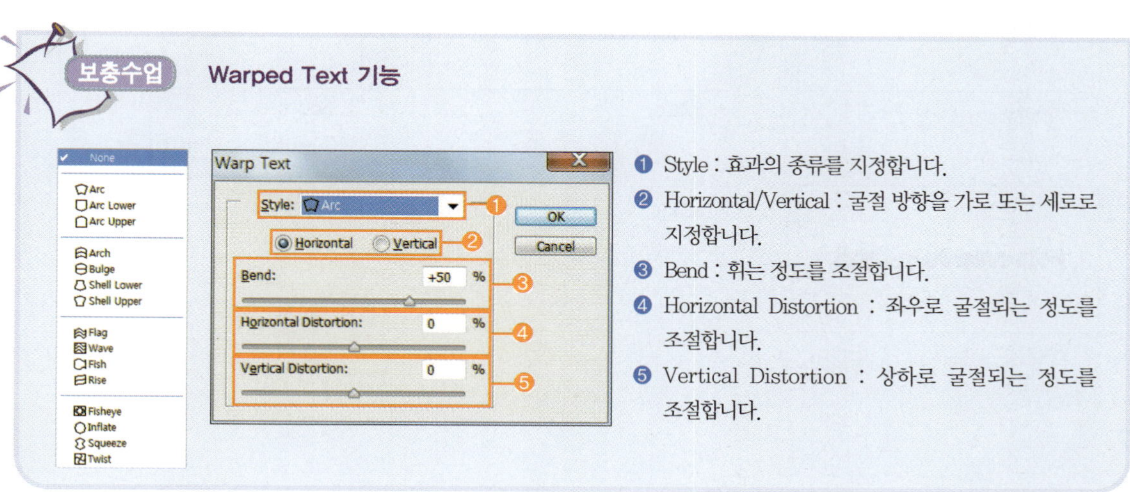

❶ Style : 효과의 종류를 지정합니다.

❷ Horizontal/Vertical : 굴절 방향을 가로 또는 세로로
지정합니다.

❸ Bend : 휘는 정도를 조절합니다.

❹ Horizontal Distortion : 좌우로 굴절되는 정도를
조절합니다.

❺ Vertical Distortion : 상하로 굴절되는 정도를
조절합니다.

▲ 원본

▲ Arc

▲ Arc Lower

▲ Arc Upper

▲ Arch

▲ Bulge

▲ Shell Lower

▲ Shell Upper

▲ Flag

▲ Wave

▲ Fish

▲ Rise

▲ Fisheye

▲ Inflate

▲ Squeeze

▲ Twist

포토샵

직접 해보기 사각 도형 툴(Rectangle Tool) , 둥근 모서리 사각 도형 툴(Rounded Rectangle Tool) , 원형 툴(Ellipse Tool)

사각형과 모서리가 둥근 사각형, 원형을 그리는 툴입니다.

01 [File]−[Open] 명령으로 "Sample〉part02" 폴더안의 "p02-04-05.jpg" 파일을 불러옵니다. 도형 툴을 이용하여 사진에 테두리를 만들어 좀 더 고급스럽게 만들어 봅니다.

강의노트

도형 툴을 사용하게 되면 셰이프, 패스, 픽셀 이미지 등으로 만들어 질 수 있기 때문에 사용하기 전에 미리 옵션 패널에서 어떠한 형식으로 작업할지 설정해 주어야 합니다.

02 툴 패널의 사각 도형 툴을 지정하고 옵션 패널에서 Shape를 선택합니다.

03 또한 Fill 항목을 클릭한 후 그라디언트 아이콘을 선택합니다. 주황색과 노란색으로 저장되어 있는 색상을 선택한 후 각도를 지정합니다.

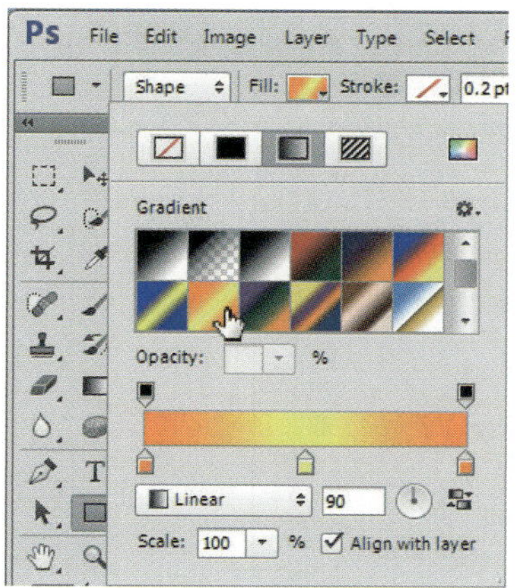

04 다시 옵션 패널에서 Stroke 항목을 클릭한 후 선색을 없애줍니다.

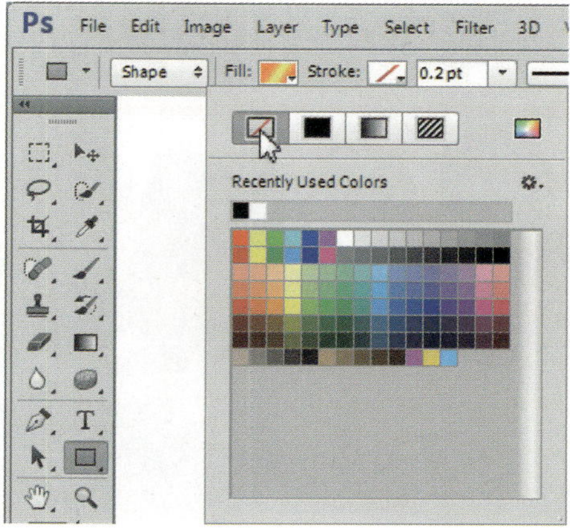

05 그런 다음 좌측상단에서 우측하단까지 이미지 전체를 드래그합니다. 그 결과 그라디언트 색상이 채워지고 레이어 패널에는 새로운 셰이프 레이어가 만들어집니다.

CS6 버전에서 새롭게 추가된 부분으로 도형을 만들 때 옵션 패널에서 직접 면색과 선색, 선의 모양과 두께 등을 지정할 수 있는 옵션이 추가되었습니다.

06 도형 안쪽을 뚫어주기 위하여 계속하여 사각 도형 툴을 선택하고 옵션 패널에서 Path operations 아이콘을 클릭하여 Exclude Overlapping Shapes를 지정합니다.

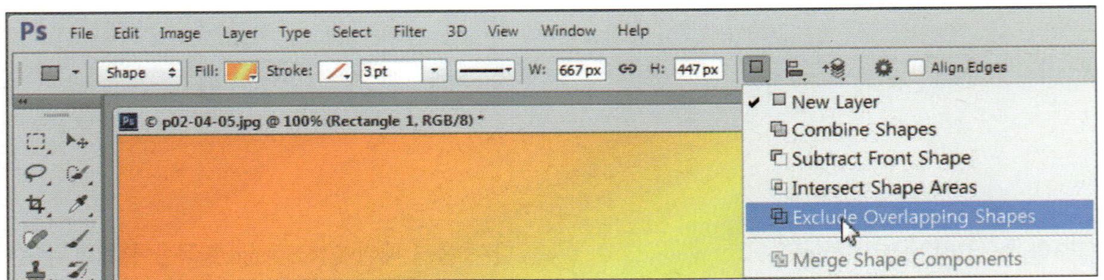

07 이제 만들어진 사각형 안쪽으로 일정한 간격을 두고 드래그합니다. 그 결과 도형 안쪽으로 드래그한 영역이 기존 도형에서 제거되면서 테두리만 남게 됩니다. 레이어 패널에서도 기존의 셰이프 레이어에서 작업이 이루어진 것을 알 수 있습니다.

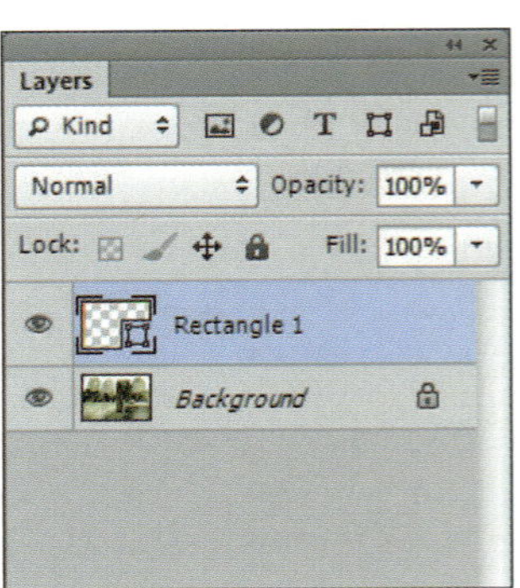

08 이제 다시 테두리 안쪽으로 빨간색 라인을 하나 더 만들어 봅니다. 툴 패널에서 사각 선택 툴을 선택하고 옵션 패널에서 면색을 없애고 선색을 빨간색 계통으로 지정합니다. 또한 선의 두께와 모양을 지정합니다.

09 사각형 안쪽으로 일정한 간격을 두고 드래그하여 가는 테두리를 하나 더 만듭니다.

10 이번에는 둥근 점선을 만들어 보겠습니다. 툴 패널에서 원형 툴을 선택하고 옵션 패널에서 Shape 항목을 지정합니다. 또한 면색은 없애고 선색을 주황색으로 지정합니다. 그리고 선의 두께를 지정하고 선의 모양을 점선으로 지정합니다.

11 모자 이미지에 드래그하여 원을 그리면 레이어가 생기면서 점선이 만들어집니다.

12 나머지 점선 모양의 원형들 또한 위와 동일한 방법으로 각각 색상이 다르게 만들어 봅니다.

13 마지막으로 왼쪽 하단의 글상자를 만들기 위하여 툴 패널에서 둥근 모서리 사각 도형 툴을 선택합니다. 옵션 패널에서 Shape 항목과 면색을 흰색으로 지정합니다.

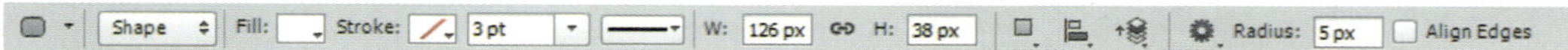

14 이미지 하단에 드래그하여 직사각형 모양으로 도형을 그려줍니다.

15 툴 패널에서 가로쓰기 문자 툴을 선택하고 옵션 패널에서 각각 글꼴과 크기, 색상을 지정한 후 문장을 입력해 주어 완성합니다.

강의노트

문자를 입력 후 [Window] 메뉴에서 Character 패널을 불러와 글꼴이나 크기, 색상 등을 조절하여도 됩니다.

사각 도형 툴 옵션 패널

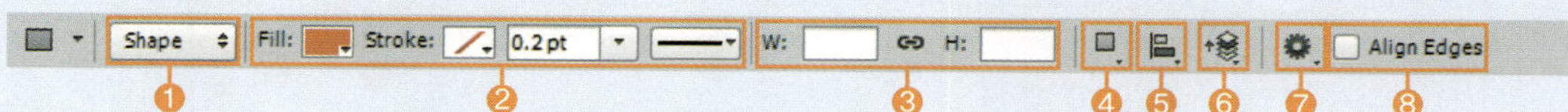

❶ Pick tool mode

  ⓐ Shape : 패스를 제작할 때 도형으로 만듭니다. 레이어 팔레트와 패스 팔레트에 Shape 창이 생성됩니다.

  ⓑ Paths : 패스로 만들어줍니다. 패스 팔레트에 Work Path 창이 생성됩니다.

  ⓒ Fill pixels : 패스, 도형이 아닌 픽셀 이미지로 만들어지면서 전경색이 채워집니다. 펜 툴에서는 지정되지 않고, 도형
    툴에서만 지정하여 사용할 수 있습니다.

❷ Fill/Stroke

패스의 면색과 선색을 지정합니다.

❸ W/H

만들어진 패스 모양의 가로, 세로 크기를 확인하고 변경할 수 있습니다.

❹ Path operations

선택한 패스들의 모양을 합치거나 빼기, 또는 교차하여 모양을 만듭니다.

❺ Path alignment

선택한 패스들을 정렬합니다.

❻ Path arrangement

선택한 패스를 정돈합니다.

❼ Rectangle options

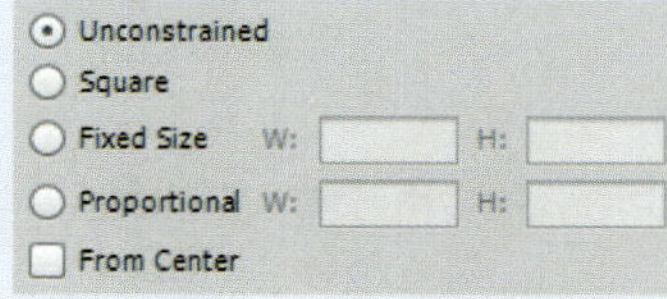

  ⓐ Unconstrained : 마우스로 드래그하여 자유롭게 사각형을 그립니다.

  ⓑ Square : 정사각형으로 그려집니다.

  ⓒ Fixed Size : 가로, 세로 값을 입력하여 도형을 그립니다.

  ⓓ Proportional : 가로, 세로 비율 값을 입력하여 동일한 비례로 도형을
    그립니다.

  ⓔ From Center : 클릭한 점을 기준으로 사각형이 그려집니다.

❽ Align Edges

이 항목을 체크하면 픽셀 격자에 맞게 벡터 모양의 가장자리를 정렬하고 선명하게 만듭니다.

Photoshop

보충수업 둥근 모서리 사각 도형 툴 옵션 패널

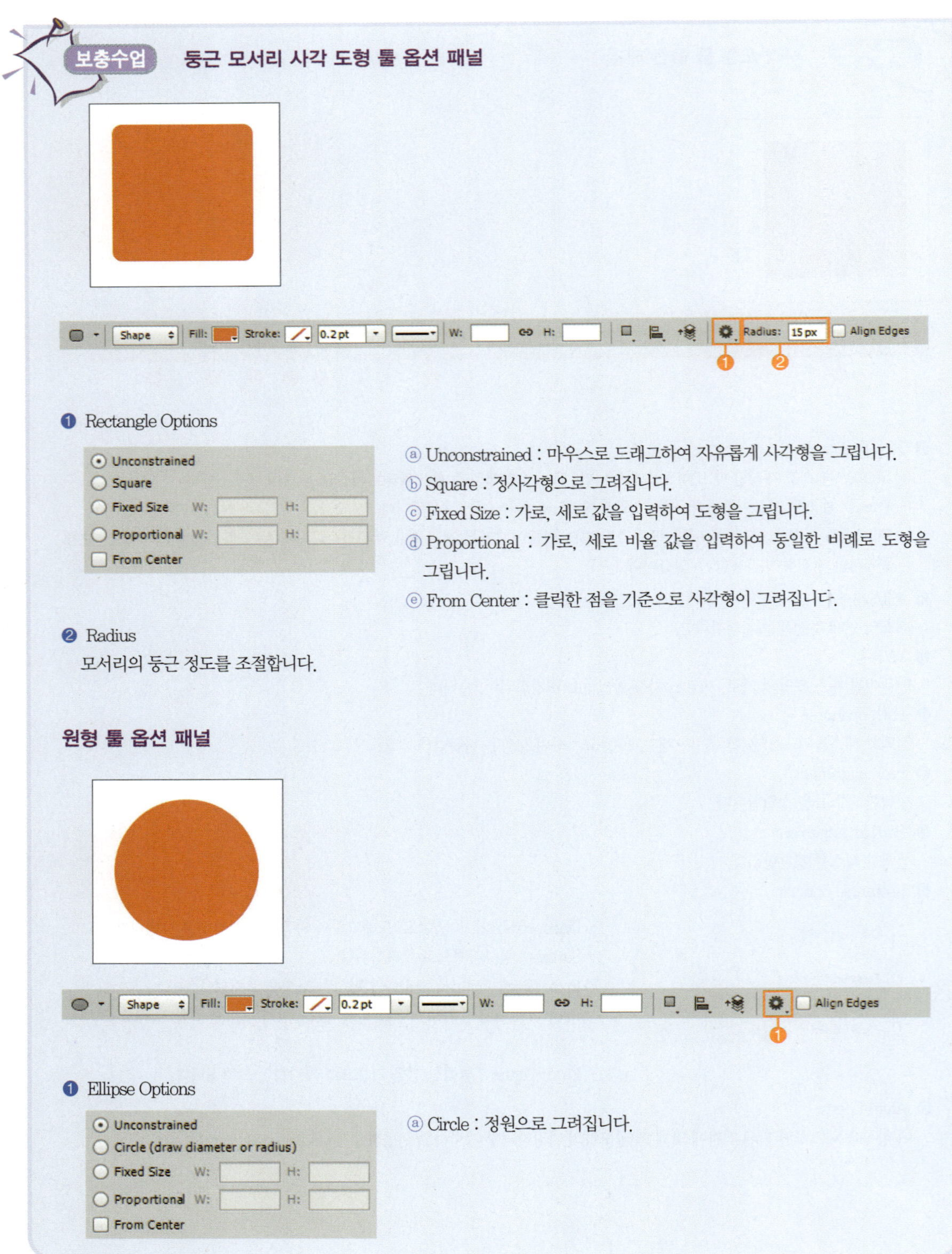

❶ Rectangle Options

- ⓐ Unconstrained : 마우스로 드래그하여 자유롭게 사각형을 그립니다.
- ⓑ Square : 정사각형으로 그려집니다.
- ⓒ Fixed Size : 가로, 세로 값을 입력하여 도형을 그립니다.
- ⓓ Proportional : 가로, 세로 비율 값을 입력하여 동일한 비례로 도형을 그립니다.
- ⓔ From Center : 클릭한 점을 기준으로 사각형이 그려집니다.

❷ Radius

모서리의 둥근 정도를 조절합니다.

원형 툴 옵션 패널

❶ Ellipse Options

- ⓐ Circle : 정원으로 그려집니다.

직접 해보기 **다각형 툴(Polygon Tool)** ⬡, **라인 툴(Line Tool)** ╱, **사용자 정의 도형 툴 (Custom Shape Tool)** 🐾

여러 가지 모양의 다각형과 선을 만들거나, 다양한 형태의 모양을 사용자가 등록시켜 사용하거나 이미 등록된 모양을 사용할 수 있는 툴입니다.

01 [File]—[Open] 명령으로 "Sample〉part02" 폴더안의 "p02-04-06.jpg" 파일을 불러옵니다.

Photoshop

02 툴 패널의 라인 툴을 지정합니다. 옵션 패널에서 Shape 모드를 선택한 다음 면색을 흰색으로 지정합니다. 라인의 두께 또한 3px 정도 지정합니다.

03 그런 다음 도로 라인을 따라 선을 그려줍니다. 그 결과 레이어 패널에는 새로운 셰이프 레이어가 만들어집니다.

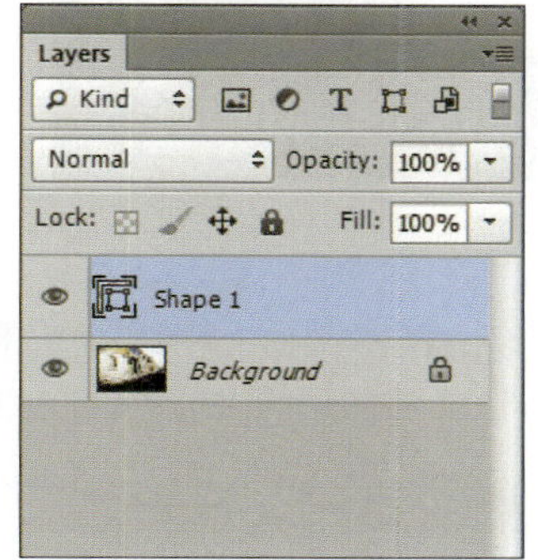

04 자동차 모양을 그리기 위해서 툴 패널에서 사용자 정의 도형 툴을 선택한 후 옵션 패널의 Shape 드롭다운 메뉴를 클릭합니다. 포토샵에서 제공되는 도형을 모두 나타내기 위하여 오른쪽 팝업 아이콘을 클릭하여 All 명령을 실행합니다.

05 사용자 정의 도형들 중에서 원하는 자동차 모양을 선택합니다.

06 옵션 패널에서 Shape 모드를 지정하고 선색을 노란색으로 지정합니다. 또한 선의 두께를 원하는 만큼 지정하고 선의 모양을 점선으로 선택합니다.

07 [Shift] 키를 누른채 이미지에 드래그하여 자동차 모양을 만들어 줍니다

만일 자동차 모양의 크기를 조절하고자 할 경우에는 [Ctrl]+[T]를 눌러 크기를 조절할 수 있습니다. 사용자가 만든 도형을 저장할 때는 반드시 패스가 존재해야 하고, Edit 메뉴의 Define Custom Shape 명령을 실행합니다.

08 계속하여 육각형 모양의 로고를 만들기 위해서 도형 패널에서 다각형 도구를 선택합니다. 옵션 패널에서 Shape 모드를 지정하고 면색을 흰색으로 지정합니다. 또한 면수를 6으로 지정합니다.

09 이미지 하단에 드래그하여 육각형을 만듭니다.

10 툴 패널에서 이동 툴을 지정하고 [Alt] 키를 누른채 드래그하여 하나를 더 복사합니다. 레이어 패널에 레이어가 하나 더 생기는 것을 알 수 있습니다.

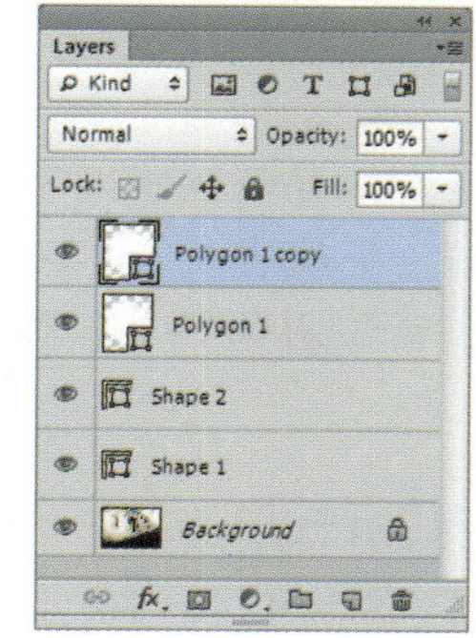

11 한 번 더 위와 동일한 방법으로 복사하여 로고를 완성합니다.

12 마지막으로 가로쓰기 문자 툴을 사용하여 단어를 입력하고 Character 패널이나 옵션 패널에서 원하는 글꼴과 크기, 색상 등을 지정합니다.

 다각형 툴 옵션 패널

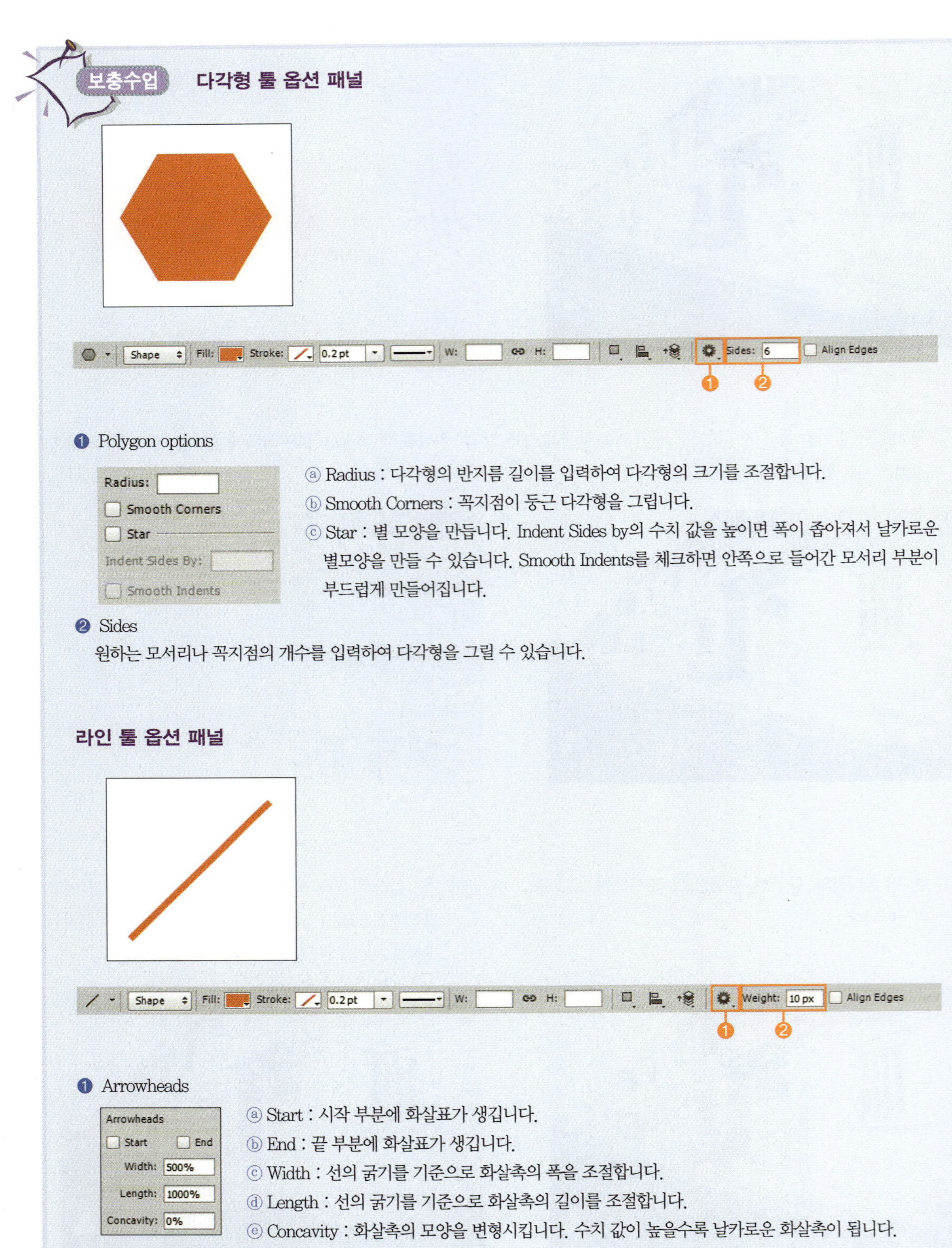

❶ Polygon options

ⓐ Radius : 다각형의 반지름 길이를 입력하여 다각형의 크기를 조절합니다.
ⓑ Smooth Corners : 꼭지점이 둥근 다각형을 그립니다.
ⓒ Star : 별 모양을 만듭니다. Indent Sides by의 수치 값을 높이면 폭이 좁아져서 날카로운 별모양을 만들 수 있습니다. Smooth Indents를 체크하면 안쪽으로 들어간 모서리 부분이 부드럽게 만들어집니다.

❷ Sides

원하는 모서리나 꼭지점의 개수를 입력하여 다각형을 그릴 수 있습니다.

라인 툴 옵션 패널

❶ Arrowheads

ⓐ Start : 시작 부분에 화살표가 생깁니다.
ⓑ End : 끝 부분에 화살표가 생깁니다.
ⓒ Width : 선의 굵기를 기준으로 화살촉의 폭을 조절합니다.
ⓓ Length : 선의 굵기를 기준으로 화살촉의 길이를 조절합니다.
ⓔ Concavity : 화살촉의 모양을 변형시킵니다. 수치 값이 높을수록 날카로운 화살촉이 됩니다.

❷ Weight

선의 두께를 설정합니다.

사용자 정의 도형 툴 옵션 패널

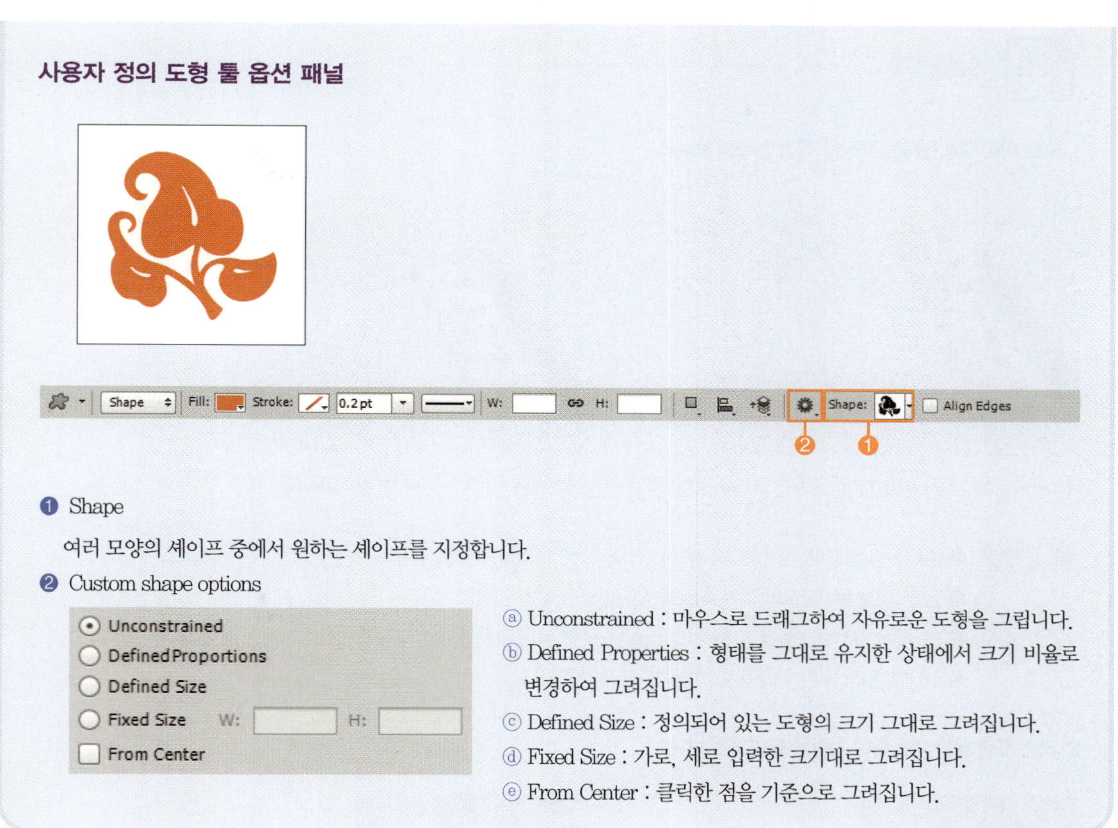

❶ Shape

여러 모양의 셰이프 중에서 원하는 셰이프를 지정합니다.

❷ Custom shape options

ⓐ Unconstrained : 마우스로 드래그하여 자유로운 도형을 그립니다.

ⓑ Defined Properties : 형태를 그대로 유지한 상태에서 크기 비율로 변경하여 그려집니다.

ⓒ Defined Size : 정의되어 있는 도형의 크기 그대로 그려집니다.

ⓓ Fixed Size : 가로, 세로 입력한 크기대로 그려집니다.

ⓔ From Center : 클릭한 점을 기준으로 그려집니다.

실전문제

1. 노트 이미지에 원하는 문장을 직접 입력해 보세요.

▲ 준비 파일 : Sample〉part02〉p02-04-07.jpg

▲ 완성 파일 : Artwork〉part02〉p02-04-07.psd

힌트

❶ 준비된 파일을 불러와 툴 패널에서 가로쓰기 문자 툴을 선택합니다.

❷ 옵션 패널에서 글꼴과 크기, 색상을 지정하고 문장을 입력합니다.

❸ 툴 패널에서 이동 툴을 지정하고 [Ctrl]+[T]를 눌러 글자를 회전시켜 줍니다.

❹ 나머지 문장 또한 위와 동일한 방법으로 입력합니다.

2. 각종 도형 툴을 이용하여 간판을 표현해 보세요.

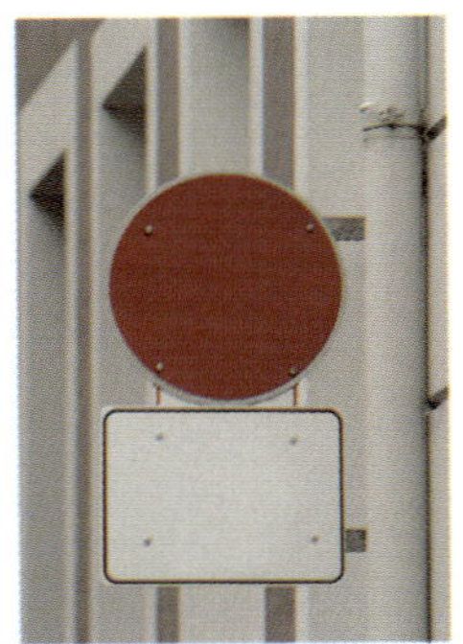

▲ 준비 파일 : Sample〉part02〉p02-04-08.jpg

▲ 완성 파일 : Artwork〉part02〉p02-04-08.psd

힌트

❶ 준비된 파일을 불러와 툴 패널에서 사각형 도형 툴을 지정합니다. 옵션 패널에서 Shape 모드를 지정하고 면색을 흰색으로 지정하고 이미지에 드래그하여 원하는 모양을 만듭니다.

❷ 사용자 정의 도형 툴을 선택하고 옵션 패널에서 자전거 모양을 지정합니다.

❸ 면색을 검은색으로 지정하여 [Shift] 키를 누른채 원하는 크기만큼 드래그하여 그려줍니다.

❹ 가로쓰기 문자 툴로 단어를 입력한 후 Character 패널 또는 옵션 패널에서 원하는 글꼴과 크기, 색상을 지정합니다.

3. 주어진 이미지를 이용하여 라벨을 직접 제작해 보세요.

▲ 준비 파일 : Sample〉part02〉p02-04-09.jpg　　　▲ 완성 파일 : Artwork〉part02〉p02-04-09.psd

힌트

❶ 준비된 파일을 불러옵니다. 옵션 패널에서 라인 툴을 지정하고 옵션 패널에서 선색과 선의 두께, 모양을 지정합니다.

❷ Shift 키를 누른채 드래그하여 수직선을 그려줍니다. 그런 다음 옵션 패널에서 Combine Shapes 아이콘을 클릭하고 계속하여 직선을 그려 테두리를 완성합니다.

❸ 사용자 정의 도형 툴을 지정하고 옵션 패널에서 원하는 폭탄 모양을 지정합니다. 면색을 빨간색으로 지정하고 Shift 키를 누른채 그려줍니다.

❹ 계속하여 리본 모양을 선택하고 노란색으로 그려줍니다. 그리고 가로쓰기 문자 툴로 빨간색 문자를 입력합니다.

❺ 마지막으로 세로쓰기 문자 툴을 사용하여 세로 문자를 입력하고, Ctrl + T 를 눌러 사선 모양으로 회전시켜 줍니다.

4. 문자 툴과 도형 툴을 이용하여 이미지를 꾸며봅니다.

▲ 준비 파일 : Sample〉part02〉p02-04-10.jpg　　　▲ 완성 파일 : Artwork〉part02〉p02-04-10.psd

힌트

❶ 준비된 파일을 불러옵니다. 툴 패널에서 가로문자 쓰기 툴을 지정하고 옵션 패널에서 또는 Character 패널에서 글꼴과 크기, 색상을 지정합니다.

❷ 문장을 입력하고 옵션 패널에서 Create warped text 아이콘을 클릭하여 깃발 모양을 지정합니다.

❸ 사용자 정의 도형 툴로 각종 음표 모양을 검은색으로 각각 만들어 주고, Ctrl + T 를 눌러 크기 조절 또는 회전시켜 자연스럽게 표현합니다.

06 section

작업 효율성 도구 익히기

완성도 높은 그래픽 작업을 위해서는 많은 시간과 노력을 투자하게 됩니다. 이때 디자이너는 작업 전에 미리 효율적인 작업 계획을 세우고, 최적화된 툴을 적절히 사용할 수 있어야 합니다. 또한 단축 기능을 이용하여 작업 시간을 단축시키면서 자신만의 작업 프로세스를 만들어가야 합니다. 평소에 자신만의 툴 활용도와 작업 방식을 습득하기 위하여 많은 노력과 연습을 해야 할 것입니다.

차례

직접 해보기 스포이드 툴(Eyedropper Tool) , 컬러 샘플 툴(Color Sampler Tool) ,

스포이드 툴은 이미지의 특정 색상을 추출하여 전경색이나 배경색으로 지정할 수 있는 기능이고, 컬러 샘플러 툴은
색상 정보를 확인할 때 사용하는 툴로 색상 정보 값을 Info 패널에서 확인할 수 있습니다.

01 [File]–[Open] 명령으로 "Sample〉part02" 폴더안의 "p02-05-01.jpg" 파일을 불러옵니다.

02 스포이드 툴로 원하는 색상을 추출하고 Swatches 패널에 저장시켜 봅니다. 툴 패널의 스포이드 툴을 지정한 후 이미지에
서 색상을 추출하고 싶은 부분을 클릭합니다. 그 결과 전경색으로 현재 선택한 영역의 색이 추출됩니다.

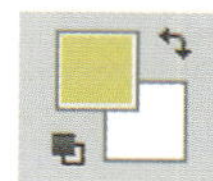

03 Swatches 패널을 불러와 하단의 Create new swatch of foreground color 아이콘을 클릭하면 현재의 전경색이 등록되는
것을 볼 수 있습니다.

Swatches 패널의 색상 샘플을 선택하면 툴 패널의 전경색으로 지정됩니다. 반대로 색을 배경색으로 바꾸려면 [Ctrl] 키를 누르고
Swatches 패널의 색을 선택하면 됩니다.

O4 툴 패널의 컬러 샘플러 툴을 이용하여 원하는 색상 정보를 추출해 봅니다. 툴 패널의 컬러 샘플러 툴을 선택합니다. 색상 정보가 필요한 위치를 클릭하면 Info 패널이 열리면서 현재의 색 정보가 #1 영역에 나타납니다. 선택한 영역의 위치와 각 컬러 모드별 색상 수치가 표현됩니다.

 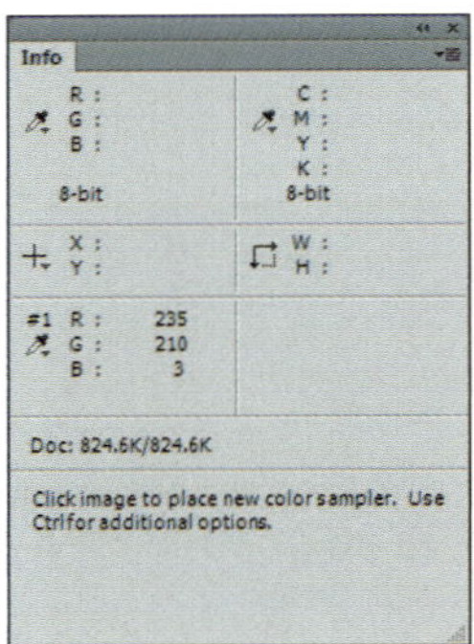

O5 다른 영역을 클릭하면 #2로 추가되어 색 정보가 표시됩니다. 최대 4개까지 지정할 수 있습니다.

 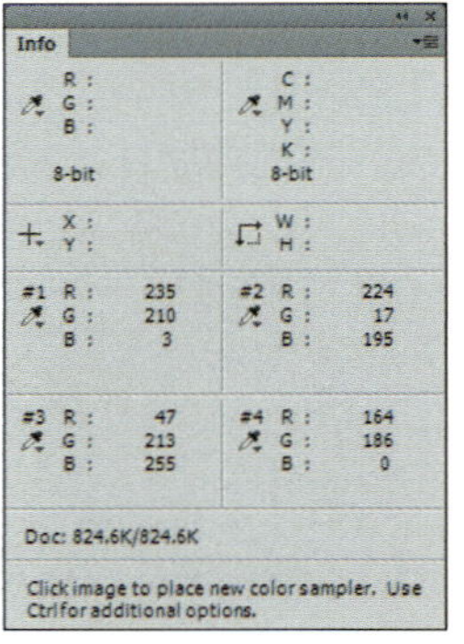

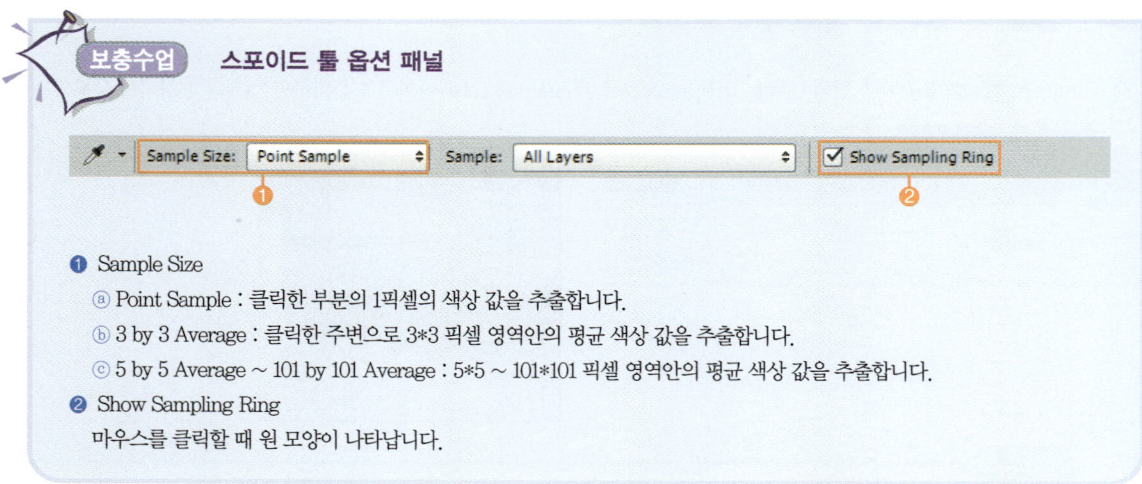

❶ Sample Size
ⓐ Point Sample : 클릭한 부분의 1픽셀의 색상 값을 추출합니다.
ⓑ 3 by 3 Average : 클릭한 주변으로 3*3 픽셀 영역안의 평균 색상 값을 추출합니다.
ⓒ 5 by 5 Average ~ 101 by 101 Average : 5*5 ~ 101*101 픽셀 영역안의 평균 색상 값을 추출합니다.
❷ Show Sampling Ring
마우스를 클릭할 때 원 모양이 나타납니다.

보충수업   **컬러 샘플 툴 옵션 패널**

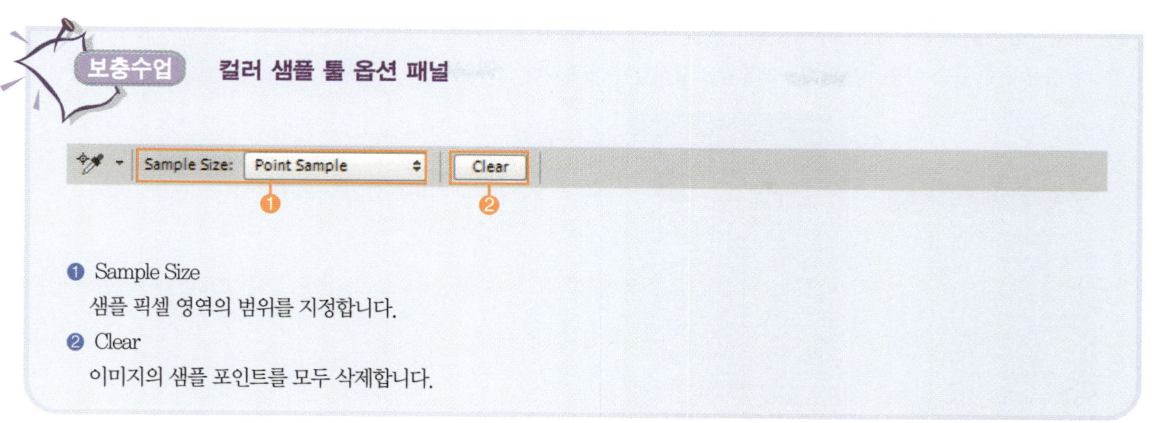

❶ Sample Size
샘플 픽셀 영역의 범위를 지정합니다.
❷ Clear
이미지의 샘플 포인트를 모두 삭제합니다.

직접 해보기   3D 재질 스포이드 툴(3D Material Eyedropper Tool) 

3D 오브젝트에 칠해진 재질을 추출하는 도구입니다.

O1 [File]-[Open] 명령으로 "Sample〉part02" 폴더안의 "p02-05-02.psd" 파일을 불러옵니다. 레이어가 분리된 작업 중인 파일입니다.

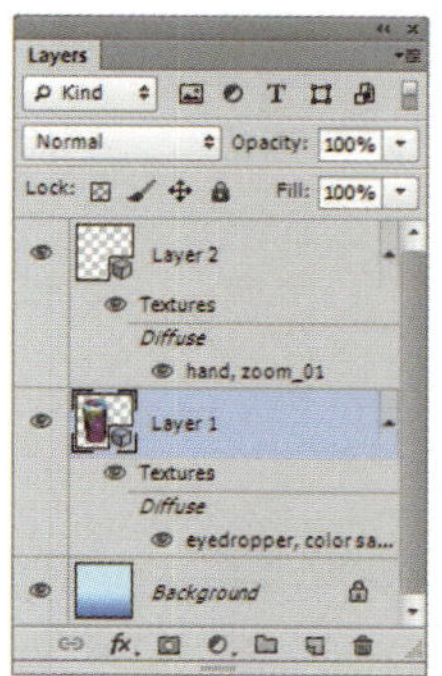

O2 레이어 패널에서 소다 레이어를 선택하고 툴 패널에서 3D 재질 스포이드 툴을 선택합니다. 그리고 [Window] 메뉴에서 3D 패널과 Properties 패널을 불러옵니다.

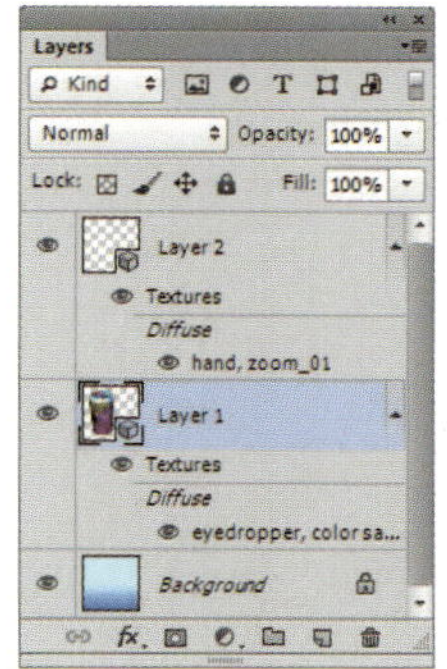
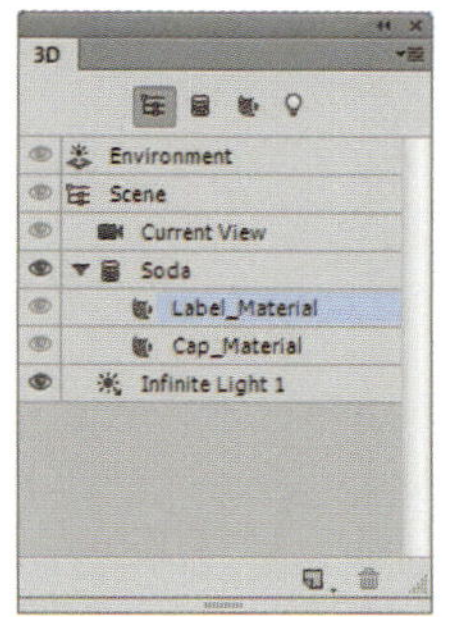
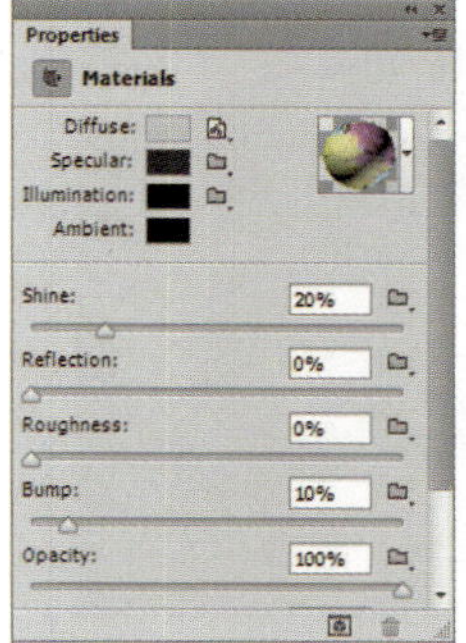

○3 캔의 중심 부분을 클릭하면 3D 패널에서 해당 위치를 보여주고, Properties 패널에서는 재질에 대한 정보 값이 나타납니다. 물론 옵션 들을 이용하여 원하는 재질감을 표현할 수 있습니다.

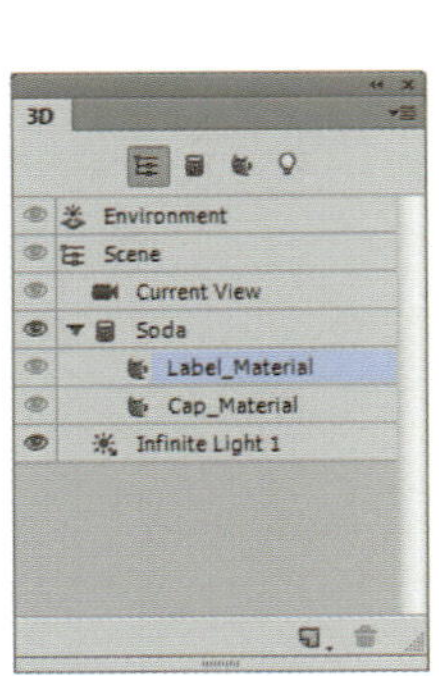

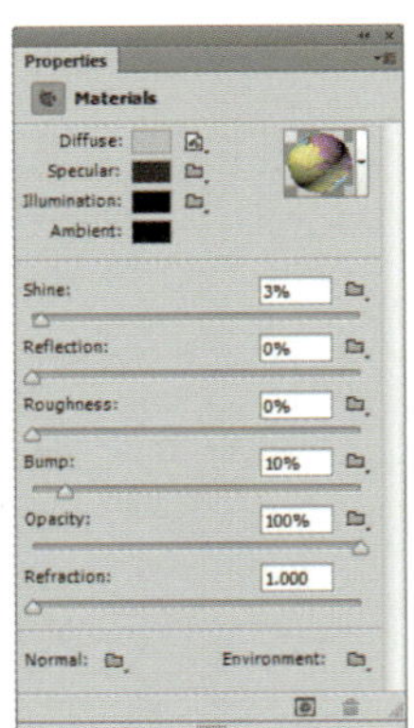

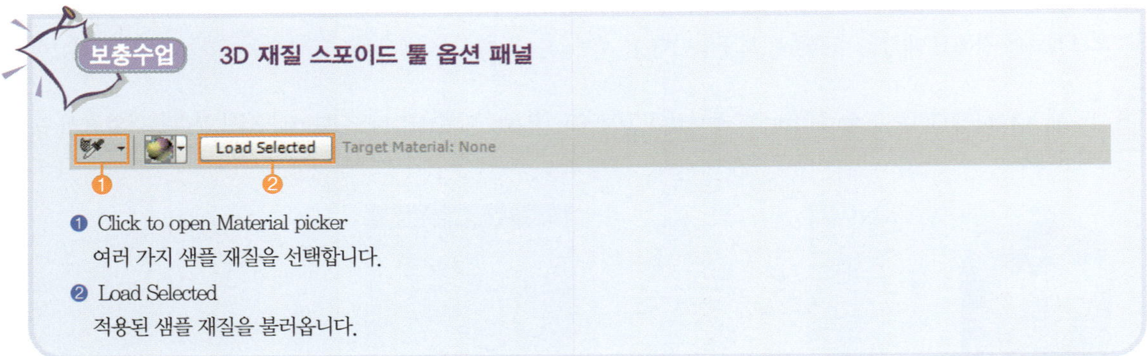

❶ Click to open Material picker
여러 가지 샘플 재질을 선택합니다.

❷ Load Selected
적용된 샘플 재질을 불러옵니다.

직접 해보기 측정 툴(Ruler Tool)

거리를 알고자 하는 임의의 두 점을 클릭 드래그하여 그 직선의 좌표와 크기, 각도 등의 정보를 알 수 있습니다.

○1 [File]─[Open] 명령으로 "Sample〉part02" 폴더안의 "p02-05-03.jpg" 파일을 불러옵니다.

O2 툴 패널의 측정 툴을 선택한 후 책의 왼쪽 끝 부분을 시작으로 오른쪽 끝까지 드래그합니다. 그러면 두 지점에 대한 선이 생기고 옵션 패널과 인포 패널에 길이와 각도 등 측정 값이 나타납니다.

O3 만들어진 기준점을 마우스를 가져가면 측정 위치를 이동시킬 수 있도록 이동 툴 모양이 생깁니다. 이때 드래그하면 측정 기준점은 다른 지점으로 이동시킬 수 있습니다.

O4 옵션 패널의 Clear 버튼을 클릭하면 이미지 위에 표시된 기준점과 측정 툴의 정보가 모두 사라집니다.

X: 41.00　Y: 158.00　W: -1.00　H: 170.00　A: -90.3°　L1: 170.00　L2:　☐ Use Measurement Scale　Straighten Layer　Clear

보충수업　**측정 툴 옵션 패널**

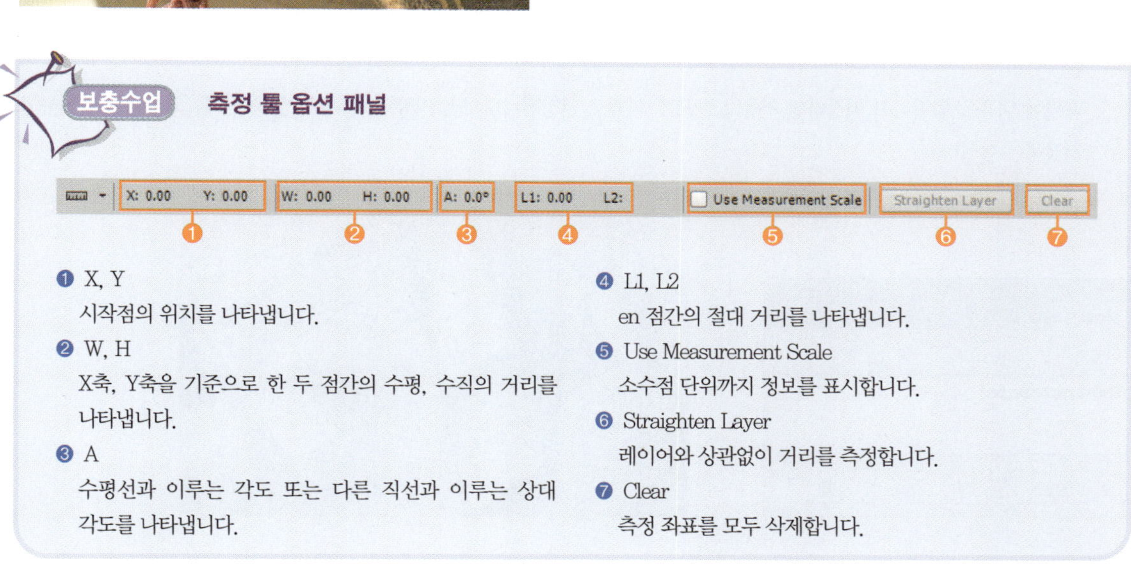

❶ X, Y
시작점의 위치를 나타냅니다.

❷ W, H
X축, Y축을 기준으로 한 두 점간의 수평, 수직의 거리를 나타냅니다.

❸ A
수평선과 이루는 각도 또는 다른 직선과 이루는 상대 각도를 나타냅니다.

❹ L1, L2
en 점간의 절대 거리를 나타냅니다.

❺ Use Measurement Scale
소수점 단위까지 정보를 표시합니다.

❻ Straighten Layer
레이어와 상관없이 거리를 측정합니다.

❼ Clear
측정 좌표를 모두 삭제합니다.

직접 해보기   노트 툴(Note Tool)

작업 시 메모나 공동 작업을 위한 이미지에 간단한 주의 사항이나 주석 등을 간단한 메모를 삽입해 입력할 수
있습니다.

O1 [File]-[Open] 명령으로 "Sample〉part02" 폴더안의 "p02-05-04.jpg" 파일을 불러옵니다.

O2 툴 패널에서 노트 툴을 선택하고 메모를 삽입하고자 하는 부분을 클릭하면 노트 패널이 나타납니다.

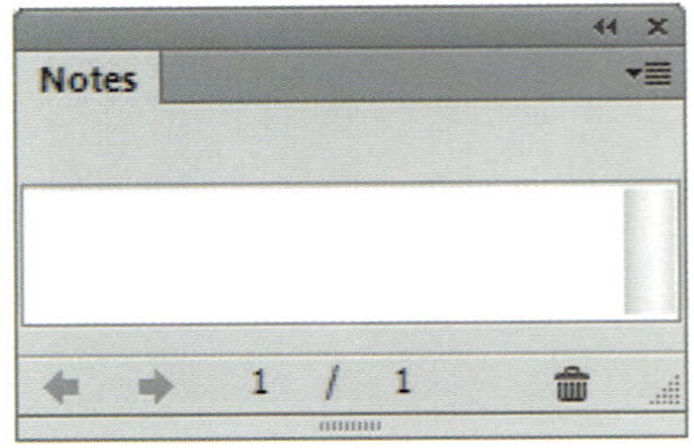

O3 패널에 내용을 입력하고 저장하면 자동으로 PDF 파일로 저장됩니다. 단, 저장 시에 Note 항목이 체크되었는지 확인하고
저장해야 합니다.

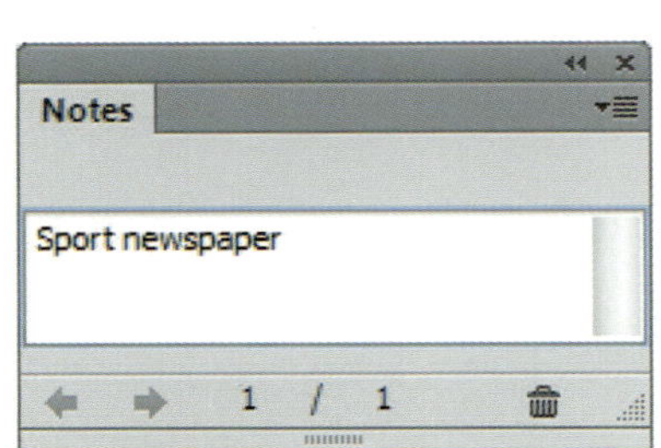

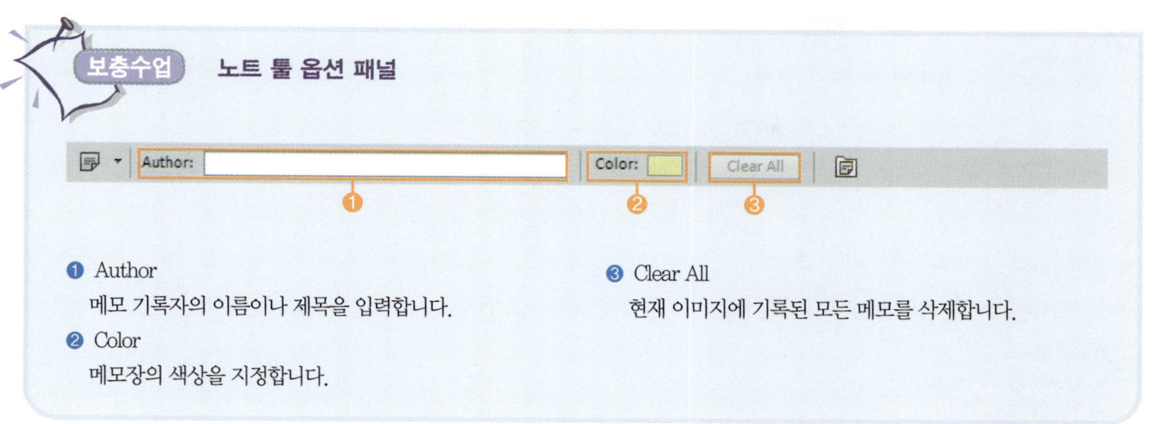

① Author
메모 기록자의 이름이나 제목을 입력합니다.

② Color
메모장의 색상을 지정합니다.

③ Clear All
현재 이미지에 기록된 모든 메모를 삭제합니다.

직접 해보기 카운트 툴(Count Tool)

마우스로 클릭하여 카운트 번호를 표시하는 툴로써 작업 이미지에서 특정 부분을 순서대로 표시할 때 사용합니다.

01 [File]-[Open] 명령으로 "Sample〉part02" 폴더안의 "p02-05-05.jpg" 파일을 불러옵니다.

02 툴 패널에서 카운트 툴을 선택하고 이미지에 클릭하면 순서대로 번호가 표시됩니다. 마우스로 이동시킬 수 있으며 색상을 변경할 수도 있습니다.

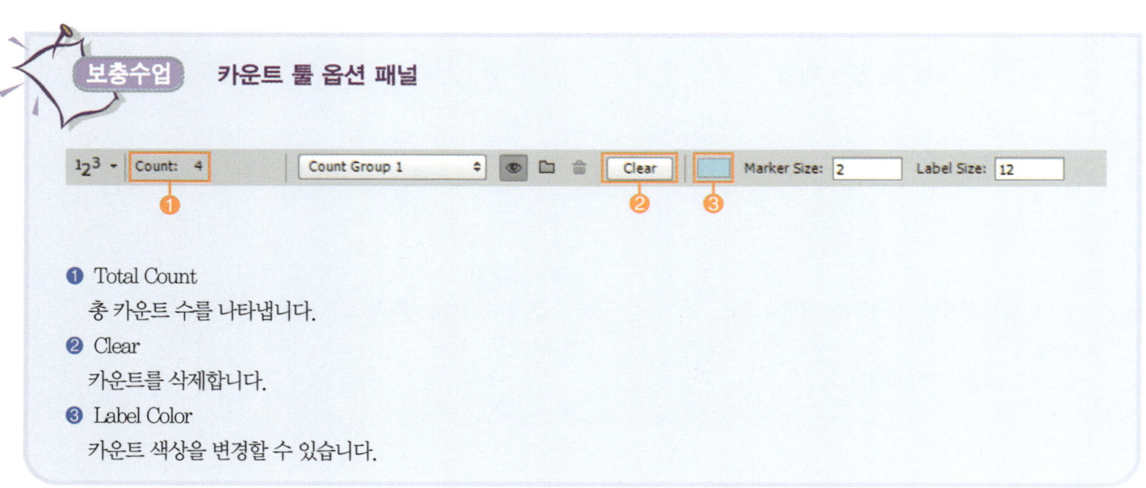

❶ Total Count
   총 카운트 수를 나타냅니다.
❷ Clear
   카운트를 삭제합니다.
❸ Label Color
   카운트 색상을 변경할 수 있습니다.

직접 해보기 돋보기 툴(Zoom Tool) 🔍 , 손바닥 툴(Hand Tool) ✋

돋보기 툴은 이미지 화면을 확대, 축소할 때 사용하고, 손바닥 툴은 이미지 화면을 원하는 부분으로 이동할 때 사용합니다. 이미지 창 크기보다 화면 비율이 클 경우 이동 가능합니다.

01 [File]-[Open] 명령으로 "Sample〉part02" 폴더안의 "p02-05-06.jpg" 파일을 불러옵니다.

02 이미지 창 상단의 파일 표시 줄에 이미지 크기에 대한 화면 비율이 나타납니다. 현재 100%로 실제 이미지 크기를 나타내고 있습니다. 툴 패널에서 돋보기 툴을 선택하고 확대하고 싶은 부분을 드래그합니다.

강의노트

포토샵의 이미지는 최대 3200%까지 확대가 가능합니다.

O3 드래그 된 영역만큼 이미지가 확대되어 나타납니다. 이미지 창 상단의 제목 표시줄에는 현재 확대된 화면 비율이 나타납니다. 반대로 축소하고자 할 경우에는 Ctrl 키를 누른채 이미지를 클릭하면 됩니다.

작업 도중 이미지를 확대하려고 한다면 Ctrl + Space Bar 키를 누르면 일시적으로 마우스 포인터가 확대 돋보기 툴로 전환됩니다. 반대로 축소하려고 한다면 Alt + Space Bar 키를 눌러 축소 돋보기 툴로 전환하여 작업할 수 있습니다.

O4 이미지 창에서 확대된 이미지 영역을 원하는 영역으로 이동시킬 때는 툴 패널의 손바닥 툴을 이용합니다. 손바닥 툴을 지정하고 이미지를 클릭합니다.

O5 원하는 방향으로 클릭 드래그하여 마우스로 드래그하면 이미지가 이동됩니다.

확대된 이미지 위치를 이동시킬 때는 손바닥 툴이 자주 사용됩니다. 다른 툴로 작업할 때 Space Bar 키를 누르게 되면 일시적으로 마우스 포인터가 손바닥 툴로 전환되어 화면 이동 작업을 빠르고 쉽게 할 수 있습니다.

Photoshop

06 확대, 축소된 이미지를 실제 크기(100%)로 되돌리기 위해서는 툴 패널의 돋보기 툴을 더블클릭하거나 `Ctrl` + `Alt` + `0` 키를 누릅니다.

보충수업 · 손바닥 툴 옵션 패널

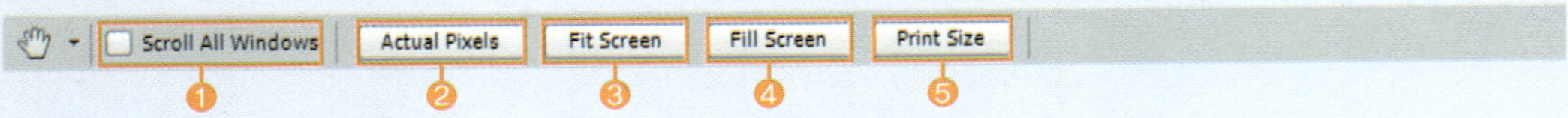

❶ **Scroll All Windows**
현재 도큐먼트 상에 열려 있는 모든 이미지가 모두 함께 화면 이동됩니다.

❷ **Actual Pixels**
이미지를 실제 픽셀 크기로 보여줍니다.

❸ **Fit Screen**
전체 창의 크기에 맞게 이미지를 보여줍니다.

❹ **Fill Screen**
전체 윈도우 창 크기에 맞게 이미지를 보여줍니다.

❺ **Print Size**
실제 출력될 크기로 이미지를 보여줍니다.

돋보기 툴 옵션 패널

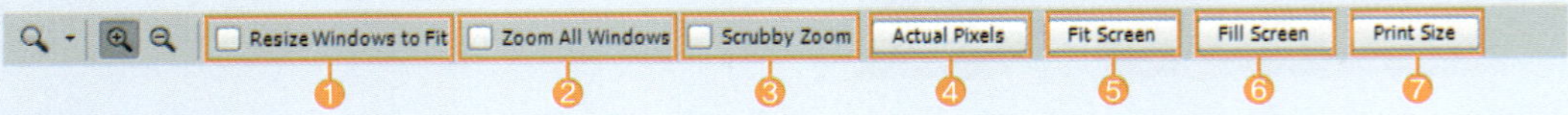

❶ **Resize Windows To Fit**
이미지를 확대, 축소할 때 이미지 창에 이미지가 꽉 찬 상태로 고정되어 나타납니다.

❷ **Zoom All Window**
현재 포토샵 내에 열려 있는 모든 이미지가 함께 확대, 축소됩니다.

❸ **Scrubby Zoom**
이 항목을 체크하면 카메라의 줌을 땡기듯이 화면을 제어할 수 있습니다.

❹ **Actual Pixels**
이미지를 실제 픽셀 크기로 보여줍니다.

❺ **Fit Screen**
전체 창의 크기에 맞게 이미지를 보여줍니다.

❻ **Fill Screen**
전체 윈도우 창 크기에 맞게 이미지를 보여줍니다.

❼ **Print Size**
실제 출력될 크기로 이미지를 보여줍니다.

직접 해보기 화면 회전 툴(Rotate View Tool)

화면 회전 툴은 핸드 툴에 회전 기능까지 더해진 도구입니다. 이미지를 클릭하여 자연스럽게 회전하므로 페인팅이나 그리기 작업 도중 원하는 각도에서 편하게 볼 수 있는 장점이 있습니다.

01 [File]-[Open] 명령으로 "Sample〉part02" 폴더 안의 "p02-05-07.jpg" 파일을 불러옵니다.

02 툴 패널에서 돋보기 툴을 선택하고 확대하고자 하는 부분을 마우스로 드래그합니다. 그러면 화면이 커지면서 이미지 창 오른쪽과 하단에 스크롤 바가 생성됩니다.

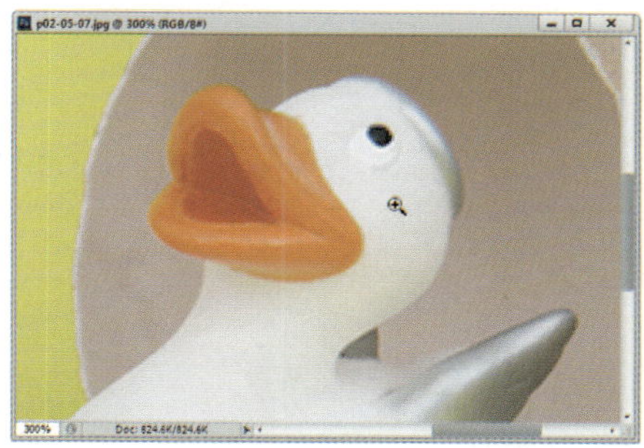

03 화면 회전 툴을 선택하고 마우스를 클릭한 채 좌우로 움직여 봅니다. 그러면 화면 중앙에 나침반 모양의 중심 아이콘이 생기면서 화면이 회전됩니다.

강의노트

화면을 확대시키지 않은 상태에서도 화면 회전 도구를 이용하여 회전이 가능합니다.

보충수업 화면 회전 도구 옵션 패널

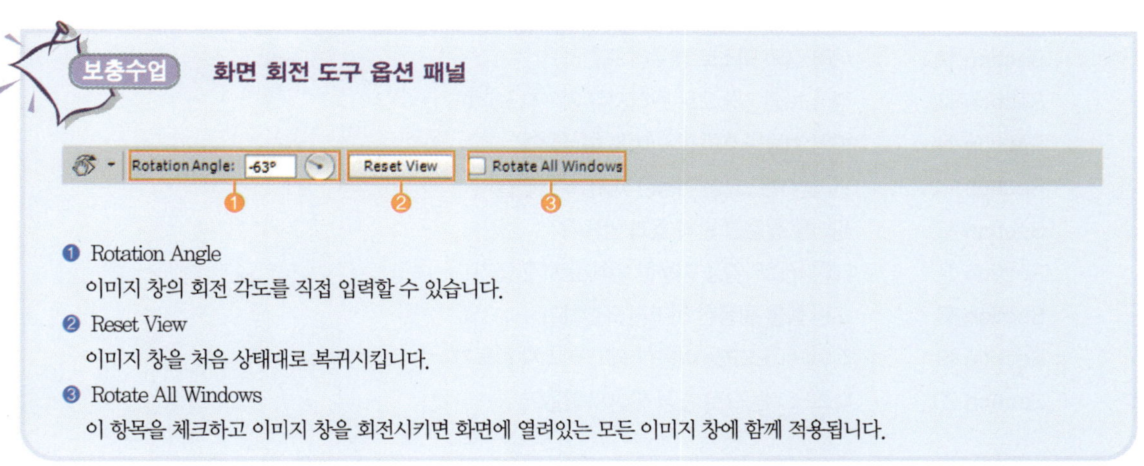

❶ Rotation Angle
이미지 창의 회전 각도를 직접 입력할 수 있습니다.

❷ Reset View
이미지 창을 처음 상태대로 복귀시킵니다.

❸ Rotate All Windows
이 항목을 체크하고 이미지 창을 회전시키면 화면에 열려있는 모든 이미지 창에 함께 적용됩니다.

포토샵 CS6 디자인 실무

dobe Photoshop

P | a | r | t

03

광고 이미지 만들기

컬러가 돋보이는

포토샵 같은 그래픽 프로그램으로 편집된 디지털 이미지는 생활 속에서 누구나 쉽게 촬영하고 볼 수 있을 만큼 대중화 되었습니다. 디지털 이미지에 디자이너의 개성과 아이디어를 담아 새로운 결과물을 창출하는 작업은 광고 분야, 사진, 수많은 예술 분야에서 다양하게 시도되고 있습니다. 작은 아이디어 하나라도 자신의 생각을 담아낸 결과물을 만들어 낸다면 보람된 일이 아닐 수 없습니다. 이번 과정을 통하여 창의적인 생각을 포토샵으로 표현해 내는데 필요한 다양한 기능들과 디자인 감각을 키워보시기 바랍니다.

〈학습할 기능〉
이미지 불러오기, 자동 올가미 툴, 올가미 툴, Lighting Effects 효과, 보정 레이어 사용하기, 문자 툴, 파일 저장하기

 완성물 미리보기

◀ 준비 파일 : Sample〉p03-01-01.jpg

◀ 완성 파일 : Artwork〉p03-01-01.psd

직접 해보기

01 [File]-[Open] 명령으로 "Sample〉part03" 폴더안의 "p03-01-01.jpg" 파일을 불러옵니다.

02 먼저 이미지를 좀 더 강조하기 위하여 명암을 조절해 봅니다. [Filter] 메뉴에서 [Render]-[Lighting Effects] 명령을 실행합니다. 빛의 세기와 방향, 위치 등을 조절한 후 Enter 키를 누릅니다.

03 이미지 위에 강조하고자 하는 부분을 선택하기 위해서 툴 패널에서 돋보기 툴로 화면을 확대시킵니다.

Photoshop

04 자석 올가미 툴을 선택하고 옵션 패널에서 Frequency 값을 조절합니다. 선택하고자 하는 이미지 외곽을 따라 마우스를 드래그하여 선택합니다.

강의노트

Frequency는 기준점의 생성 개수를 조절할 수 있는 옵션으로 수치 값이 높을수록 정교하게 선택할 수 있습니다.

05 툴 패널에서 올가미 툴을 사용하여 Alt 키를 눌러 선택 영역을 제외하거나 Shift 키를 눌러 선택 영역을 넓혀 좀 더 정확하게 선택해 줍니다.

06 [Select]-[Inverse] 명령을 실행하여 배경이 선택되도록 선택 영역을 반대로 잡아줍니다.

강의노트

Inverse는 현재 선택된 영역을 제외한 나머지를 선택하도록 반전시켜 주는 기능입니다.

포토샵

07 레이어 패널 하단의 Create new fill or adjustment layer 아이콘을 클릭하여 Black & White 명령을 실행합니다.

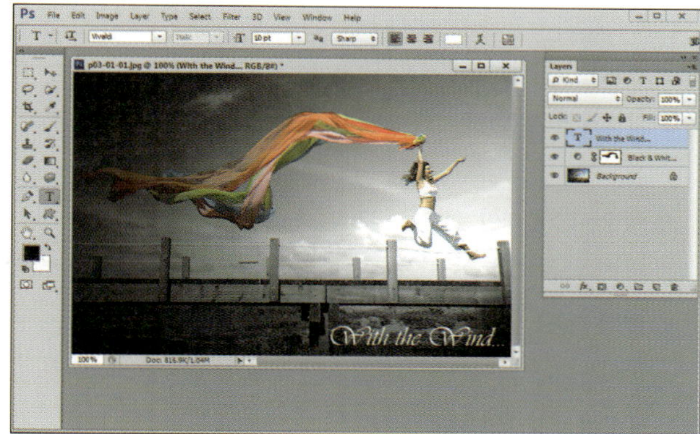

08 마지막으로 가로쓰기 문자 툴을 선택하고, 영문 필기체로 지정된 문장을 입력합니다. 입력된 텍스트는 드래그하여 선택한 다음 옵션 패널이나 Character 패널에서 폰트와 크기, 색상 등을 조절할 수 있습니다.

09 완성된 결과물은 [File]-[Save] 또는 [Save As] 명령을 실행하여 파일 이름을 입력하고 포토샵 원본 파일인 *.PSD 파일로 저장합니다.

149

Photoshop

업그레이드 한판

컬러 모드와 컬러 피커 대화상자

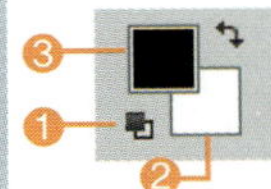

1. 컬러 모드

전경색과 배경색을 만들어서 사용할 수 있습니다. 각 색상을 클릭하면 컬러 피커 대화상자가 나타나고 원하는 색상을 선택할 수 있습니다.

① 전경색(Set foreground Color) : 칠하기나 채우기에 적용되는 전면 색상을 나타냅니다.

② 배경색(Set background Color) : 지우기나 오려내기 작업에 사용되는 배경 색상을 나타냅니다.

③ 기본 색상(Default foreground and background Color) : 현재의 컬러 모드에서 포토샵의 기본 컬러 모드인 검은색(전경색)과 흰색(배경색)으로 변경합니다.

④ 전환 버튼(Switch) : 전경색과 배경색을 서로 전환시켜 줍니다.

2. 컬러 피커 대화상자

컬러 피커 대화상자에서는 색상과 채도, 명도에 따른 색을 선택할 수 있습니다. 또한 HSB, RGB, CMYK, Lab, WEB 등과 같은 색채 체계별로 수치를 입력하여 원하는 색을 적용할 수 있습니다. Custom 항목에서는 다양한 색표를 이용하여 색을 선별할 수 있습니다.

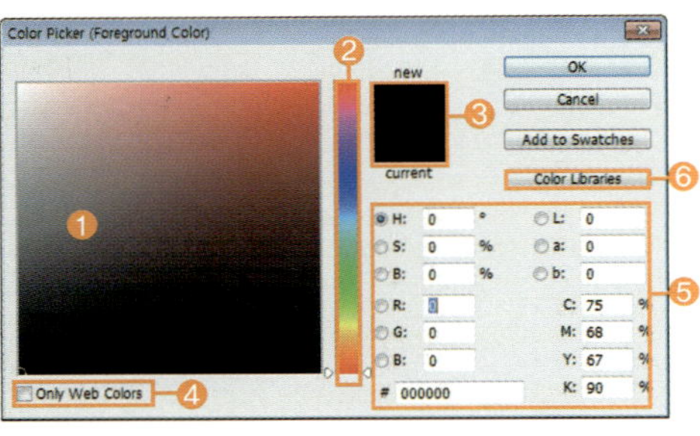

① 색상 디스플레이 : 색상이 디스플레이된 상태에서 톤(명도와 채도)을 선택합니다.

② 컬러 스펙트럼 바 : 색상 영역을 설정합니다.

③ 지정 색상/이전 색상 : 현재 선택된 색상과 이전의 색상을 비교하여 보여줍니다.

④ Only Web Color : 웹 안전 컬러로 보여집니다.

⑤ 컬러 모드 : 각 컬러 모드별로 수치를 나타내며, 입력하여 색을 만들 수 있습니다.

⑥ 컬러 라이브러리 : 버튼을 클릭하면 특정한 색을 선택하고 Color Libraries 대화상자가 나타납니다.

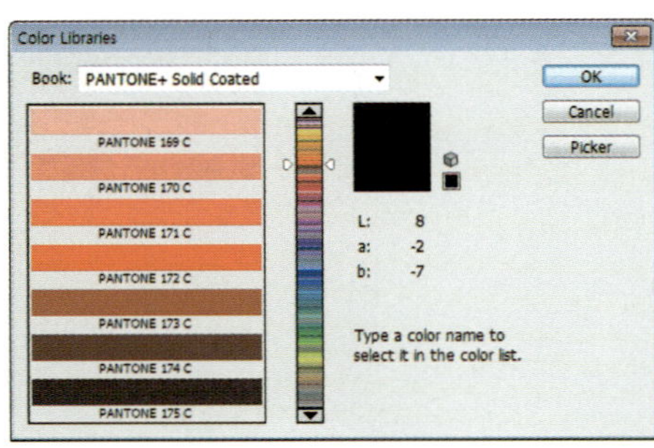

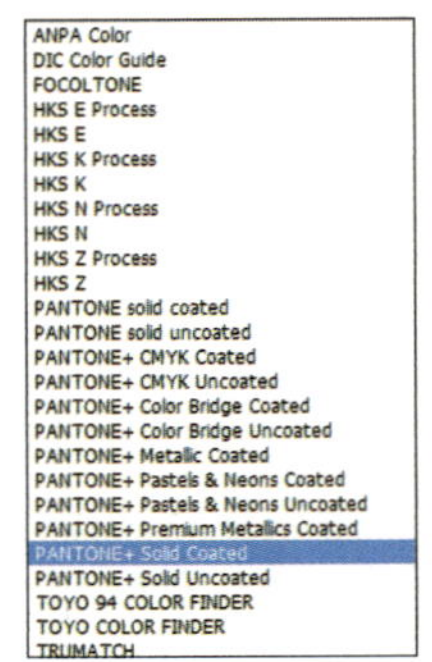

◀ Custom 항목의 컬러 프로세스

실전문제

1. 색상 보정과 명암을 조절하여 눈에 띄는 광고 이미지를 만들어 보세요.

▲ 준비 파일 : Sample)p03-01-02.jpg

▲ 완성 파일 : Artwork)p03-01-02.psd

힌트

❶ [File]-[Open] 명령으로 준비된 소스 파일을 불러옵니다.

❷ [Filter]-[Render]-[Lighting Effects] 명령을 실행하여 명암을 조절합니다.

❸ 자석 올가미 툴과 올가미 툴을 사용하여 새싹 이미지를 선택합니다.

❹ [Select]-[Inverse] 명령으로 선택영역을 반대로 만든 후 보정 레이어에서 Black & White 명령을 실행합니다.

❺ 문자 툴로 문장을 입력한 후 Character 패널에서 폰트와 크기, 색상 등을 조절합니다.

2. 색상 보정 기능을 이용하여 컬러가 돋보이는 광고 포스터를 만들어 보세요.

▲ 준비 파일 : Sample)p03-01-03.jpg

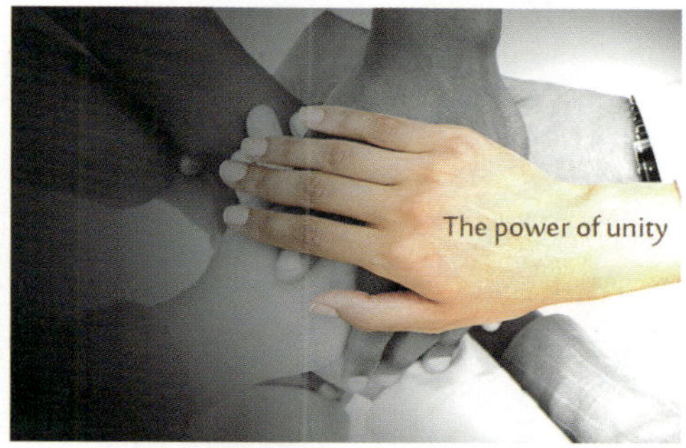

▲ 완성 파일 : Artwork)p03-01-03.psd

힌트

❶ [File]-[Open] 명령으로 준비된 소스 파일을 불러옵니다.

❷ [Filter]-[Render]-[Lighting Effects] 명령을 실행하여 명암을 조절합니다.

❸ 자석 올가미 툴과 올가미 툴을 사용하여 손등 이미지를 선택합니다.

❹ [Select]-[Inverse] 명령으로 선택영역을 반대로 만든 후 보정 레이어에서 Black & White 명령을 실행합니다.

❺ 문자 툴로 문장을 입력한 후 Character 패널에서 폰트와 크기, 색상 등을 조절합니다.

08 section

합성 이미지 만들기 가장자리 다듬기 기능으로

포토샵에서 여러 가지 선택 툴과 기능들이 있지만 여기서는 더욱 강력해진 가장자리 다듬기 기능으로 머리카락이나 동물의 털과 같은 선택작업이 어려운 부분을 배경에서 깨끗이 분리하는 기능을 학습하고자 합니다. 복잡하게 구성된 이미지 경계부분을 자동으로 추출하여 새로운 디자인 작업에 쉽게 적용할 수 있으며, 작업시간을 단축시킬 수 있습니다.

〈학습할 기능〉
이동 툴, 빠른 선택 툴, Refine Edge, Transform, 문자 툴

 완성물 미리보기

▲ 준비 파일 : Sample〉p03-02-01.jpg, 02.jpg

◀ 완성 파일 : Artwork〉p03-02-01.psd

직접 해보기

01 [File]-[Open] 명령으로 "Sample〉part03" 폴더안의 "p03-02-01.jpg, 02.jpg" 파일을 불러옵니다.

02 툴 패널에서 이동 툴을 선택하고 외국인 이미지를 자유의 여신상 이미지로 드래그하여 끌어옵니다.

03 [Edit]-[Free Transform] 명령을 실행하여 이미지와 크기를 조절합니다.

이미지의 크기 조절 시 Shift 키를 누른채 모서리 부분을 드래그하여 정비례로 크기를 조절합니다.

04 빠른 선택 툴을 선택하고 옵션 패널에서 브러시의 크기를 조절합니다. 그런 다음 이미지에 드래그하여 선택 작업을 진행합니다.

05 브러시의 크기를 조절해 가며 사람 이미지를 선택합니다. 옵션 패널에서 Add to selection 또는 Subtract from selection 아이콘을 클릭해 가며 좀 더 세부적으로 선택합니다.

강의노트

키보드의 []버튼을 클릭하면 브러시의 크기가 커지고, 반대로 []버튼을 클릭하면 브러시의 크기가 작아져 좀 더 빠르게 브러시의 크기를 조절할 수 있습니다.

06 옵션 패널에서 Refine Edge 버튼을 클릭합니다.

O7 선택 영역의 경계를 조절할 수 있는 대화상자가 열립니다. View 항목에서 On Layer를 선택하면 작업 완료 후 레이어 패널에 마스크가 적용된 이미지를 나타냅니다.

O8 Smart Radius 항목을 선택하고, Radius 슬라이드를 드래그합니다. 선택 영역의 경계가 확장되면서, 자동으로 머리카락 경계를 추출합니다.

O9 배경과 머리카락의 경계를 새롭게 정의하기 위해서 대화상자의 Refine Radius Tool을 선택합니다.

Photoshop

포토샵

10 옵션 패널에서 브러시 크기를 조절한 다음 경계 부분을 드래그합니다.

Refine Radius Tool(반경 다듬기 툴)은 선택 영역의 반경 안에 정의된 경계 부분을 새롭게 조정할 수 있는 기능으로 경계 안쪽의 컬러를 제거하거나 새롭게 경계를 다듬을 때 사용합니다.

11 드래그한 영역의 경계가 새롭게 정의 되어 배경과 자연스럽게 합성됩니다.

12 마지막으로 경계 부분에 남아 있는 컬러를 제거하기 위해서 Decontaminate Colors 항목을 선택하고 컬러의 감소 양을 조절하는 Amount 슬라이드를 오른쪽으로 드래그합니다.

13 Output To 항목으로 New Layer with Layer Mask를 선택하고 OK 버튼을 클릭합니다.

14 흐트러진 머리카락의 경계 부분까지 깨끗하게 추출되어 배경과 자연스러운 합성 이미지를 만들 수 있습니다.

15 가로쓰기 문자 툴로 지정된 문장을 각 각 입력합니다. 입력된 텍스트는 드래 그하여 선택한 다음 옵션 패널이나 Character 패널에서 폰트와 크기, 색상 등을 조절할 수 있습니다.

실전문제

1. 주어진 이미지를 자연스럽게 합성시켜 보세요.

▲ 준비 파일 : Sample〉p03-02-03.jpg, 04.jpg

포토샵

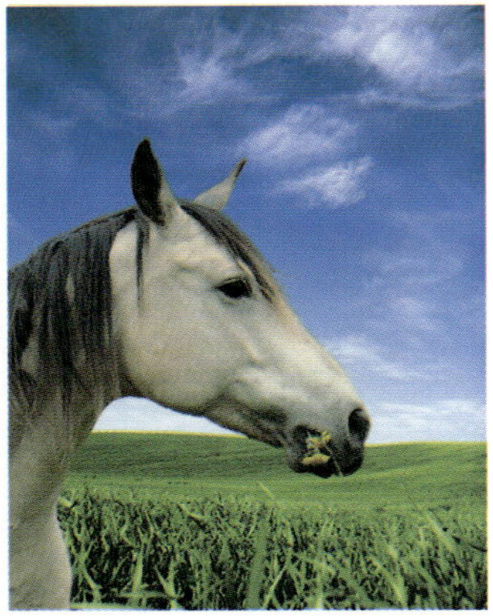

▲ 완성 파일 : Artwork〉p03-02-02.psd

힌트

❶ [File]-[Open] 명령으로 준비된 소스 파일들을 불러옵니다.

❷ 이동 툴로 말 이미지를 배경 이미지로 드래그합니다.

❸ Ctrl + T 를 눌러 크기를 조절하고 빠른 선택 툴로 말 외곽을 따라 드래그하여 선택합니다.

❹ 옵션 패널의 Refine Edge 버튼을 클릭한 다음 대화상자에서 선택 영역의 경계를 조절합니다.

❺ 반경 다듬기 툴을 사용하여 이미지의 지저분한 부분을 정리합니다.

❻ 마지막으로 Output To 항목으로 New Layer with Layer Mask를 선택하고 OK 버튼을 클릭하여 자연스럽게 합성합니다.

2. 가장자리 다듬기 기능을 이용하여 애견사이트 홍보 포스터를 만들어 보세요.

▲ 준비 파일 : Sample〉p03-02-05.jpg, 06.jpg

▲ 완성 파일 : Artwork〉p03-02-03.psd

힌트

❶ [File]-[Open] 명령으로 준비된 소스 파일들을 불러옵니다.

❷ 이동 툴로 강아지 이미지를 배경 이미지로 드래그합니다.

❸ Ctrl + T 를 눌러 크기를 조절하고 빠른 선택 툴로 강아지를 선택합니다.

❹ 옵션 패널의 Refine Edge 버튼을 클릭한 다음 대화상자에서 선택 영역의 경계를 조절합니다.

❺ 반경 다듬기 툴을 사용하여 이미지의 지저분한 부분을 정리합니다.

❻ 마지막으로 Output To 항목으로 New Layer with Layer Mask를 선택하고 OK 버튼을 클릭하여 자연스럽게 합성합니다.

❼ 레이어 패널에서 Create a new layer 아이콘을 클릭하여 강아지 레이어 하단에 새로운 레이어를 추가합니다.

❽ 다각형 올가미 툴을 선택하고 옵션 패널에서 Feather 값을 지정합니다. 그런 다음 이미지에 클릭하여 선택 영역을 만든 후 Alt + Delete 키로 검은색을 채워 넣습니다.

❾ 레이어 패널 상단의 Opacity 값을 조절하여 자연스럽게 그림자를 표현하고 문자 툴로 주어진 문장을 각각 입력하여 완성합니다.

이미지 합성으로 사진 스킨 표현하기

이번 작업은 주어진 작업 소스를 이용하여 사진 스킨을 만들어 보겠습니다. 포토샵에서 이미지를 열고, 합성 이미지를 만드는 방법과 포토샵을 운용하는데 있어서 기본적인 도구의 사용방법, 메뉴, 패널의 다양한 기능을 숙지해가며 디자인 결과물을 만들어 보겠습니다.

〈학습할 기능〉

이동 툴, Free Transfom 변형 기능 사용하기, 다각형 올가미 툴, Layer via Copy 기능 익히기, Layer Style 적용하기

 **완성물 미리보기**

▲ 준비 파일 : Sample)p03-03-01.jpg, 02.jpg

◀ 완성 파일 : Artwork)p03-03-01.psd

직접 해보기

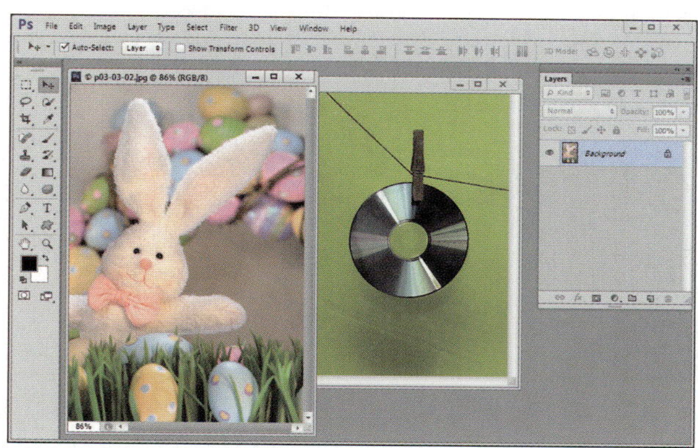

01 [File]-[Open] 명령으로 "Sample〉part03" 폴더안의 "p03-03-01.jpg, 02.jpg" 파일을 불러옵니다.

02 이동 툴을 사용하여 토끼 이미지를 배경 이미지로 드래그하여 끌어옵니다.

03 [Edit]-[Free Transform] 메뉴를 실행한 후 Shift 키를 누른채 바운딩 박스의 조절점을 드래그하여 크기를 조절해줍니다.

04 계속하여 바운딩 박스가 남아있는 상태에서 이미지를 회전시킨 후 [Enter] 키를 누릅니다.

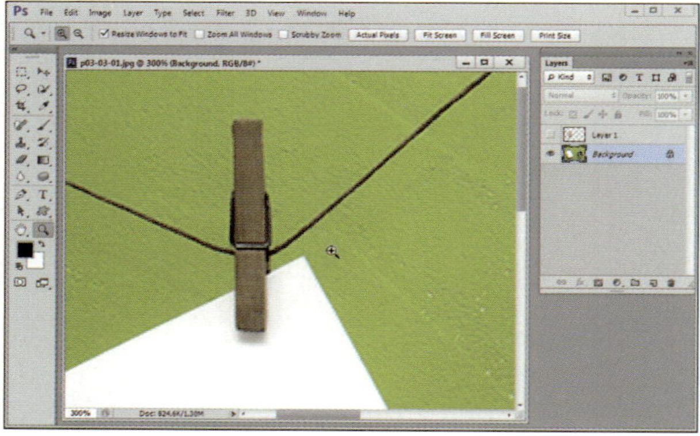

05 레이어 패널에서 토끼 이미지 레이어의 눈 아이콘을 클릭하여 화면에서 보이지 않도록 숨긴 후 돋보기 툴로 집게 부분을 크게 확대합니다.

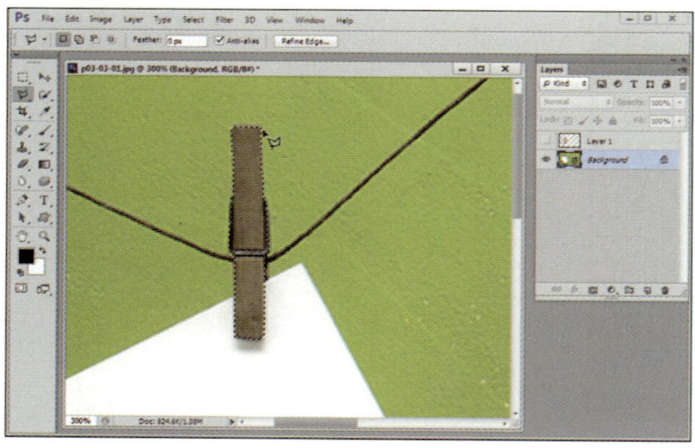

06 백그라운드 레이어를 선택하고 다각형 올가미 툴로 집게 이미지의 외곽을 따라 마우스를 클릭하여 선택합니다.

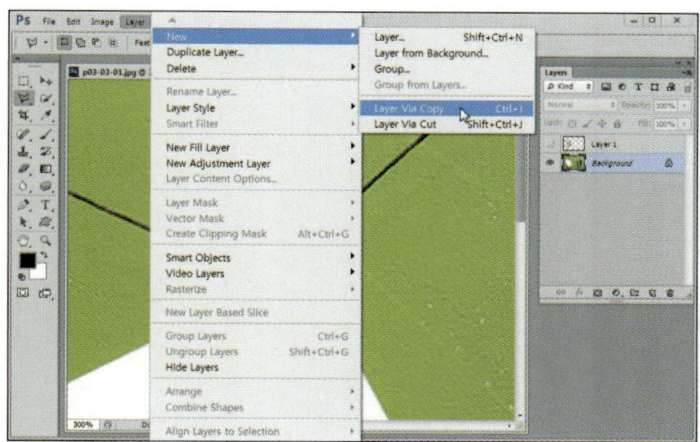

07 [Layer]-[New]-[Layer via Copy] 명령을 실행하여 집게 이미지를 하나 더 복사합니다.

Layer via Copy 기능은 선택된 이미지 영역을 복사하여 새로운 레이어로 만들어 주고, Layer via Cut 기능은 선택된 이미지 영역을 잘라내어 새로운 레이어로 만듭니다.

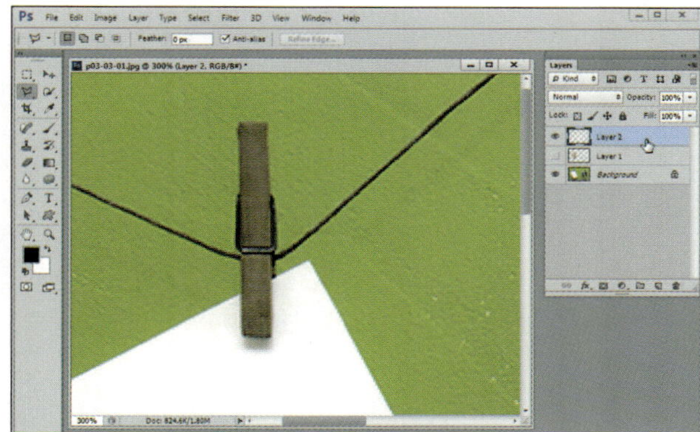

08 레이어 패널을 보면 레이어가 하나 더 만들어진 것을 볼 수 있습니다. 이렇게 분리된 레이어를 가장 위로 드래그하여 위치시킵니다.

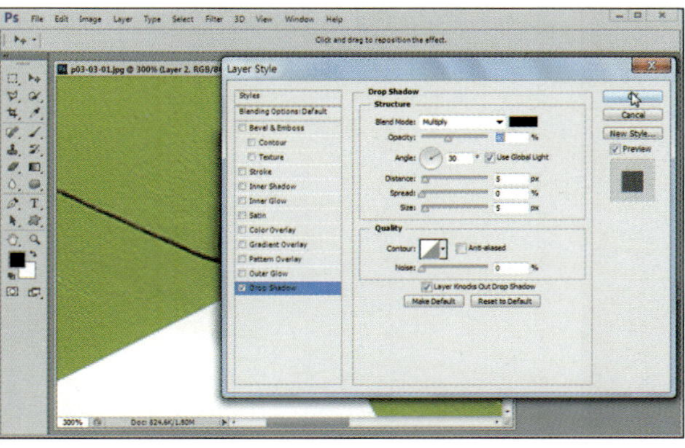

09 레이어 패널 하단의 Add a layer style 아이콘을 클릭하여 Drop Shadow 효과를 적용합니다.

10 마지막으로 툴 패널에서 가로쓰기 문자 툴을 선택하고 주어진 문장을 입력합니다.

포토샵

11 입력된 텍스트는 드래그하여 선택한 다음 옵션 패널이나 Character 패널에서 폰트와 크기, 색상 등을 조절합니다.

12 Ctrl + T를 눌러 입력된 문장을 회전시켜 합성 이미지를 완성합니다.

업그레이드 한판

패스 이미지의 외곽 영역 정리하기

펜 툴로 이미지의 외곽을 패스화한 후 이미지를 오려내거나 마술봉 툴 등을 사용하여 선택하면 가장자리 부분이 지저분하게 나타나는 경우가 있습니다. 외곽 영역을 깨끗하게 정리하는 방법은 다음과 같습니다.

전경색과 배경색을 만들어서 사용할 수 있습니다. 각 색상을 클릭하면 컬러 피커 대화상자가 나타나고 원하는 색상을 선택할 수 있습니다.

❶ 먼저 펜 툴로 이미지를 패스화시킬 때는 배경과 경계되는 부분에서 패스가 경계 안쪽에 위치하도록 조절하면서 패스화 시켜야 합니다. 즉, 배경이 포함되지 않도록 하는 것입니다.

❷ 만들어진 패스를 선택 영역으로 전환한 후 다른 이미지로 끌어가거나 Layer Via Copy 기능을 이용하여 선택 영역만 레이어로 복사합니다. 이때 흰 배경일 경우에는 별 무리가 없지만 선택된 이미지와 다른 배경색일 경우에는 흰색이 부분적으로 보이고 있습니다.

❸ 이때는 Layer 메뉴의 Matting 기능을 사용하면 효과적입니다. Remove White Matte 기능을 실행하면 가장자리의 지저분한 흰색 픽셀들이 감소됩니다. 나머지 영역은 리터칭 메뉴로 수정 보완하면 됩니다.

 **실전문제**

1. 주어진 이미지를 이용하여 사진 스킨을 만들어 보세요.

 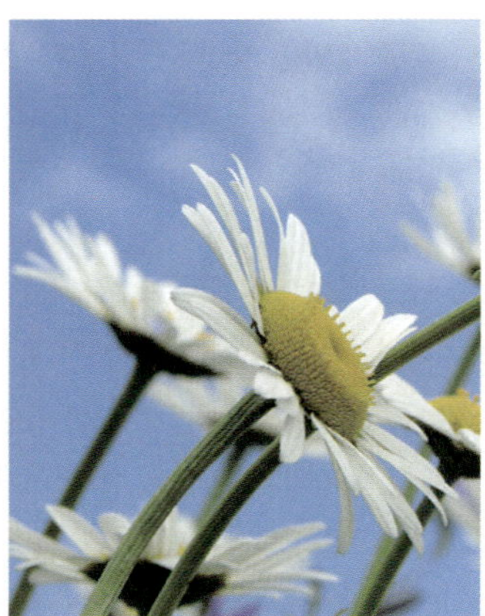

▲ 준비 파일 : Sample〉p03-03-03.jpg, 04.jpg

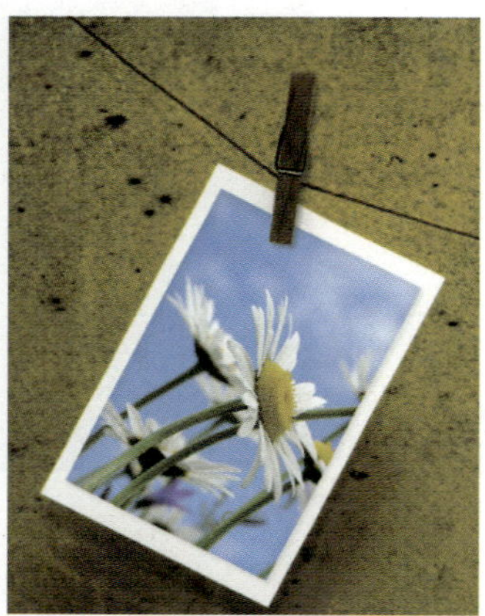

▲ 완성 파일 : Artwork〉p03-03-02.psd

힌트

❶ [File]-[Open] 명령으로 준비된 소스 파일들을 불러옵니다.

❷ 이동 툴로 꽃 이미지를 배경 이미지로 드래그합니다.

❸ Ctrl + T 를 눌러 크기를 조절하고 회전시켜 줍니다.

❹ 레이어 패널 하단의 Add a layer style 아이콘을 클릭하여 Inner Glow와 Drop Shadow 효과를 적용하여
  완성합니다.

2. 이미지를 합성시켜 사진 스킨을 만들어 보세요.

▲ 준비 파일 : Sample〉p03-03-05.jpg, 06.jpg

▲ 완성 파일 : Artwork〉p03-03-03.psd

힌트

❶ [File]-[Open] 명령으로 준비된 소스 파일들을 불러옵니다.

❷ 툴 패널에서 다각형 올가미 툴을 사용하여 사진 테두리 외곽을 따라 클릭하여 선택합니다.

❸ [Layer]-[New]-[Layer via Copy] 명령을 실행하여 하나의 사진 테두리 이미지를 더 만듭니다.

❹ 꽃 이미지를 선택하고 사각 선택 툴로 영역을 만든 다음 Ctrl + C , Ctrl + V 명령으로 작업 중인 이미지에 꽃 이미지를 가져옵니다. Ctrl + T 를 눌러 크기를 조절합니다.

❺ 레이어 패널 하단의 Add a layer style 아이콘을 클릭하여 Inner Glow와 Drop Shadow 효과를 적용합니다.

❻ 앞서 분리해 놓은 사진 테두리 레이어와 꽃 이미지 레이어를 Shift 키를 사용하여 동시에 선택한 후 Alt 키를 누른채 드래그하여 레이어를 복사합니다.

❼ 계속하여 두 레이어가 선택된 상태에서 Ctrl + T 를 눌러 회전시켜 주고, 사진 테두리 이미지만 추가적으로 Drop Shadow 효과를 적용합니다.

이미지 편집하기

컨텐츠 인식 기능으로

콘텐츠 인식 조정 기능은 자동으로 이미지가 재구성됩니다. 이미지 내의 인물, 피사체의 중요 영역이 지속적으로 유지된 상태에서 배경을 확대, 축소하거나 사용자가 원하는 배경으로 덮어쓰기가 가능합니다. 따라서 이미지 구도를 시각적으로 거슬리지 않는 상태에서 자유롭게 조정할 수 있으며, 이미지를 재구성하기 위해서 소요되는 잘라내기, 편집 작업 없이 쉽게 완벽한 이미지를 얻을 수 있습니다.

〈학습할 기능〉
Pen Tool, Paths 패널, Fill 기능 활용, 도장 툴, 힐링 브러시 툴

 완성물 미리보기

◀ 준비 파일 : Sample〉p03-04-01.jpg

◀ 완성 파일 : Artwork〉p03-04-01.psd

직접 해보기

01 [File]-[Open] 명령으로 "Sample〉part03" 폴더안의 "p03-04-01.jpg" 파일을 불러옵니다.

02 돋보기 툴로 화면을 확대하고 펜 툴을 선택합니다. 옵션 패널에서 Path 항목을 지정하고 [Window] 메뉴에서 Paths 패널을 불러옵니다.

03 사람 이미지 외곽 라인에 클릭하여 포인트를 형성하고 다음 위치를 클릭한 채로 마우스를 드래그하여 원하는 곡선 패스를 만들어 줍니다. 곡선을 그릴 때는 Alt 키를 눌러 핸들을 삭제해 가면서 작업합니다.

Photoshop

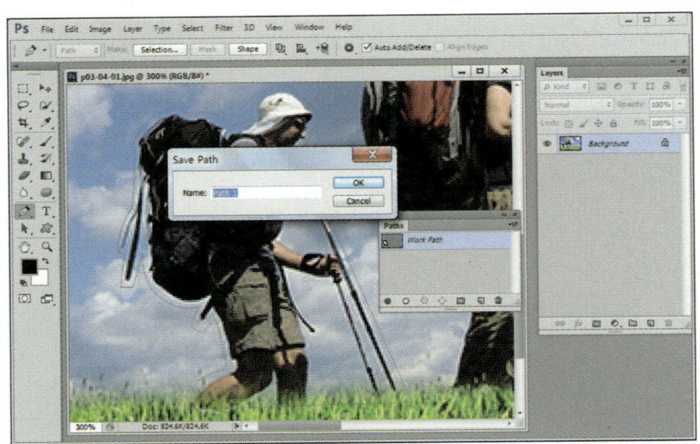

04 패스 작업을 마친 후에는 패스 패널에서 Work Path 영역을 더블클릭하여 원하는 이름을 입력하고 패스를 저장합니다.

05 이제 패스를 불러들이기 위해서 패스 패널 하단의 Load path as a selection 아이콘을 클릭하여 선택 영역을 활성화시킵니다.

강의노트

패스 패널에 저장된 패스 영역을 선택 영역으로 활성화하려면 패널이 Lodad path as a selection 아이콘을 클릭하거나 Ctrl 키를 누른채 해당 패스를 클릭하면 됩니다.

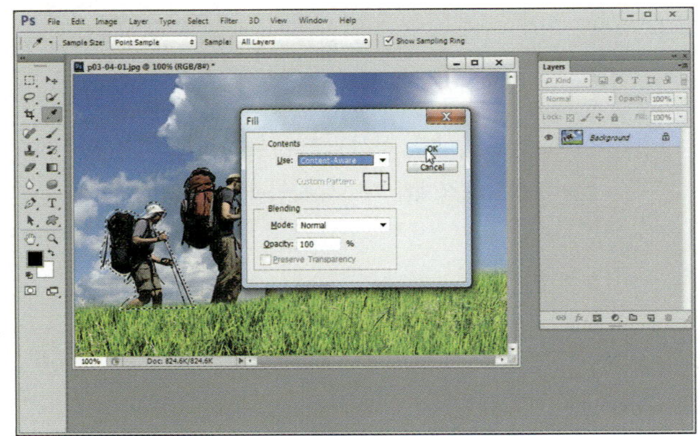

06 [Edit]-[Fill] 명령을 실행하여 대화상자에서 Content-Aware 항목을 선택하고 OK 버튼을 클릭합니다.

07 Ctrl + D 를 눌러 선택 영역을 해제하고 배경을 정리하기 위해서 툴 패널에서 도장 툴을 선택합니다.

08 옵션 패널에서 브러시의 크기를 지정하고 Alt 키를 누른 상태로 배경의 하늘 부분을 클릭합니다. 그러면 마우스 포인터의 형태가 십자 형태로 변경되면서 복제될 소스 영역이 설정됩니다.

09 이미지를 지우고자 하는 부분에 마우스를 드래그하면 하늘 이미지가 복제되면서 기존의 이미지가 없어지게 됩니다.

10 동일한 방법으로 반복적으로 이미지를 깨끗이 없애줍니다. 작업 영역에 따라 브러시의 크기를 조절하면서 작업을 진행하면 효과적인 결과물을 얻을 수 있습니다.

강의노트

키보드의] 버튼을 클릭하면 브러시의 크기가 커지고, 반대로 [버튼을 클릭하면 브러시의 크기가 작아져 좀 더 빠르게 브러시의 크기를 조절할 수 있습니다.

11 앞서 도장 툴로 작업한 부분이 깨끗하지 못하다면 힐링 브러시 툴을 선택하고 브러시의 크기를 조절합니다. 그런 다음 Alt 키를 누른 상태에서 깨끗한 하늘 부분을 클릭하고 얼룩진 부분에 드래그하여 배경을 깨끗이 정리합니다.

12 마지막으로 가로쓰기 문자 툴로 텍스트를 입력하여 완성합니다.

강의노트

힐링 브러시 툴은 이미지를 다른 이미지로 복제할 때 그림자, 빛, 텍스처 등의 속성을 그대로 보존하면서 먼지, 흠, 주름과 같은 것들을 효율적으로 제거합니다.

 **실전문제**

1. 주어진 이미지의 배경을 깨끗이 정리해 보세요.

 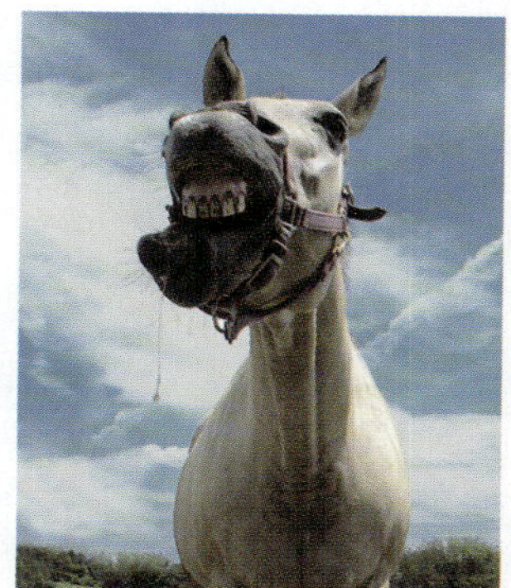

▲ 준비 파일 : Sample〉p03-04-02.jpg　　▲ 완성 파일 : Artwork〉p03-04-02.psd

힌트

❶ [File]-[Open] 명령으로 준비된 소스 파일들을 불러옵니다.

❷ 올가미 툴이나 펜 툴을 사용하여 왼쪽 말 외곽을 선택합니다.

❸ [Edit]-[Fill] 명령으로 Content-Aware 항목을 선택하고 OK 버튼을 클릭합니다.

❹ 도장 툴과 힐링 브러시 툴을 이용하여 배경을 깨끗이 정리해 줍니다.

2. 컨텐츠 인식 기능을 이용하여 사진 이미지를 편집해보세요.

▲ 준비 파일 : Sample〉p03-04-03.jpg　　▲ 완성 파일 : Artwork〉p03-04-03.psd

힌트

❶ [File]-[Open] 명령으로 준비된 소스 파일들을 불러옵니다.

❷ 자석 올가미 툴이나 펜 툴을 사용하여 왼쪽 여자 이미지를 선택합니다.

❸ [Edit]-[Fill] 명령으로 Content-Aware 항목을 선택하고 OK 버튼을 클릭합니다.

❹ 도장 툴과 힐링 브러시 툴을 이용하여 배경을 깨끗이 정리해 줍니다.

173

Photoshop

11

레이어를 이용한 독특한 이미지 표현하기

광고나 잡지, 블로그 등을 보면 이미지 툴 프로그램이나 기타 액자 스킨을 만들어 주는 다양한 프로그램의 샘플을 보며 사진이 자연스러운 그림자 스킨을 많이 사용하는 것을 볼 수 있습니다. 그래서 이번 학습에서는 그림자 효과, 테두리 효과 같은 다양한 효과를 적용하여 이미지를 표현해보겠습니다. 여러분도 사진첩에 올릴 나만의 멋있는 사진 액자 스킨을 만들어 남들과는 다른 독특한 느낌을 전달해 보시기 바랍니다.

〈학습할 기능〉
Pen Tool, Paths 패널, 사각 선택 툴, 선택 영역 회전시키기, Layer Style, Layer via Copy, Create Layer

 **완성물 미리보기**

◀ 준비 파일 : Sample)p03-05-01.jpg

▶ 완성 파일 : Artwork)p03-05-01.psd

직접 해보기

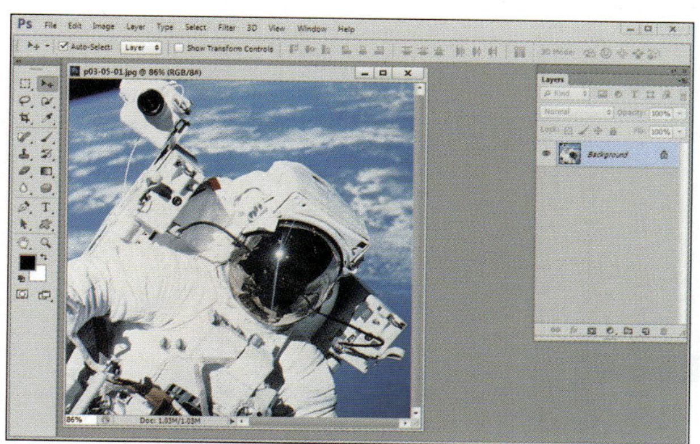

01 [File]-[Open] 명령으로 "Sample〉part03" 폴더안의 "p03-05-01.jpg" 파일을 불러옵니다.

02 레이어 패널 하단의 Create a new Layer 아이콘을 클릭하여 새로운 투명 레이어를 만듭니다. 툴 패널에서 전경색 아이콘을 클릭하여 하늘색 계통으로 지정한 후 Alt +Delete를 눌러 색상을 채워 넣습니다.

Alt +Delete는 전경색을 채워 넣는 단축키이고, Ctrl +Delete는 배경색을 채워 넣는 단축키 입니다.

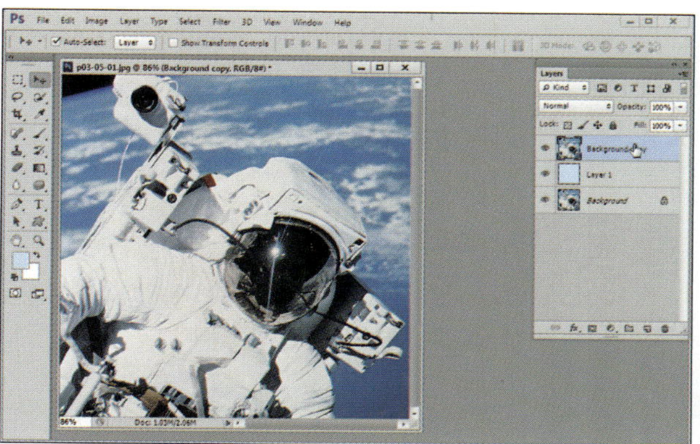

03 백그라운드 레이어를 선택하고 Create a new Layer 아이콘으로 드래그하여 레이어를 하나 더 복사합니다. 그런 다음 가장 위쪽으로 드래그하여 위치시킵니다.

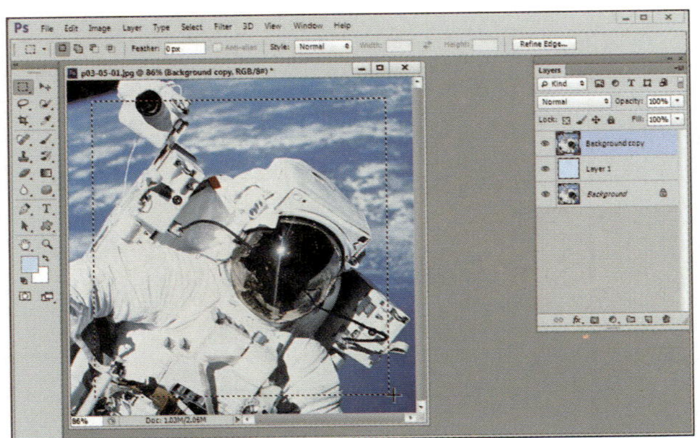

툴 패널에서 사각 선택 툴을 선택하고
이미지에 드래그하여 선택합니다.

04

05 [Select]−[Transform Selection] 명령
을 실행하여 선택 영역만을 회전시켜
줍니다.

Transform Selection 기능은 이미지에 영향을 주지
않고 선택 영역만을 크기 조절하거나 회전시킬 수
있습니다.

06 계속하여 선택 영역이 잡힌 상태에서
[Select]−[Inverse] 명령을 실행한 후
Delete 키를 눌러 이미지를 삭제합니다.

Inverse는 현재 선택된 영역을 제외한 나머지를
선택하도록 반전시켜 주는 기능입니다.

포토샵

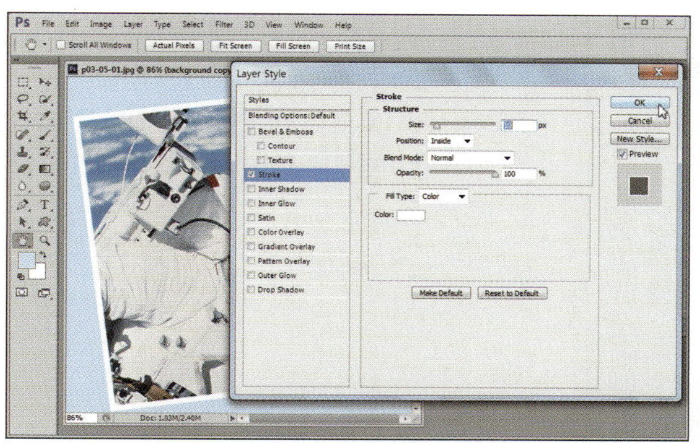

07 레이어 패널 하단의 Add a layer style 아이콘을 눌러 Stroke을 선택하고 선의 두께와 색상 등 옵션을 조절합니다.

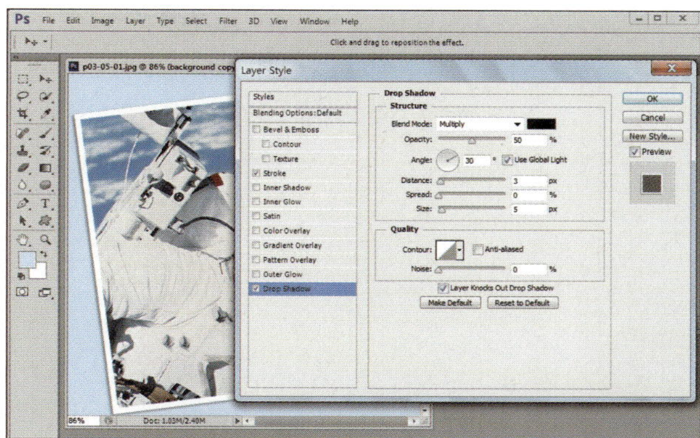

08 이어서 Drop Shadow를 선택하고 옵션을 조절한 후 OK 버튼을 클릭합니다.

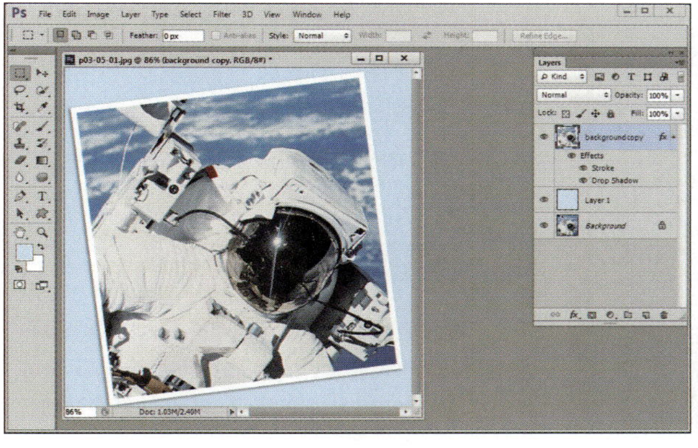

09 그러면 이미지 외곽에 흰색의 테두리가 만들어 지고 자연스러운 그림자 효과가 적용됩니다.

Photoshop

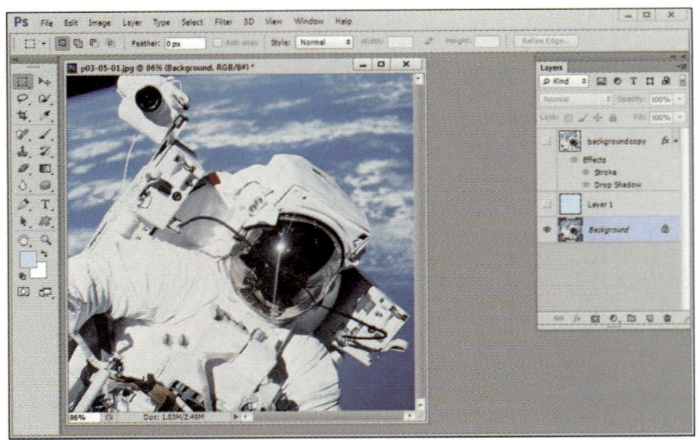

10 이번에는 배경에서 사람 부분을 분리해 보겠습니다. 레이어 패널에서 백그라운드 레이어를 제외한 모든 레이어의 눈 아이콘을 클릭하여 화면에서 보이지 않도록 가려줍니다.

11 돋보기 툴로 화면을 확대하고 펜 툴을 선택합니다. 옵션 패널에서 Path 항목을 지정하고 사람 외곽을 따라 패스 작업을 합니다.

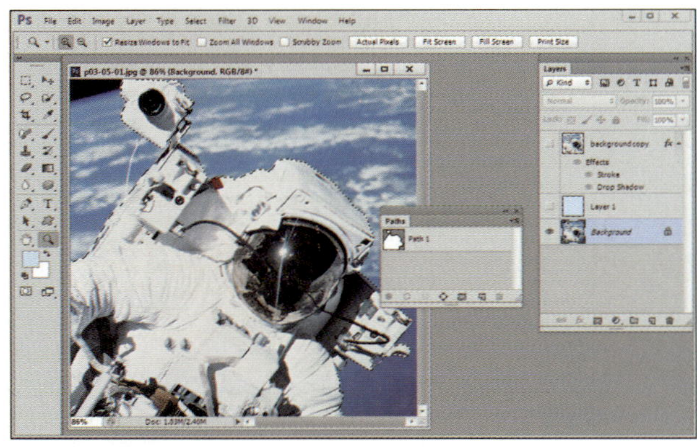

12 패스 패널에서 Work Path 영역을 더블클릭하여 원하는 이름을 입력하고 패스를 저장한 다음 패스 패널 하단의 Load path as a selection 아이콘을 클릭하여 선택 영역을 활성화시킵니다.

패스 패널에 저장된 패스 영역을 선택 영역으로 활성화하려면 패널이 Lodad path as a selection 아이콘을 클릭하거나 Ctrl 키를 누른채 해당 패스를 클릭하면 됩니다.

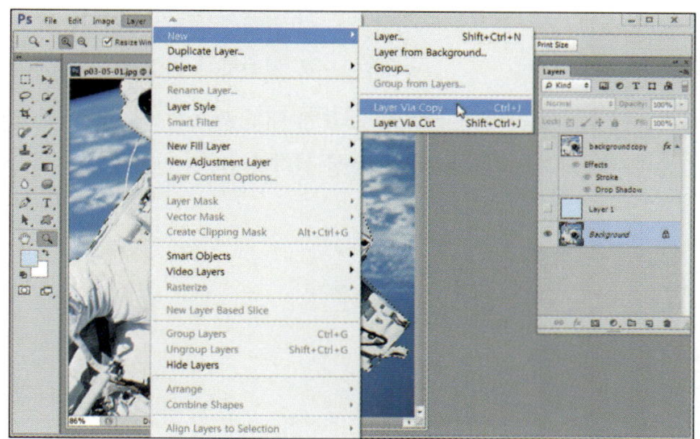

13 레이어 패널에서 백그라운드 레이어가 선택된 상태에서 [Layer]-[New]-[Layer via Copy] 명령을 실행합니다.

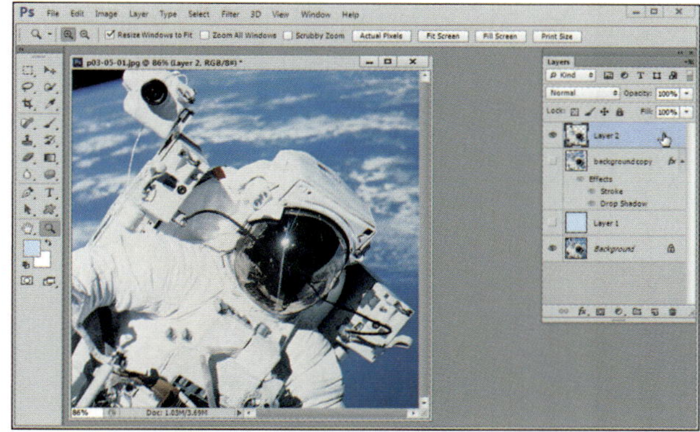

14 선택된 부분만 새로운 레이어가 생기며 복사되는 것을 알 수 있습니다. 새로 생성된 레이어를 가장 위쪽으로 드래그하여 위치시킵니다.

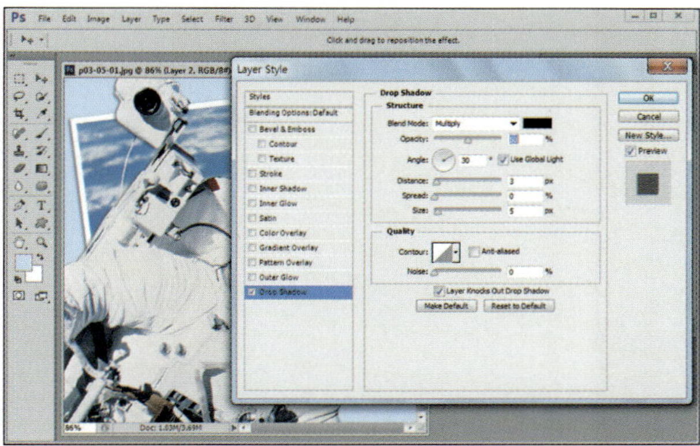

15 모든 레이어의 눈 아이콘을 클릭하여 화면에 보이게 하고 앞서 복사된 레이어를 선택합니다. 레이어 패널 하단의 Add a layer style 아이콘을 클릭하여 Drop Shadow 효과를 적용합니다.

179

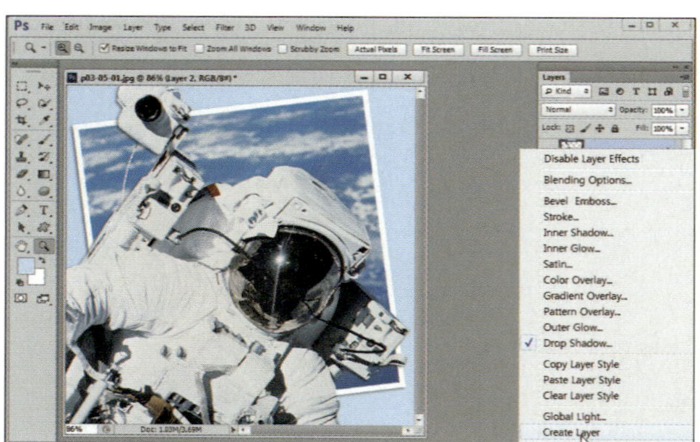

16 사각 테두리 안쪽은 그림자 효과가 보이지 않도록 처리하기 위해서 fx 아이콘 또는 Effects 부분에 대고 마우스 오른쪽 키를 눌러 Create Layer를 선택합니다.

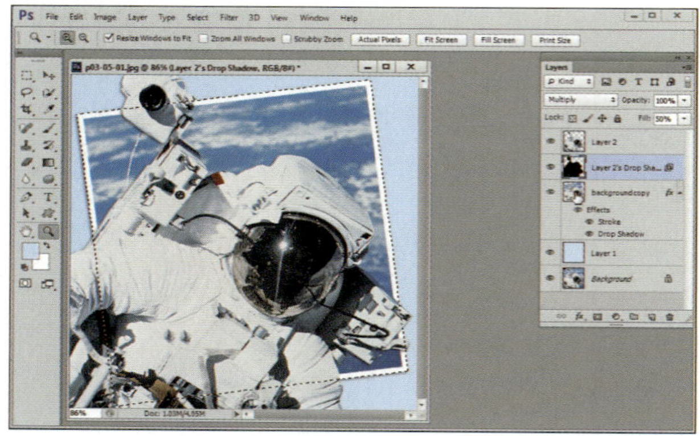

17 그러면 사람 이미지와 그림자 효과가 따로 레이어가 분리되는 것을 볼 수 있습니다. 그림자 레이어를 선택하고 [Ctrl] 키를 누른 상태에서 앞서 만들어 높은 사각형 테두리 레이어의 썸네일을 클릭하여 선택 영역을 활성화 시킵니다.

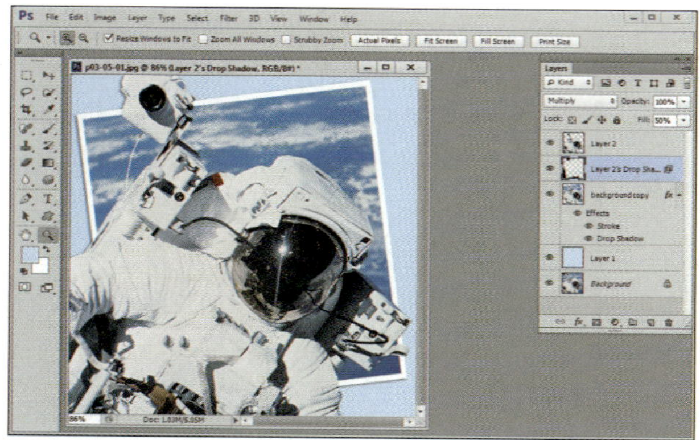

18 키보드에서 [Delete] 키를 눌러 사각형 안쪽 부분만 그림자를 삭제하여 완성합니다.

실전문제

1. 레이어 스타일과 분리 기능으로 독특한 이미지 테두리를 만들어 보세요.

▲ 준비 파일 : Sample>p03-05-02.jpg

▲ 완성 파일 : Artwork>p03-05-02.psd

힌트

❶ 준비 파일을 불러와 백그라운드 레이어를 하나 복사하고 두 백그라운드 레이어 사이에 새로운 레이어를 만든 후 흰색으로 채워 넣습니다.

❷ 사각 선택 툴로 영역을 선택하고 [Transform Selection]으로 회전시킨 후 [Inverse] 명령으로 선택 영역을 반전시키고 Delete 키로 삭제합니다.

❸ 펜 툴을 사용하여 인물 부분을 패스작업한 후 Layer via Copy 명령으로 레이어를 복사합니다.

❹ 복사된 레이어와 사각형 테두리 레이어를 동시에 선택한 후 Merge Layers 명령으로 레이어를 합쳐줍니다.

❺ 레이어 스타일에서 Stroke과 Drop Shadow 효과를 적용합니다.

2. 레이어 스타일과 분리 기능으로 독특한 이미지 테두리를 만들어 보세요.

▲ 준비 파일 : Sample>p03-05-03.jpg

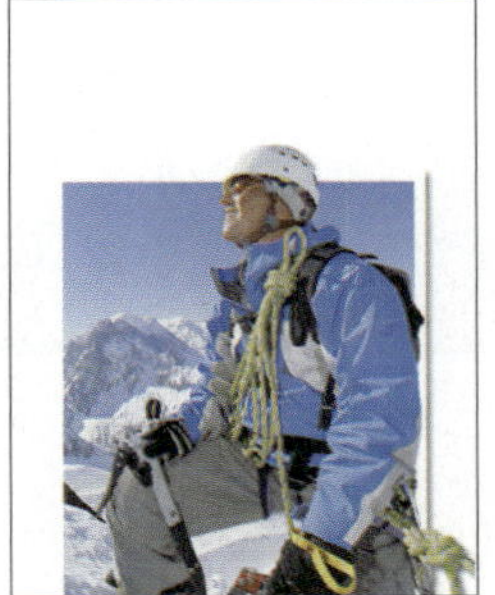

▲ 완성 파일 : Artwork>p03-05-03.psd

힌트

❶ 준비 파일을 불러와 백그라운드 레이어를 하나 복사하고 두 백그라운드 레이어 사이에 새로운 레이어를 만든 후 흰색으로 채워 넣습니다.

❷ 사각 선택 툴로 영역을 선택하고 [Inverse] 명령으로 선택 영역을 반전 시킨 후 Delete 키로 삭제합니다.

❸ 레이어 스타일에서 Stroke과 Drop Shadow 효과를 적용합니다.

❹ 펜 툴을 사용하여 인물 부분을 패스작업한 후 Layer via Copy 명령으로 레이어를 복사합니다.

❺ 레이어 스타일에서 Drop Shadow 효과를 적용한 후 Create Layer 명령으로 레이어를 분리합니다.

❻ 사각형 테두리 안쪽만을 선택한 후 그림자 효과를 삭제하여 완성합니다.

여러 겹의 텍스트 테두리 표현하기

이번 시간에는 Layer Style 기능과 텍스트를 오브젝트화 시키는 기능들을 중점적으로 학습해보겠습니다. Layer Style 효과는 여러 가지 명령어가 매우 많기 때문에 반복적으로 보고 만들어 보는 연습이 필요합니다. 또한 텍스트를 도형화 시킨다거나 오브젝트화 시킬 수 있는 기능들을 숙지하여 독특하고 화려한 효과들을 표현해 보도록 합니다.

〈학습할 기능〉
문자 툴, 패스 선택 툴, Transform, 레이어 복사하기, 문자를 도형화시키기, Layer Style, Convert to Smart Object

 완성물 미리보기

◀ 준비 파일 : Sample〉p03-06-01.

◀ 완성 파일 : Artwork〉p03-06-01.

직접 해보기

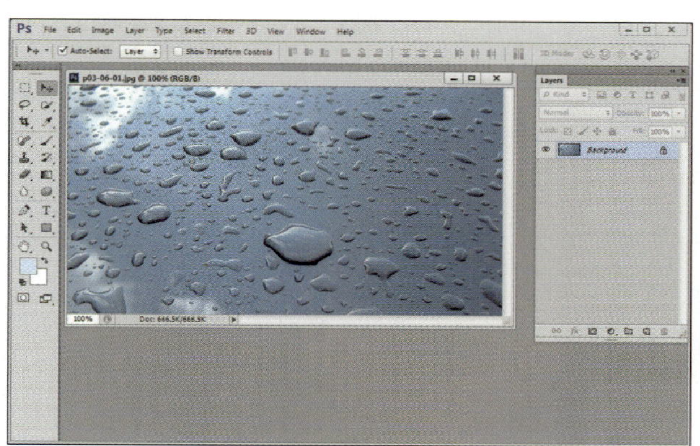

01 [File]-[Open] 명령으로 "Sample〉part03" 폴더안의 "p03-06-01.jpg" 파일을 불러옵니다.

02 툴 패널에서 가로쓰기 문자 툴을 선택하고 주어진 문장을 입력합니다. 입력된 텍스트를 드래그하여 선택한 다음 옵션 패널이나 Character 패널에서 폰트와 크기, 색상 등을 조절합니다.

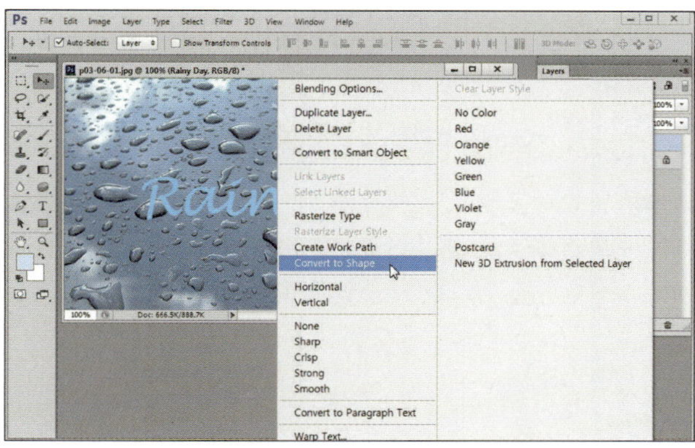

03 문자를 자유롭게 변형시키기 위해서 문자 레이어에 대고 마우스 오른쪽 키를 눌러 Convert to Shape를 선택합니다.

Convert to Shape 기능은 문자를 도형화시키는 명령으로 도형화된 오브젝트는 해상도와 상관없이 자유롭게 크기 조절이나 모양 변형이 가능합니다.

포토샵

04 툴 패널에서 패스 선택 툴을 선택하고 'R'만 선택한 후 `Ctrl` + `T`를 눌러 크기를 키웁니다.

05 다시 한 번 'y'만을 선택한 후 크기를 조절합니다.

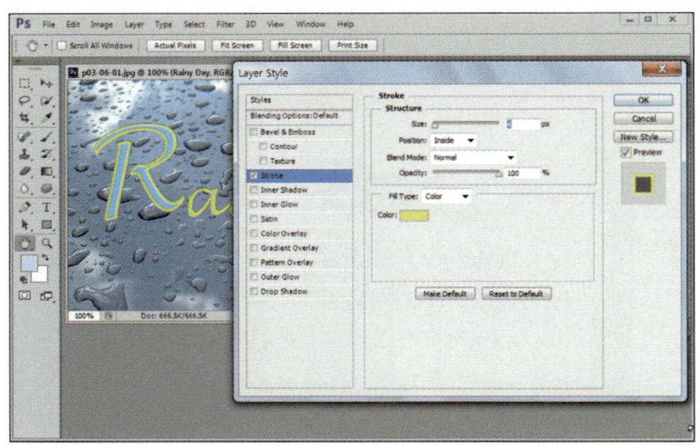

06 레이어 패널 하단의 Add a layer style 아이콘을 클릭하여 그림에서처럼 Stroke 효과를 적용합니다.

07 그런 다음 레이어 패널에서 Fill 항목을 0%로 낮춰줍니다.

강의노트

레이어 패널의 Fill 항목은 레이어 스타일의 불투명도와 상관없이 해당 레이어의 이미지 투명도를 조절하는 옵션입니다.

08 선 효과가 적용된 레이어를 Create a new layer 아이콘으로 드래그하여 하나를 더 복사합니다.

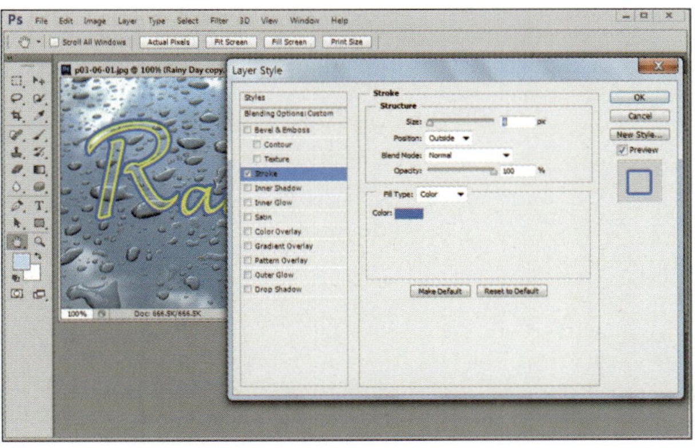

09 그런 다음 레이어를 더블클릭하여 Stroke 옵션에서 Position을 Outside 로 지정하고 색상을 지정합니다.

185

Photoshop

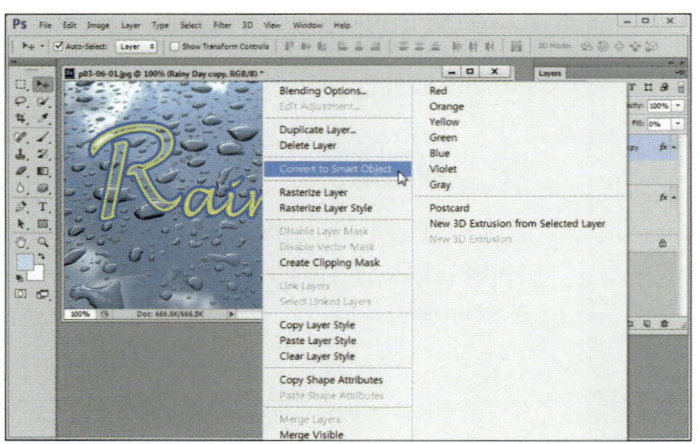

10 한 겹의 테두리를 더 만들기 위해서 마우스 오른쪽 키를 눌러 Convert to Smart Object를 선택합니다.

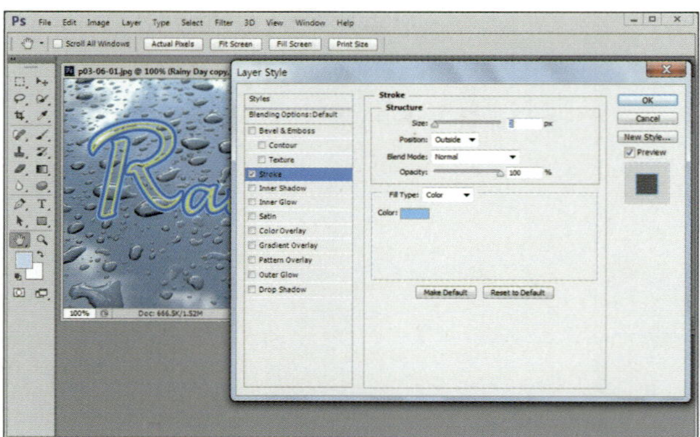

11 마지막으로 레이어 스타일에서 Stroke 효과를 적용합니다.

12 텍스트를 오브젝트로 분리하는 여러 가지 기능과 레이어 스타일을 이용하여 독특한 텍스트 효과를 만들어 봅니다.

186

포토샵

 **실전문제**

1. 레이어 스타일과 오브젝트 변환기능으로 독특한 텍스트를 표현해 보세요.

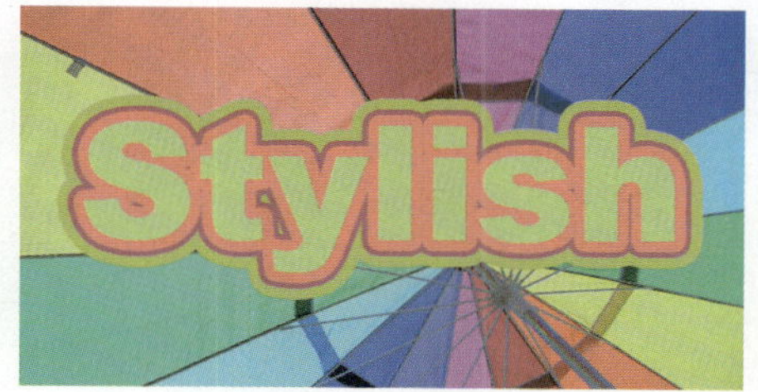

▲ 준비 파일 : Sample〉p03-06-03.jpg   ▲ 완성 파일 : Artwork〉p03-06-03.psd

힌트

❶ [File]-[Open] 명령으로 준비된 소스 파일을 불러옵니다.

❷ 가로쓰기 문자 툴로 단어를 입력한 후 Character 패널에서 원하는 폰트와 크기, 색상 등을 조절합니다.

❸ 그런 다음 레이어 스타일에서 Stoke 효과를 적용합니다.

❹ 선 효과가 적용된 레이어를 하나 더 복사한 후 Convert to Smart Object 명령을 실행하고 다시 한 번 Stroke 효과를 적용합니다.

❺ 계속하여 레이어를 한 번 더 복사하여 다시 한 번 Convert to Smart Object 명령을 실행하고 Stroke 효과를 적용합니다.

2. 주어진 이미지를 이용하여 간판을 만들어 보세요.

▲ 준비 파일 : Sample〉p03-06-03.jpg   ▲ 완성 파일 : Artwork〉p03-06-03.psd

힌트

❶ [File]-[Open] 명령으로 준비된 소스 파일을 불러옵니다.

❷ 가로쓰기 문자 툴로 텍스트를 입력하고 Convert to Shape 명령을 실행합니다.

❸ 패스 선택 툴과 Transform 기능을 활용하여 각각 문자의 모양을 변형시킵니다.

❹ 'M' 문자를 입력한 후 Transform기능으로 회전시켜 줍니다. 그리고 레이어 스타일에서 Stroke 효과를 적용합니다.

❺ 마우스 오른쪽 키를 눌러 Convert to Smart Object 명령을 실행한 후 한 번 더 Stroke 효과를 적용하여 완성합니다.

13 section

빈티지한 이미지 표현하기 컬러 보정 기능으로

이번 학습에서는 포토샵의 컬러 기능을 이용하여 여러 가지 느낌의 이미지를 표현해 보겠습니다. 포토샵에서 기본이 되는 선택과 채색, 색상 보정 작업은 아무리 강조해도 지나치지 않을 정도로 중요하고 작업에 사용되는 빈도가 높습니다. 따라서 반복 작업을 통하여 기능을 숙지하고 디자인 감각을 키워보시기 바랍니다.

〈학습할 기능〉
레이어 복사하기, 보정 레이어 사용하기, 가이드 라인 활용, 그라디언트 채색, 블랜드 모드, 브러시 툴, 사각 선택 툴

 완성물 미리보기

◀ 준비 파일 : Sample〉p03-07-01.jpg

◀ 완성 파일 : Artwork〉p03-07-01.psd

직접 해보기

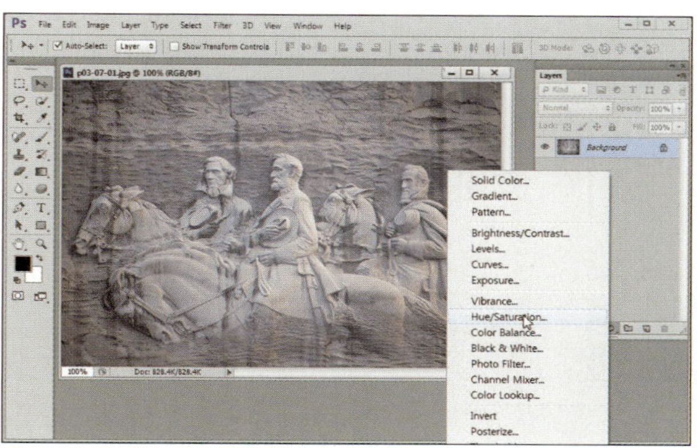

01 [File]-[Open] 명령으로 "Sample〉part03" 폴더안의 "p03-07-01.jpg" 파일을 불러온 후 레이어 패널 하단의 Create new fill or adjustment layer 아이콘을 클릭하여 Hue/Saturation을 선택합니다.

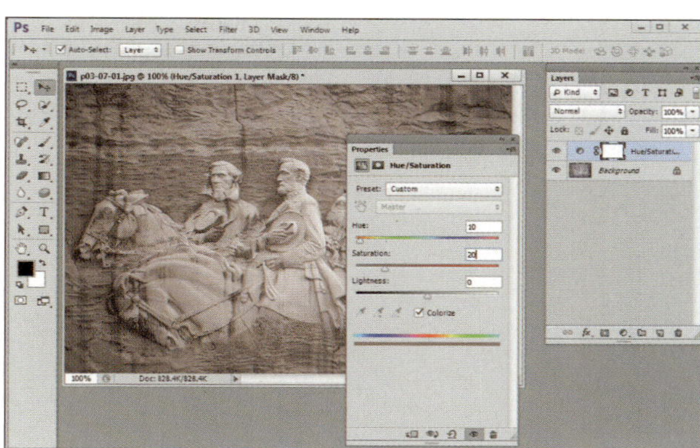

02 하단의 Colorize 항목을 체크하고 색상과 채도 슬라이드를 움직여 색상을 보정합니다.

03 이미지를 4등분 하기위해서 [View]-[Rulers]를 선택하고 이미지 상단과 좌측에 눈금자가 나타나면 이동 툴을 선택하고 눈금자를 클릭한 채로 드래그하는 방법으로 화면과 같이 가로와 세로의 가이드라인을 만듭니다.

04 레이어 패널에서 Create a new layer 아이콘을 클릭하여 새로운 투명 레이어를 추가한 후 사각 선택 툴로 등분된 이미지를 드래그하여 선택합니다.

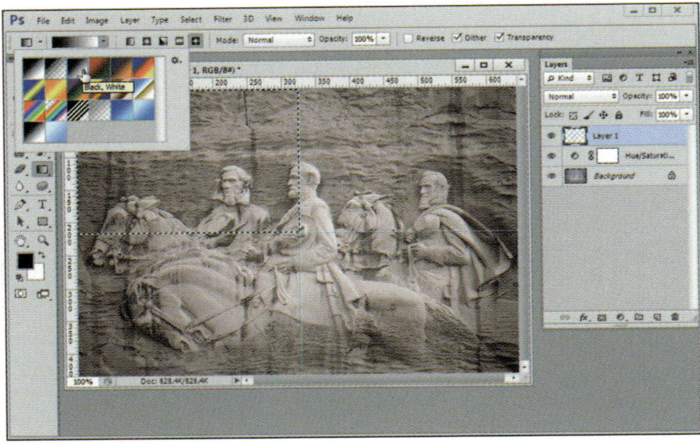

05 툴 패널에서 그라디언트 툴을 선택하고 옵션 패널에서 검은색과 흰색의 그라디언트 색상을 지정합니다.

06 그런 다음 선택 영역에 드래그하여 색상을 채워 넣습니다.

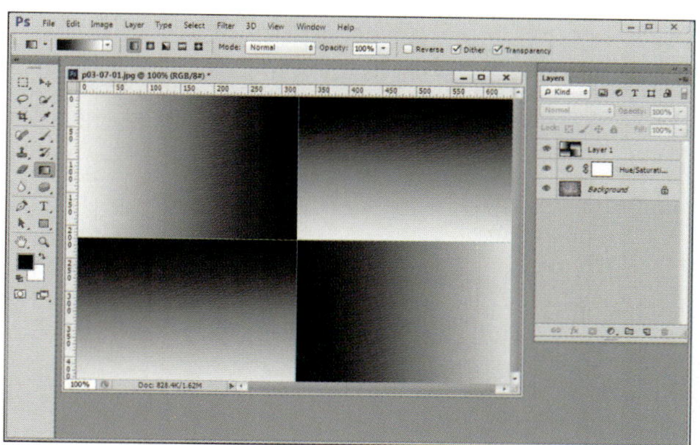

07 위와 동일한 방법으로 세 면에도 각각 그라디언트 색상을 다른 방향으로 채워 넣습니다.

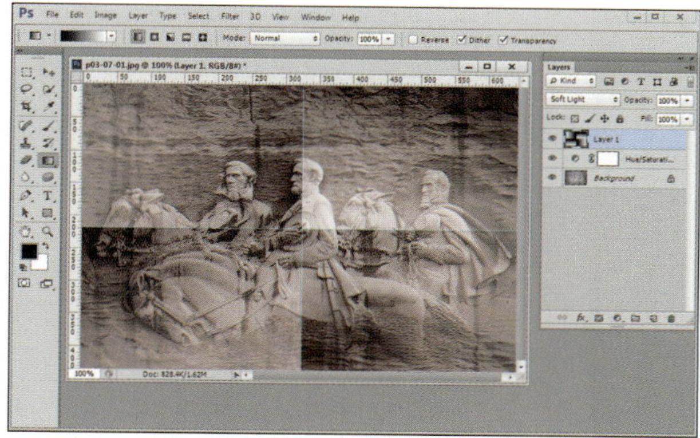

08 레이어 패널 상단의 블랜드 모드에서 Soft Light를 선택하면 빈티지한 느낌의 이미지가 표현됩니다.

09 마지막으로 접지선을 만들기 위해서 툴 패널에서 브러시 툴을 선택합니다. 옵션 패널에서 드롭다운 메뉴를 클릭하여 적당한 브러시를 지정합니다.

Photoshop

10 레이어 패널에서 투명 레이어를 추가하고 전경색을 흰색으로 지정한 후 가이드 라인을 따라 Shift 키를 누른채 드래그하여 세로 선을 만들어 줍니다.

Shift 키를 사용하는 이유는 선을 수직과 수평으로 정확하게 긋기 위해서입니다.

11 반대로 동일한 방법으로 가로 선을 만든 후 Opacity 값을 낮춰 자연스럽게 표현합니다.

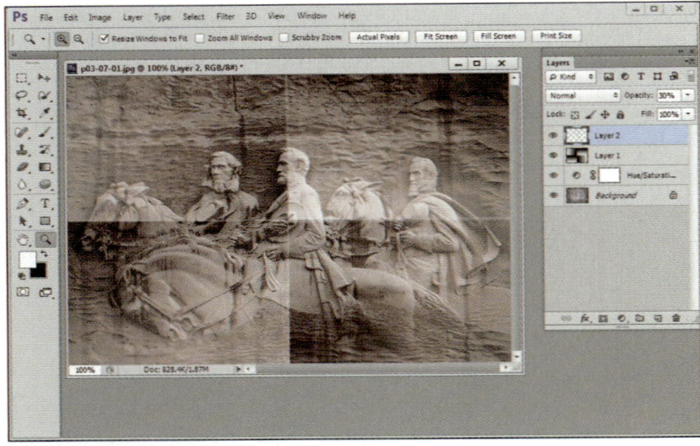

12 [View] 메뉴에서 [Rulers]와 [Show]-[Guides]를 선택하여 모두 가려줍니다.

실전문제

1. 색상 보정 기능과 블랜드 모드를 이용하여 빈티지한 사진을 표현해 보세요.

▲ 준비 파일 : Sample>p03-07-02.jpg　　　　▲ 완성 파일 : Artwork>p03-07-02.psd

힌트

❶ [File]-[Open] 명령으로 준비된 소스 파일을 불러옵니다.

❷ 보정 레이어를 사용하여 Black & White 명령을 적용합니다.

❸ 다시 보정 레이어에서 Gradient Fill 명령을 실행한 후 검정, 흰색의 색상을 덮어 씌웁니다.

❹ 그런 다음 블랜드 모드에서 Soft Light를 선택하여 이미지를 합성시켜줍니다.

❺ 브러시 툴을 사용하여 자연스럽게 테두리를 표현합니다.

2. 밝기 보정과 필터를 활용하여 자연스러운 이미지를 만들어 보세요.

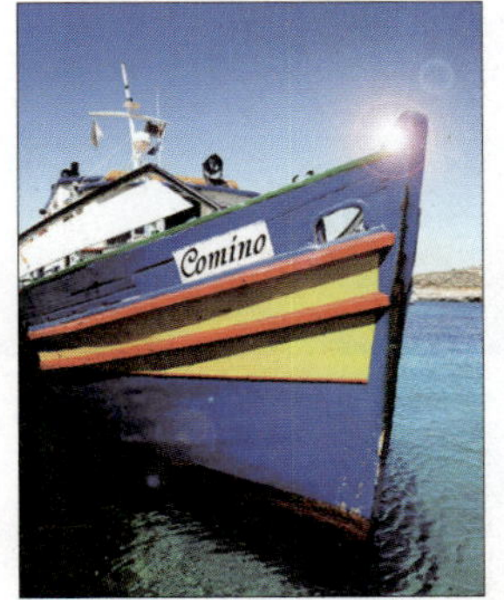

▲ 준비 파일 : Sample>p03-07-03.jpg　　　　▲ 완성 파일 : Artwork>p03-07-03.psd

힌트

❶ [File]-[Open] 명령으로 준비된 소스 파일을 불러옵니다.

❷ 보정 레이어를 이용하여 Levels로 밝기를 조절합니다.

❸ 새로운 레이어를 추가하고 검정색으로 채워 넣습니다.

❹ [Filter]-[Render]-[Lens Flare] 효과를 적용한 후 블랜드 모드에서 Screen을 선택합니다.

14

이미지 합성하기

변형 기능을 이용한

Transform 기능은 이미지나 도형의 크기와 모양을 쉽게 변형시켜 주는 기능으로 포토샵 이미지 편집을 위해서 반드시 숙지해야 할 부분입니다. 보다 입체적이고 사실적인 다양한 느낌을 만들 수 있도록 많은 연습을 해야 하며 기본적인 크기, 회전, 왜곡, 원근감, 반사 등 다양한 변형 효과들에 대해서도 학습하셔야 합니다.

〈학습할 기능〉

펜 툴, Paths 패널, Layer Style, Create Layer, Transform, 문자 툴, Convert to Shape, 레이어 다중 선택, 마술봉 툴

 완성물 미리보기

▲ 준비 파일 : Sample)p03-08-01.jpg, 02.jpg

▶ 완성 파일 : Artwork)p03-08-01.psd

직접 해보기

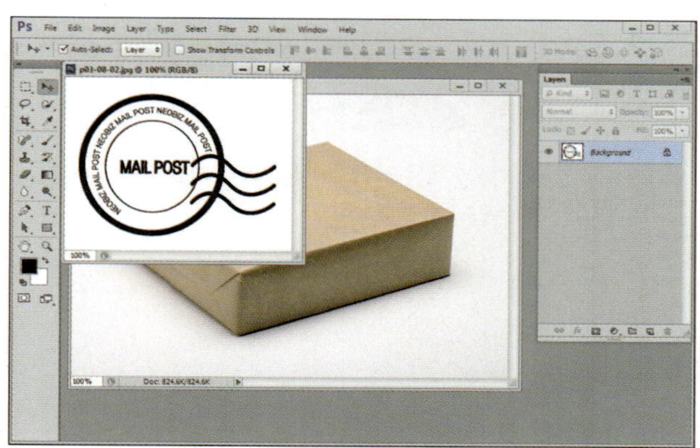

01 [File]–[Open] 명령으로 "Sample〉 part03" 폴더안의 "p03-08-01.jpg, 02.jpg" 파일을 불러옵니다.

02 먼저 상자를 선택하기 위하여 툴 패널에서 펜 툴을 선택합니다. 옵션 패널에서 Path 항목을 체크하고 [Windows] 메뉴에서 Paths 패널을 불러옵니다.

03 상자 이미지 외곽 라인에 클릭하여 포인트를 형성하고 계속하여 다음 포인트를 클릭하면 직선으로 패스가 연결되도록 만들어 줍니다.

04 계속하여 외곽을 따라 클릭하여 모두 패스화합니다.

강의노트

Paths 항목은 레이어와 상관없이 패스만을 생성하는 기능입니다.

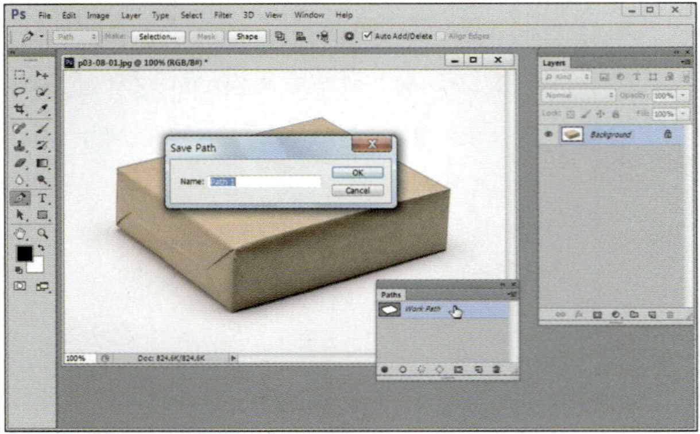

05 작업된 패스를 저장하기 위해서 패스 패널의 Work Path를 더블클릭합니다. 그러면 대화상자가 나타나는데 원하는 이름을 입력하고 OK 버튼을 클릭합니다.

06 패스 작업을 모두 마쳤다면 패스 영역을 선택 영역으로 전환시킬 차례입니다. 패스 패널에서 저장된 Path를 Ctrl 키를 누르고 클릭하거나 패스 패널 하단의 Load as a selection 아이콘을 클릭합니다. 그러면 패스 영역이 선택 영역으로 바뀌게 됩니다.

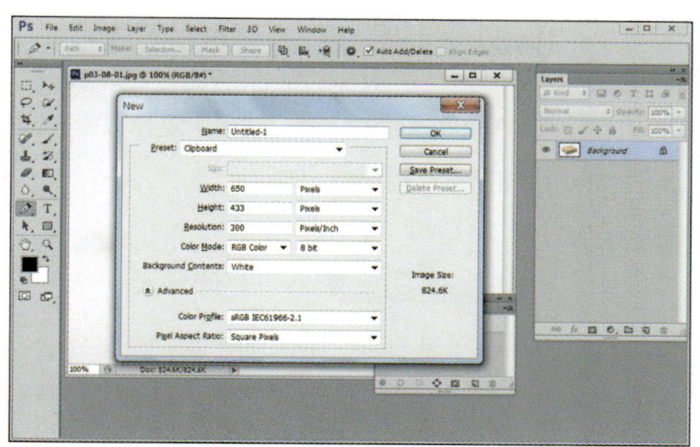

07 [File]-[New] 메뉴를 선택하고 박스가 들어갈 만한 새로운 도큐먼트 창을 만듭니다.

08 툴 패널에서 이동 툴을 선택하고 선택된 상자 이미지를 새로운 이미지 창으로 드래그하여 이동합니다. 그러면 레이어 패널에 Layer 1이라는 이미지 레이어가 생깁니다.

09 이번에는 텍스트를 입력해 보겠습니다. 가로쓰기 문자 툴을 선택하고 'POST BOX' 단어를 입력합니다. 그런 다음 옵션 패널이나 Character 패널에서 폰트와 크기, 색상 등을 알맞게 지정합니다.

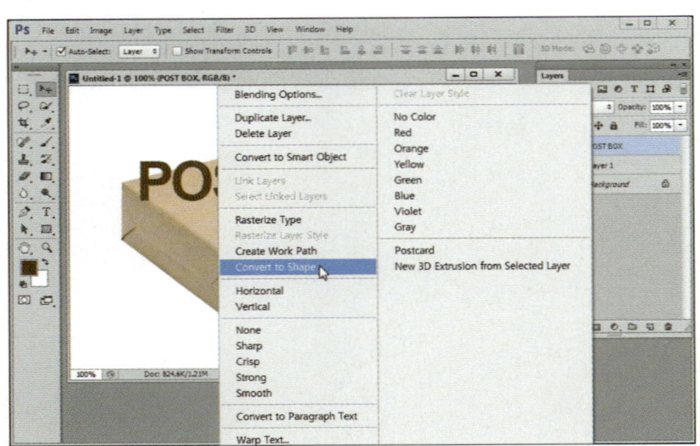

10 입력된 텍스트를 자연스럽게 변형시키기 위해서 레이어 패널에서 텍스트 레이어를 선택하고 마우스 오른쪽 버튼을 클릭하여 Convert to Shape를 선택합니다.

강의노트

Convert to Shape 기능은 벡터 방식으로 텍스트를 도형화 시키는 기능으로 Rasterize Type과는 다르게 변형 기능을 사용하여도 이미지가 깨지는 현상이 없습니다.

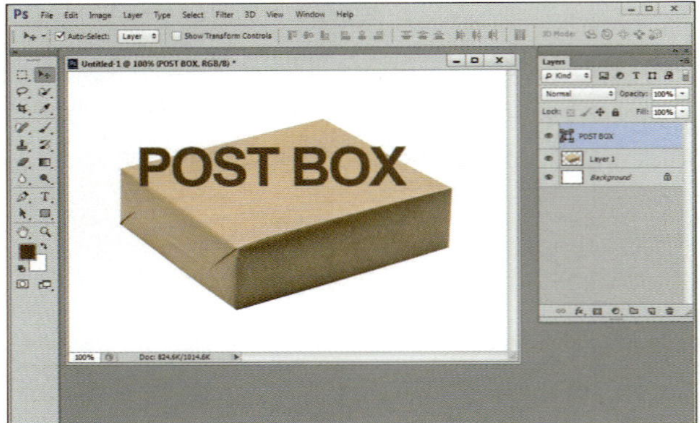

11 그러면 텍스트가 도형화되어 셰이프 레이어로 변환되는 것을 알 수 있습니다.

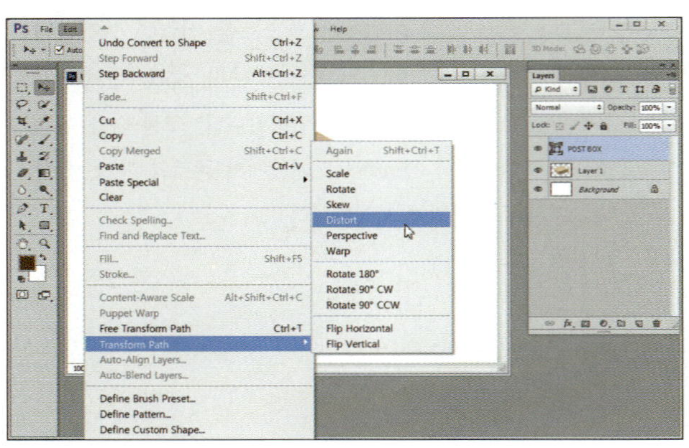

12 변환된 이미지를 상자 모양에 맞게 변형시키기 위해서 [Edit]-[Transform]-[Distort] 메뉴를 선택합니다.

강의노트

Transform 기능은 크기 조절, 회전, 왜곡, 반사 등의 이미지를 변형시키는 기능입니다.

포토샵

13 조절 박스의 포인트를 잡고 드래그하고 상자 모양에 맞게 자연스럽게 변형시켜주고 Enter 키를 눌러 완성합니다.

14 이번에는 주소 입력부분을 표현하기 위해서 툴 패널에서 사각 선택 툴을 선택합니다. 그리고 레이어 패널에서 Create a new layer 아이콘을 클릭하여 투명 레이어를 만듭니다.

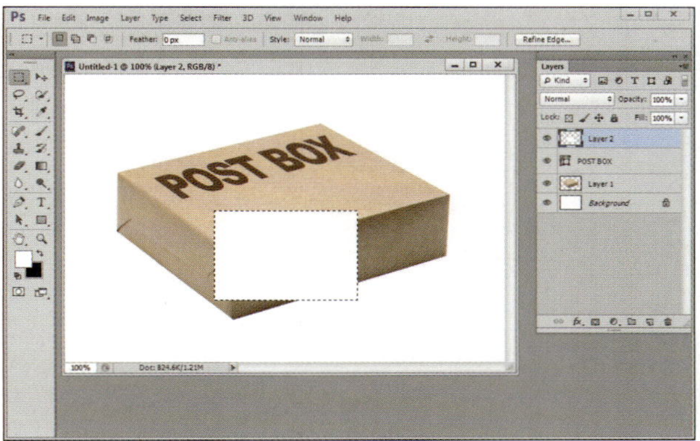

15 그런 다음 드래그하여 선택 영역을 만든 후에 전경색을 흰색으로 지정하고 Alt +Delete 키를 눌러 색상을 채워줍니다.

Photoshop

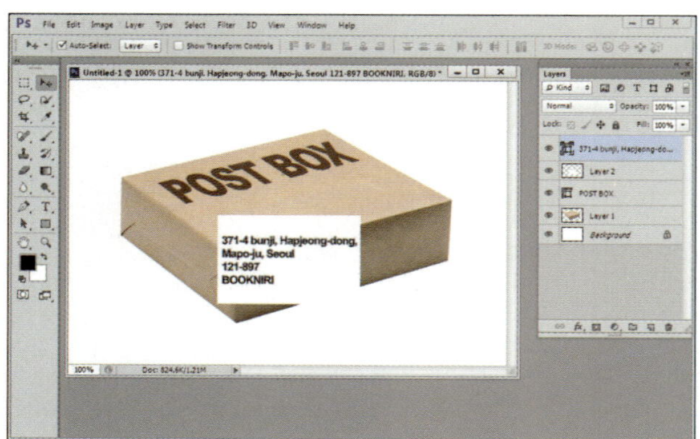

16 계속하여 가로쓰기 툴을 선택하고 주소를 입력합니다. 그런 다음 Convert to Shape 명령으로 도형화 시켜줍니다.

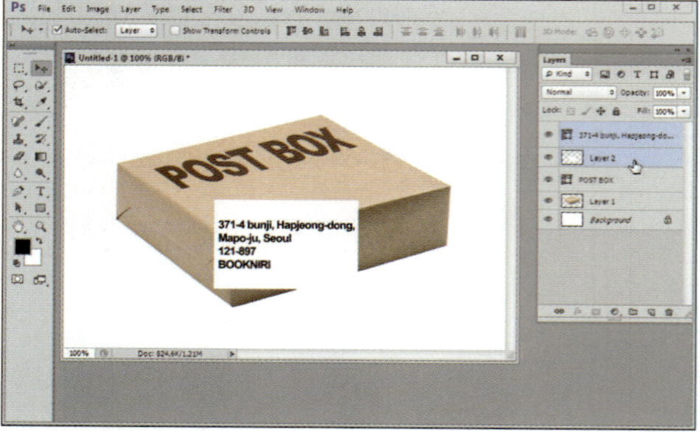

17 주소와 배경이 되는 흰 사각형을 한꺼번에 변형시켜 보겠습니다. 레이어 패널에서 사각형 레이어를 선택하고 Ctrl 키를 누른 채 주소 레이어를 클릭하여 한꺼번에 두 개의 레이어를 선택합니다.

강의노트

Ctrl 키나 Shift 키를 사용하여 레이어를 한꺼번에 여러 개 선택할 수 있습니다. 이렇게 선택된 레이어들은 한꺼번에 크기 조절이나 이동이 가능합니다.

18 [Edit]-[Transform]-[Distort] 메뉴를 선택하고 조절 박스를 이용하여 변형시켜 줍니다. 그러면 두 개의 레이어가 한꺼번에 변형되는 것을 알 수 있습니다.

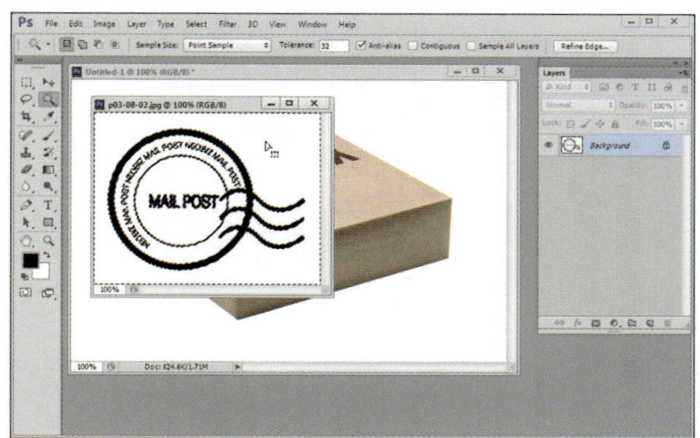

19 이번에는 스탬프 이미지를 가져와 변형시켜 보겠습니다. 툴 패널에서 마술봉 툴을 선택하고 옵션 패널에서 Contiguous 항목의 체크를 해제합니다. 그런 다음 흰색 배경 부분을 클릭합니다.

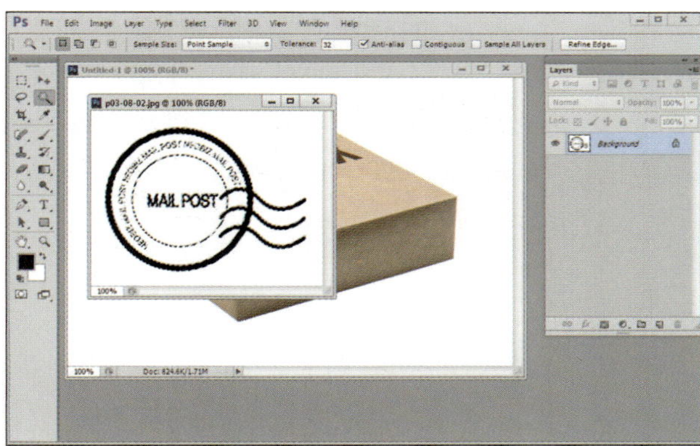

20 그러면 흰색의 배경 부분이 선택 영역으로 만들어 집니다. 그 상태에서 [Select]-[Inverse] 메뉴를 클릭하여 선택 영역을 반전시켜 줍니다.

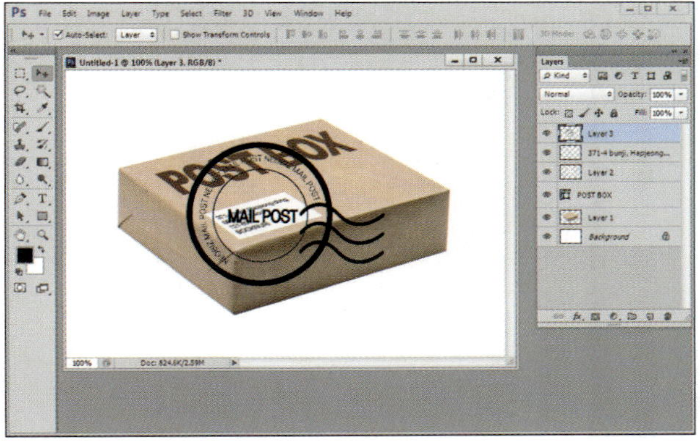

21 이동 툴로 드래그하여 작업 중인 이미지 창으로 가져옵니다.

Photoshop

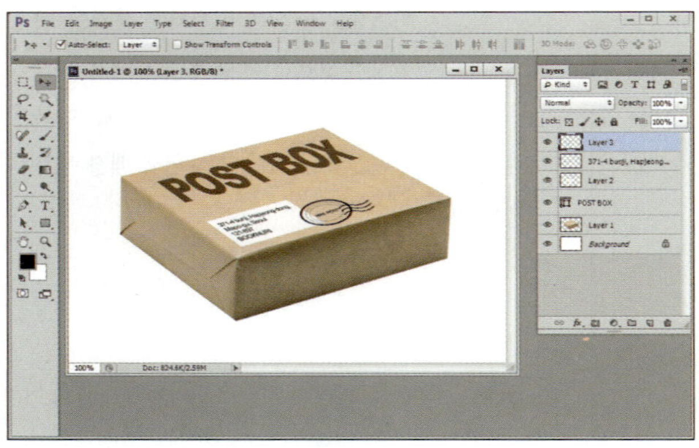

22 마찬가지로 [Edit]–[Transform]–[Distort] 메뉴를 선택하고 조절 박스를 이용하여 자연스럽게 변형시켜 주고 Enter 키를 누릅니다.

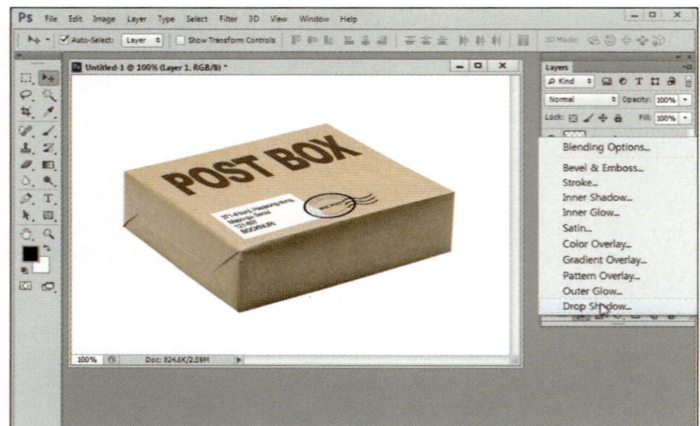

23 마지막으로 상자에 그림자를 표현하기 위해서 레이어 패널에서 상자 레이어를 선택합니다. 패널 하단의 Add a layer style 아이콘을 클릭하여 Drop Shadow를 선택합니다.

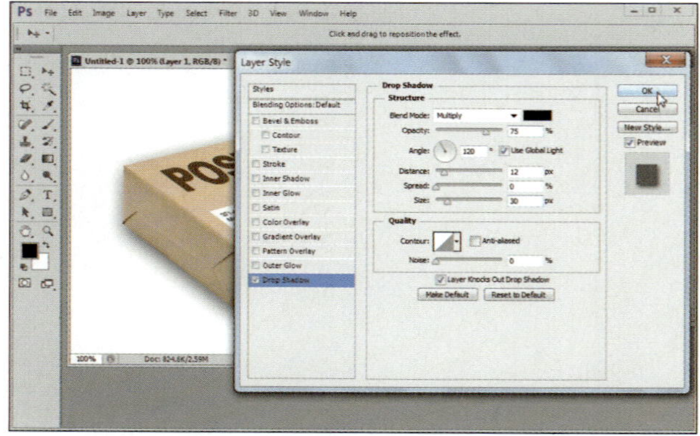

24 각각의 옵션을 조절하고 OK 버튼을 클릭하여 그림자 효과를 적용합니다.

25 그림자를 좀 더 자연스럽게 표현해 보겠습니다. 그림자 레이어의 fx 아이콘 또는 Effects 부분에 대고 마우스 오른쪽 버튼을 클릭하여 Create Layer를 선택합니다.

Create Layer는 레이어 스타일 효과를 일반 레이어로 변환시키는 기능입니다.

26 그러면 그림자가 일반 투명 레이어로 분리되는 것을 알 수 있습니다.

27 그림자 레이어를 선택하고 [Edit]-[Transform]-[Distort] 메뉴를 선택합니다. 조절 박스를 이용하여 자연스럽게 변형시켜 주어 모든 작업을 완선합니다.

203

Photoshop

 **실전문제**

1. 변형 기능을 이용하여 입체 라벨을 만들어 보세요.

▲ 준비 파일 : Sample〉p03-08-03.jpg

▲ 완성 파일 : Artwork〉p03-08-02.psd

힌트

❶ [File]-[Open] 명령으로 준비된 소스 파일을 불러옵니다. 사각 선택 툴로 드래그하여 선택 영역을 만듭니다.

❷ 새로운 투명 레이어를 추가하고 `Alt`+`Delete`를 눌러 흰색으로 색상을 채워 넣습니다.

❸ [Edit]-[Stroke] 메뉴를 선택하여 검은색 테두리를 만들어주고, 텍스트를 입력합니다.

❹ 사각형 레이어와 텍스트 레이어를 다중 선택하여 Create Layers를 실행하여 하나의 레이어로 합쳐줍니다.

❺ [Edit]-[Transform]-[Warp] 메뉴를 선택하고 컵 모양에 맞게 변형시켜 줍니다.

❻ [Filter]-[Stylize]-[Emboss] 메뉴를 선택하여 입체 효과를 적용합니다.

❼ 레이어 패널에서 블렌드 모드를 Soft Light로 지정하여 자연스러운 입체 라벨을 완성합니다.

2. 주어진 이미지를 이용하여 자연스런 합성 이미지를 만들어 보세요.

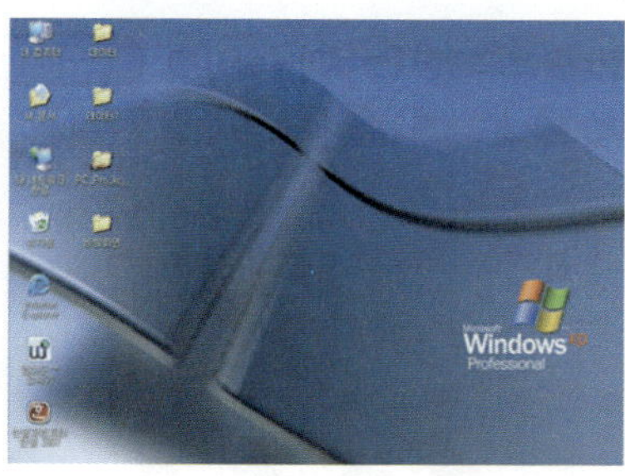

◀ 준비 파일 : Sample〉p03−08−04.jpg, 05.jpg, 06.jpg

◀ 완성 파일 : Artwork〉p03−08−03.psd

힌트

❶ 준비된 파일을 열고 이동 툴을 이용하여 들판 이미지를 창문 이미지로 가져옵니다.

❷ 마술봉 툴을 이용하여 창문의 흰색 부분을 모두 선택 영역으로 만듭니다.

❸ [Select]−[Inverse] 메뉴를 선택하여 선택 영역을 반대로 전환한 후 Delete 키를 눌러 들판 이미지가 창문 밖으로 보이도록 합니다.

❹ 윈도우 바탕화면 이미지를 이동 툴로 가져와 [Edit]−[Transform]−[Distort] 메뉴를 선택하여 노트북 화면에 맞도록 변형시킵니다.

클리핑 마스크를 이용한
액자 스킨 만들기

포토샵은 가상의 이미지를 사실적으로 표현하는데 부족함이 없습니다. 다양한 장면을 연출하고, 디자이너는 작업된 결과물을 사실적으로 보여줄 수 있습니다. 이번 시간에는 일반적인 사진 이미지를 좀 더 입체적이고 우리가 흔히 볼 수 있는 테두리 효과나 그림자 효과를 이용하여 나만의 사진 스킨을 만들어 보도록 하겠습니다. 간단한 작업이지만 툴의 활용과 몇 가지 기능들을 숙지하여 다양한 모양의 스킨을 만들어 보세요.

〈학습할 기능〉
레이어 복사하기, Desaturate, Filter 사용, 사각 도형 툴, Clipping Mask, Transform, Layer Style, 이동 툴, 문자 툴

 완성물 미리보기

▲ 준비 파일 : Sample〉p03-09-01.jpg

▲ 완성 파일 : Artwork〉p03-09-01.psd

직접 해보기

01 [File]-[Open] 명령으로 "Sample〉part03" 폴더안의 "p03-09-01.jpg" 파일을 불러온 후 백그라운드 레이어를 레이어 패널 하단의 Create a new layer 아이콘으로 드래그하여 복사본을 하나 더 만듭니다.

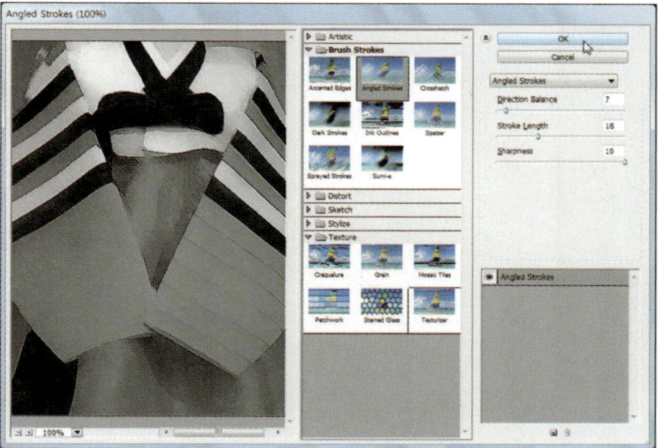

02 [Image]-[Adjustments]-[Desaturate] 메뉴를 선택하여 이미지를 흑백으로 전환 시키고 [Filter]-[Filter Gallery] 메뉴를 선택하여 [Brush Strokes]-[Angled Strokes] 명령을 실행합니다. 설정 값을 조절하고 OK 버튼을 클릭하여 스크래치 효과를 적용합니다.

03 툴 패널에서 사각 도형 툴을 선택합니다. 옵션 패널에서 Shape 항목을 선택하고 이미지에 드래그하여 사각형 모양을 만듭니다.

Photoshop

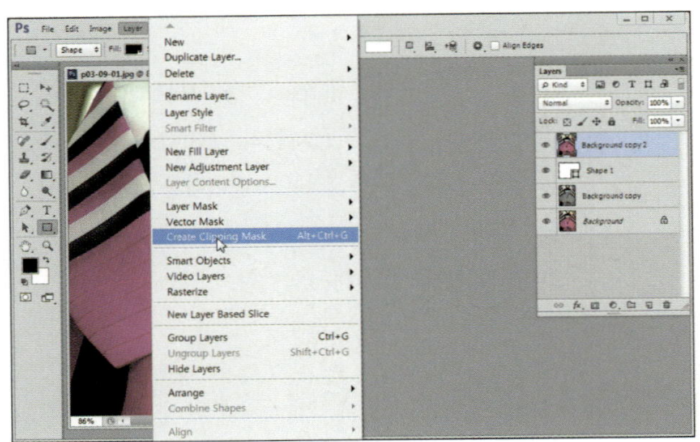

04 컬러 이미지인 백그라운드 레이어를 다시 하나 더 복사한 후 레이어 패널에서 가장 위쪽에 위치하도록 이동시키고 복사된 컬러 이미지를 선택한 상태에서 [Layer]-[Create Clipping Mask] 명령을 실행합니다.

Clipping Mask는 선택된 레이어 이미지를 하위 레이어 안으로 넣어 하위 레이어의 이미지 안쪽 영역에만 보이도록 하는 기능입니다.

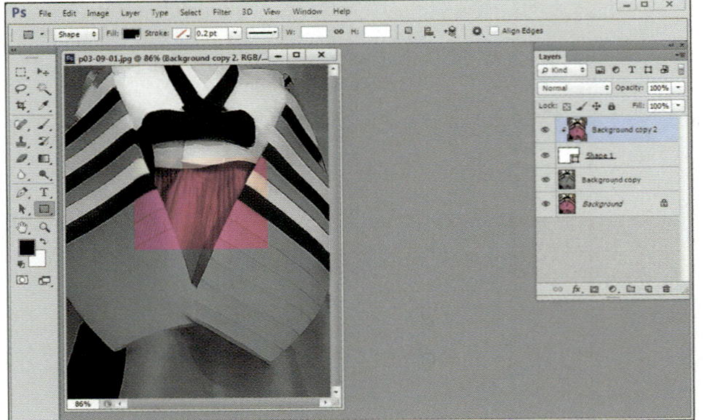

05 그러면 컬러 이미지가 아래의 사각형 셰이프 레이어 안에 들어가 컬러 이미지만 보이게 됩니다.

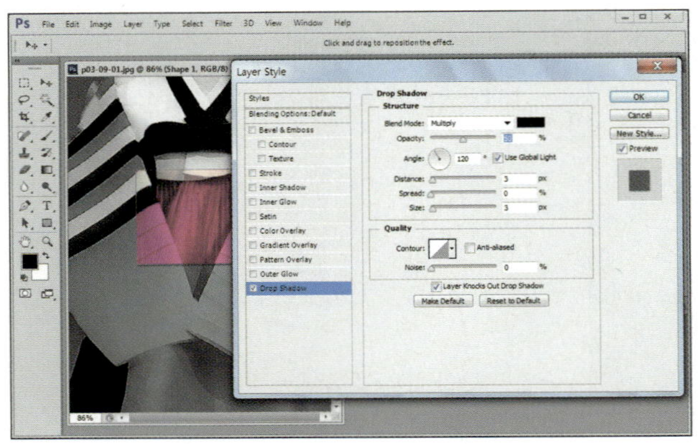

06 셰이프 레이어를 선택하고 레이어 패널 하단의 Add a layer style 아이콘을 클릭하여 Drop Shadow를 선택합니다.

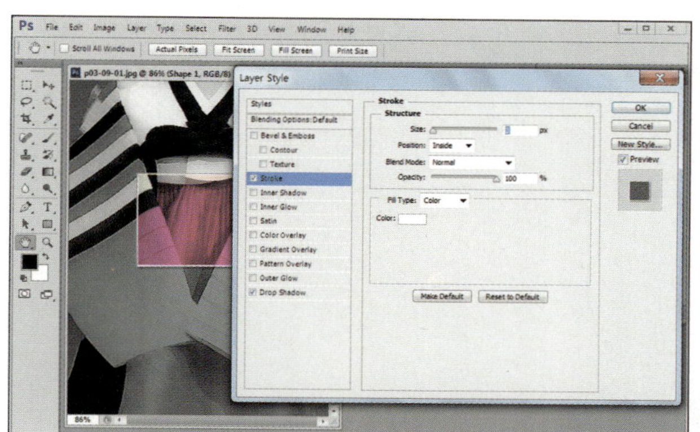

07 이어서 Stroke을 선택하고 대화상자 내에서 Size를 조절하여 선의 두께와 흰색 컬러를 지정합니다. 이때 Position은 Inside로 지정하고 OK 버튼을 클릭합니다.

강의노트

Position을 Inside로 지정하는 이유는 Outside로 지정할 경우 선의 두께가 뚜거워짐에 따라 외곽 모서리 부분이 둥그렇게 변하기 때문에 이미지의 모서리 부분을 그대로 뾰족하게 살리기 위해서 Inside로 지정하는 것입니다.

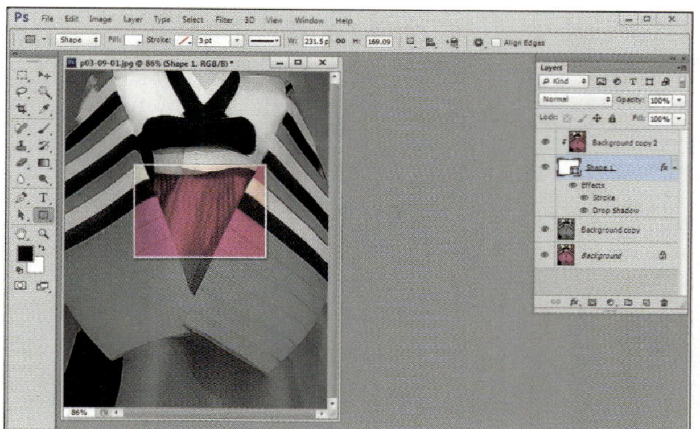

08 그러면 사각형 도형 틀에 흰색의 테두리가 만들어 지고 자연스러운 그림자 효과가 적용됩니다.

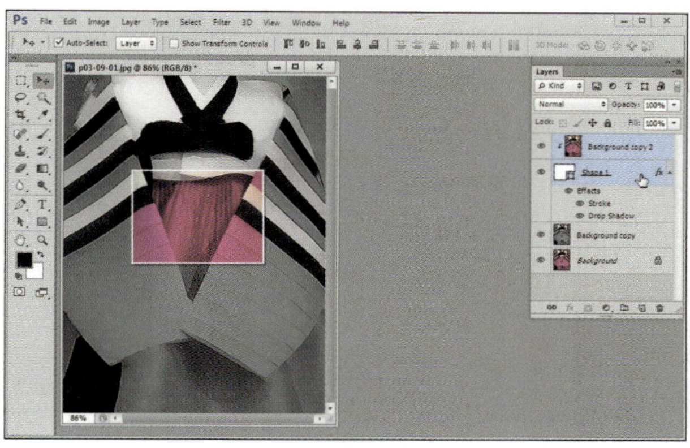

09 이미지를 회전시키기 위해 Ctrl 키를 누른 채 컬러 이미지 레이어를 클릭하여 두 레이어를 함께 선택합니다.

209

10 Ctrl + T 를 눌러 조절 박스를 이용하여 회전시켜 주고 Enter 키를 누릅니다.

포토샵

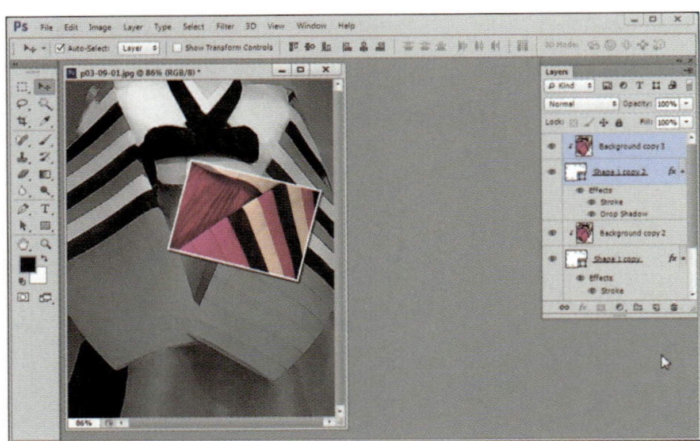

11 앞서 만든 두 레이어가 다중 선택된 상태에서 Create a new layer 아이콘으로 드래그하여 레이어를 하나 더 복사합니다.

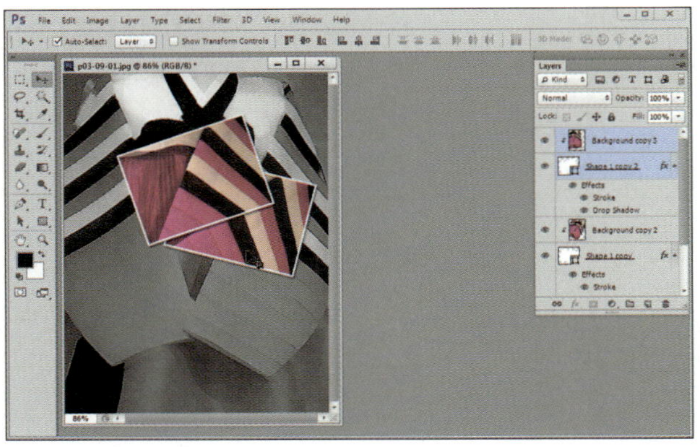

12 Ctrl + T 를 눌러 조절 박스를 이용하여 회전시켜 주고 Enter 키를 누릅니다.

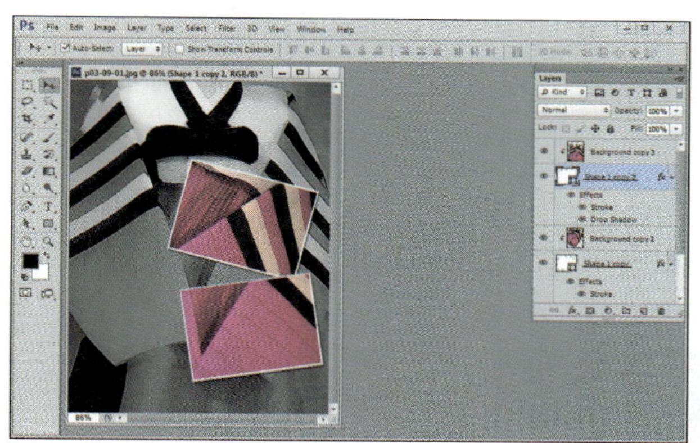

13 그런 다음 레이어 패널에서 이미지 레이어만을 선택하고 이동 툴로 이미지를 드래그하여 원하는 이미지 부분이 보이도록 해 줍니다.

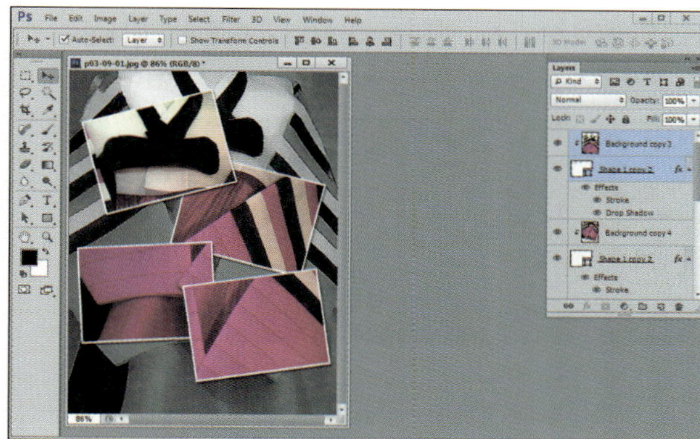

14 위와 동일한 방법으로 레이어를 복사하여 표현하고자 하는 부분에 위치시켜 자유롭게 표현해 봅니다.

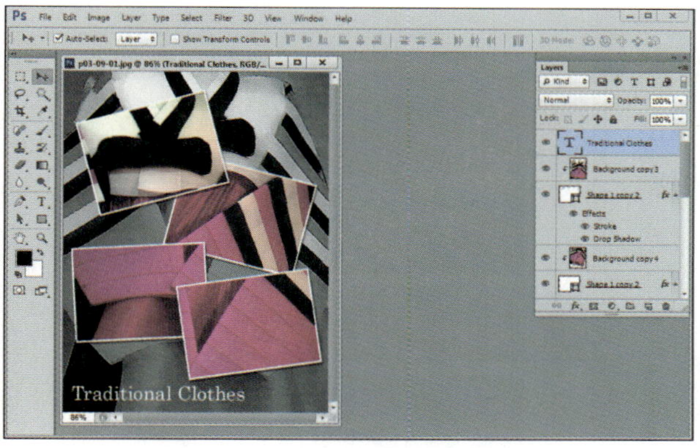

15 마지막으로 가로쓰기 문자 툴을 선택하고 텍스트를 입력합니다. 옵션 패널이나 Character 패널에서 원하는 폰트와 크기, 색상 등을 지정하고 완성합니다.

Photoshop

 ## 업그레이드 한판

색상 보정

포토샵에서 명도나 채도 조절 및 색상을 보정할 수 있는 많은 기능들이 있습니다. 그 중에서 대표적으로 가장 많이 사용되는 색상 보정 기능에 대해서 알아보겠습니다.

❶ Color Balance : Shadows, Midtones, Highlights를 선택하여 이미지의 톤에 따라 색상의 밸런스를 조절하는 기능으로 컬러 이미지인 RGB, CMYK, LAB 모드에서만 사용이 가능합니다.

  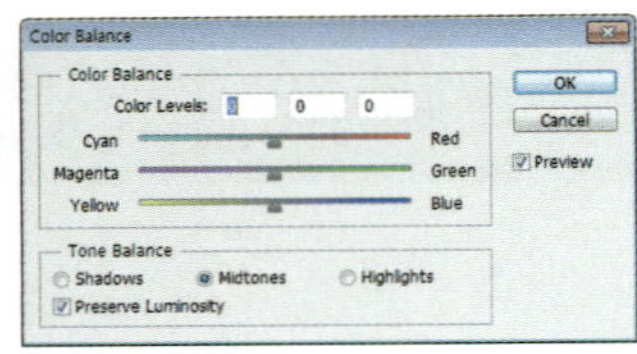

❷ Hue/Saturation : 색의 3속성인 색상, 채도, 명도를 조절합니다. Colorize 항목을 체크하게 되면 이미지의 색상이 듀오톤으로 바뀌고 체크 하지 않았을 경우에는 기존의 색상에 새롭게 조절하는 색상이 추가적으로 적용됩니다.

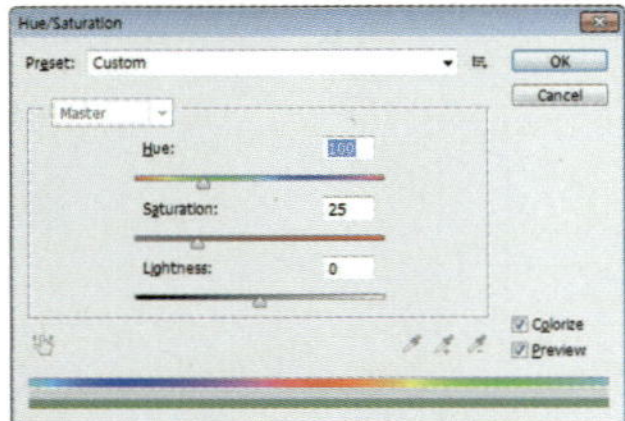

❸ Variations : 이미지의 색상과 명암을 쉽게 보정할 수 있도록 미리보기 대화상자를 제공합니다. 적용하고 싶은 색상부분에 대고 마우스를 클릭하여 섞어서 색상 보정을 하면 됩니다.

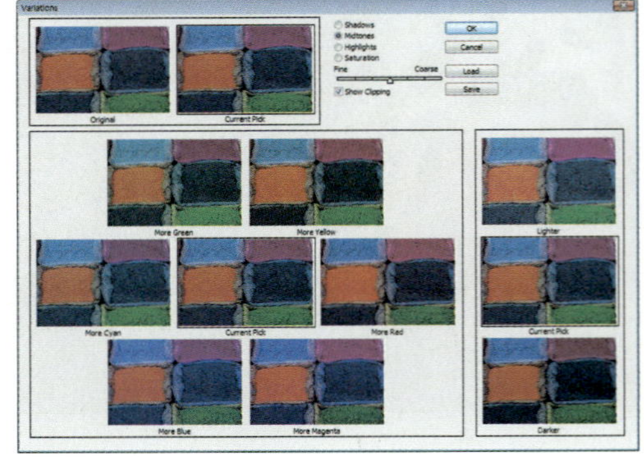

 **실전문제**

1. 사용자 정의 도형 툴과 클리핑 마스크 기능을 활용하여 퍼즐 효과를 표현해 보세요.

▲ 준비 파일 : Sample〉p03-09-02.jpg

▲ 완성 파일 : Artwork〉p03-09-02.psd

힌트
❶ 준비 파일을 불러와 보정 레이어에서 Hue/Saturation 명령을 적용하여 색상을 갈색 계통으로 보정시켜 줍니다.

❷ 사용자 정의 툴로 퍼즐 모양을 만들고 백그라운드 레이어를 복사하여 퍼즐 위쪽으로 레이어를 이동시켜 줍니다. 그런 다음 Clipping Mask 명령을 적용합니다.

❸ Ctrl 키나 Shift 키를 사용하여 두 개의 레이어를 동시에 선택한 후 Ctrl + T 키를 눌러 회전시켜 주고, 퍼즐 레이어를 선택하고 Drop Shadow 효과를 적용합니다.

❹ 위와 동일한 방법으로 또 다른 모양의 퍼즐 조각을 만들어 봅니다.

2. 색상 보정 기능과 클리핑 마스크 기능을 활용하여 독특한 이미지를 표현해 보세요.

▲ 준비 파일 : Sample〉p03-09-03.jpg

▲ 완성 파일 : Artwork〉p03-09-03.psd

 **힌트**
❶ 준비 파일을 불러와 보정 레이어에서 Gradient Map 명령을 실행하여 Chrome 색상을 적용합니다.

❷ 다시 한 번 보정 레이어에서 Black & White 명령을 적용하여 흑백으로 처리해줍니다.

❸ 사용자 정의 도형 툴에서 원하는 모양을 선택하여 그려줍니다.

❹ 백그라운드 레이어를 복사하여 도형 이미지 위로 위치시키고 Clipping Mask를 적용합니다.

❺ 도형 이미지에 레이어 스타일에서 Drop Shadow 효과를 적용하고 문자 툴로 텍스트를 입력하여 완성합니다.

필터를 활용한 반사 효과 만들기

포토샵의 다양한 필터 기능은 디자이너의 창조적인 결과물을 만들어 내는데 부족함이 없습니다. 이번 작업에서 학습할 기능은 여러분들의 포토샵 실력을 한 단계 업그레이드 하고, 응용력을 키워나가는데 많은 도움이 되는 다양한 필터 기능을 이용하여 멋있는 사진 효과를 만들어 보겠습니다. 포토샵의 필터는 초보자에게 재미와 신기함을 선사하는 아주 훌륭한 기능입니다. 카메라에서 여러 종류의 렌즈를 교체해서 사용하면 다양한 효과를 볼 수 있듯이 포토샵에서 필터를 통하여 부분적인 효과나 간접적인 효과로 신비하고 독특한 효과를 연출할 수 있습니다.

〈학습할 기능〉
레이어 복사하기, Canvas Size, Transform, Filter 사용, 레이어 합치기, Layer Mask 적용하기

 완성물 미리보기

◀ 준비 파일 : Sample〉p03-10-01.jpg

▶ 완성 파일 : Artwork〉p03-10-01.psd

직접 해보기

O1 [File]-[Open] 명령으로 "Sample〉part03" 폴더안의 "p03-10-01.jpg" 파일을 불러온 후 백그라운드 레이어를 레이어 패널 하단의 Create a new layer 아이콘으로 드래그하여 복사합니다.

O2 [Image]-[Canvas Size] 명령을 실행하고 대화상자에서 Relative 항목을 체크하고 세로 사이즈만 70% 키워줍니다. 이때 Anchor는 상단 중앙으로 지정하고 배경 색은 흰색으로 지정합니다.

📖 강의노트

Canvas Size는 이미지의 크기와는 상관없이 도큐먼트 사이즈를 키워주는 기능입니다.

O3 앞서 복사해 놓은 레이어를 선택하고 [Edit]-[Transform]-[Flip Vertical] 메뉴를 선택하여 반사시킨 후 이동 툴로 **Shift** 키를 누른채 반사된 이미지를 드래그하여 하단으로 이동시켜 줍니다.

📖 강의노트

Flip Vertical은 이미지를 수직으로 반사시켜주고, Flip Horizontal은 좌우 반사시켜주는 기능입니다.

215

Photoshop

04 그런 다음 Ctrl+T를 눌러 납작하게 이미지 크기를 줄여줍니다.

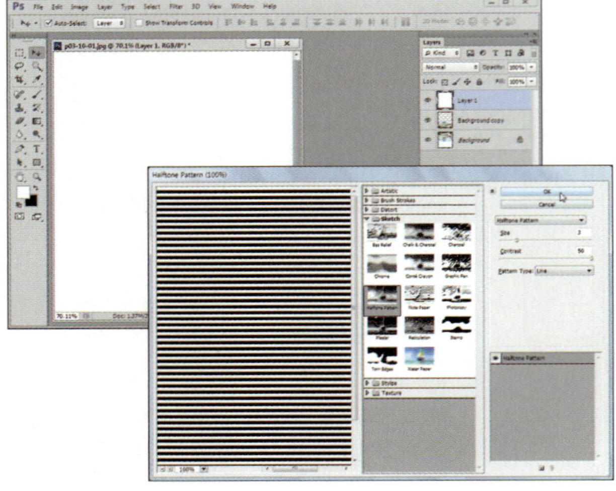

05 레이어 패널에서 Create a new layer 아이콘을 클릭하여 새로운 투명 레이어를 추가합니다. 전경색을 흰색으로 지정하고 Alt+Delete 키를 눌러 흰색을 채우고 [Filter]-[Filter Gallery] 메뉴를 선택하여 [Sketch]-[Halftone Pattern] 명령을 실행합니다. 패턴 형식을 Line으로 지정하고 옵션 값을 조절하여 OK 버튼을 클릭합니다.

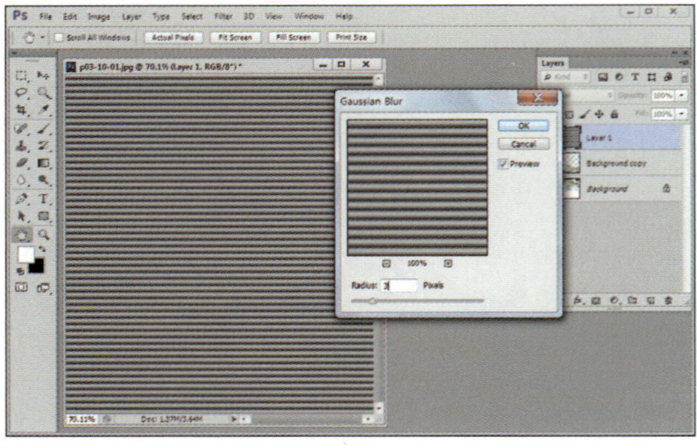

06 계속하여 [Filter]-[Blur]-[Gaussian Blur] 명령을 실행하여 부드럽게 표현합니다.

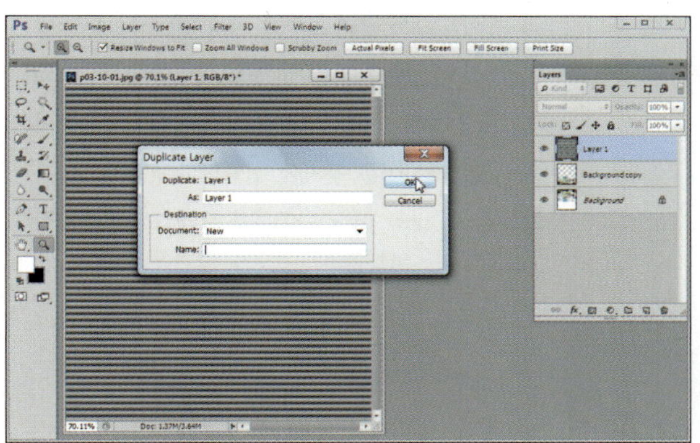

07 [Layer]-[Duplicate Layer]를 실행하여 Document를 New로 지정하고 OK 버튼을 클릭합니다.

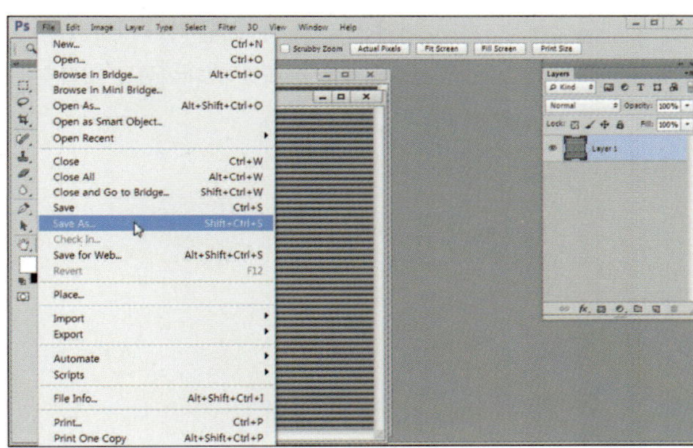

08 그러면 새로운 도큐먼트가 만들어지게 되는데 이 도큐먼트를 *.PSD 파일로 저장합니다.

09 도큐먼트 창을 닫고 기존의 작업 창에서도 줄무늬가 있는 레이어를 삭제합니다.

217

Photoshop

포토샵

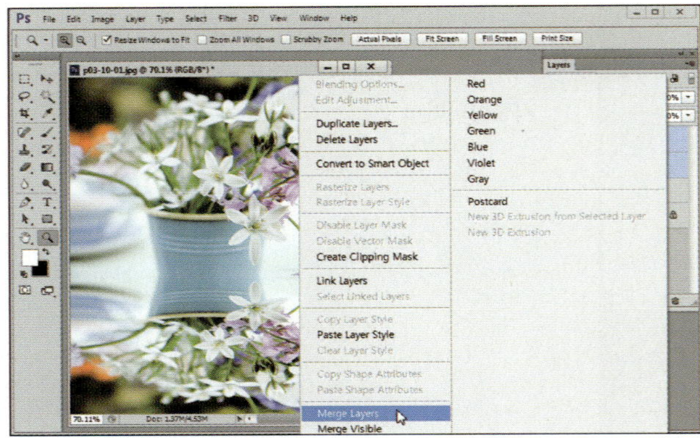

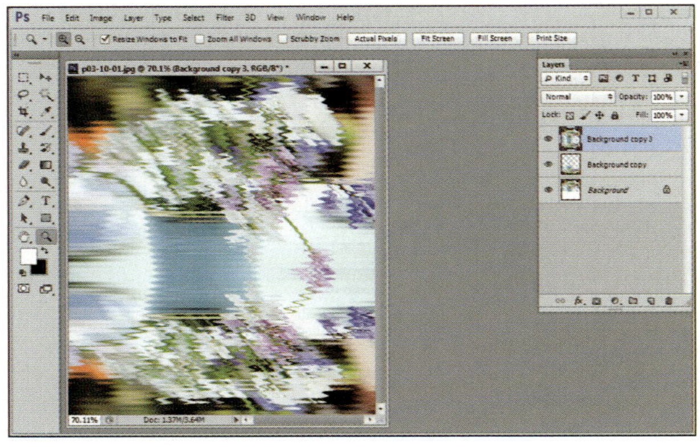

10 이렇게 저장된 이미지를 이용하여 물 결효과를 표현하기 위해서 먼저 Ctrl 키나 Shift 키를 사용하여 백그라운드와 반사된 레이어를 동시에 선택합니다. 그런 다음 Create a new layer 아이콘을 드래그하여 복사합니다.

레이어 패널에서 여러 개의 레이어를 동시에 선택하고자 할 경우에 Shift 키를 사용하면 연속적으로 레이어가 선택되고, Ctrl 키를 사용하면 개별적으로 원하는 레이어만 클릭하여 선택할 수 있습니다.

11 마우스 오른쪽 키를 눌러 Merge Layers를 선택하여 레이어를 하나로 합쳐줍니다.

12 [Filter]-[Distort]-[Displace] 명령을 실행하여 앞서 저장해 둔 PSD 파일을 불러옵니다.

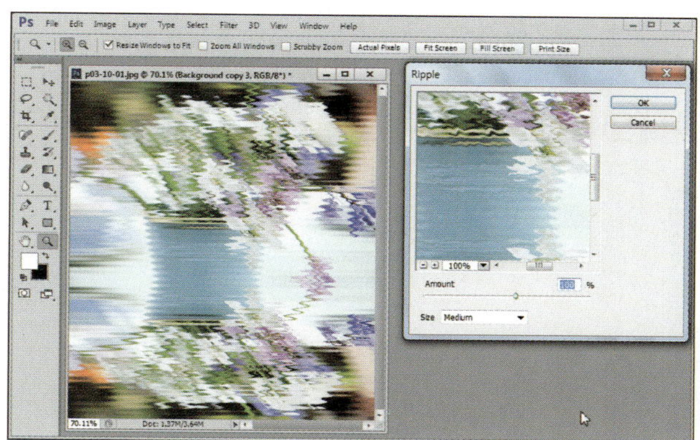

13 좀 더 자연스러운 물결 효과를 표현하기 위해서 [Filter]-[Distort]-[Ripple]을 적용합니다.

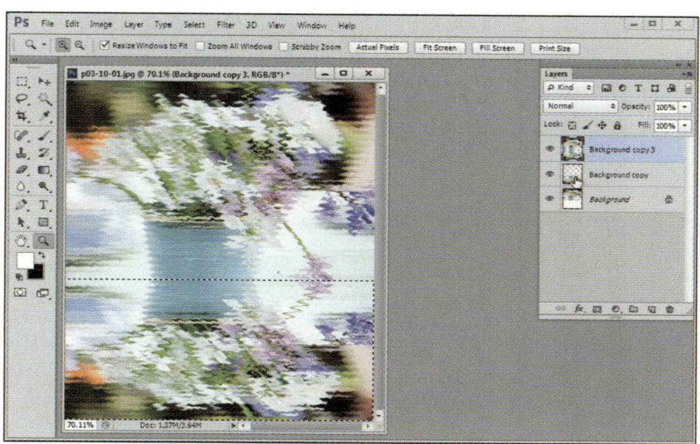

14 마지막으로 [Ctrl] 키를 누른채 반사된 레이어의 썸네일을 클릭하여 선택 영역으로 만듭니다.

15 그런 다음 레이어 패널 하단의 Add layer mask 아이콘을 클릭하여 상단 부분을 가려주어 자연스러운 반사 효과를 표현합니다.

실전문제

1. 주어진 이미지를 이용하여 자연스러운 반사 효과를 표현해 보세요.

◀ 준비 파일 : Sample〉p03-10-02.jpg

▶ 완성 파일 : Artwork〉p03-10-02.psd

힌트

❶ [File]-[Open] 명령으로 준비된 소스 파일을 불러옵니다.

❷ 백그라운드 레이어를 복사하여 Transform 기능으로 반사시킨 후 크기를 조절합니다.

❸ 새로운 레이어에 흰색을 채워넣고 [Filter]-[Filter Gallery]-[Sketch]-[Halftone Pattern] 명령을 실행하고, 계속하여 [Filter]-[Blur]-[Gaussian Blur] 효과를 적용합니다.

❹ [Layer]-[Duplicate Layer] 명령으로 새로운 도큐먼트를 하나 더 만들어 *.PSD 파일로 저장합니다.

❺ Ctrl 키나 Shift 키를 사용하여 두 개의 레이어를 동시에 선택한 후 Ctrl + T 를 눌러 회전시켜 줍니다.

❻ [Filter]-[Distort]-[Displace] 명령으로 저장해둔 PSD 파일을 불러오고 [Filter]-[Distort]-[Ripple] 효과를 적용합니다.

❼ 반사된 레이어의 썸네일을 Ctrl 키를 눌러 선택한 후 Layer Mask를 적용하고 마지막으로 [Filter]-[Render]-[Lens Flare]를 적용하여 자연스러운 빛 효과를 줍니다.

2. 필터와 레이어 마스크 기능을 사용하여 자연스러운 사진 이미지를 만들어 보세요.

◀ 준비 파일 : Sample〉p03-10-03.jpg

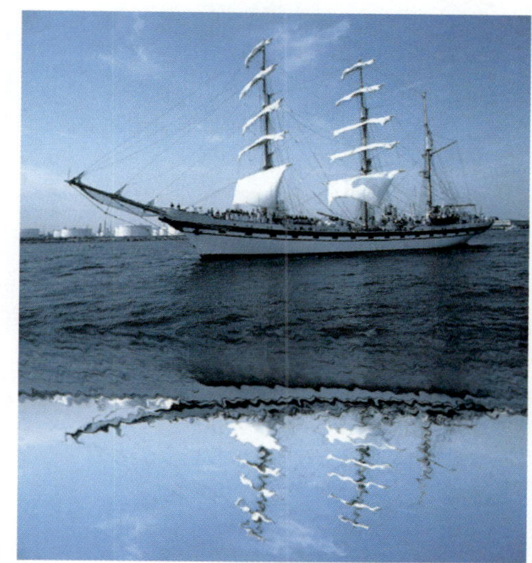

▶ 완성 파일 : Artwork〉p03-10-03.psd

힌트

❶ [File]-[Open] 명령으로 준비된 소스 파일을 불러옵니다.

❷ 백그라운드 레이어를 복사하여 Transform 기능으로 반사시킨 후 크기를 조절합니다.

❸ 새로운 레이어에 흰색을 채워넣고 [Filter]-[Filter Gallery]-[Sketch]-[Halftone Pattern] 명령을 실행하고, 계속하여 [Filter]-[Blur]-[Gaussian Blur] 효과를 적용합니다.

❹ [Layer]-[Duplicate Layer] 명령으로 새로운 도큐먼트를 하나 더 만들어 *.PSD 파일로 저장합니다.

❺ 백그라운드 레이어와 반사된 레이어를 동시에 선택, 복사하여 복사된 레이어들을 하나로 합쳐줍니다.

❻ [Filter]-[Distort]-[Displace] 명령으로 저장해둔 PSD 파일을 불러오고 [Filter]-[Distort]-[Ripple] 효과를 적용합니다.

❼ 반사된 레이어의 썸네일을 Ctrl 키를 눌러 선택한 후 Layer Mask를 적용합니다.

17

입체문자 만들기

레이어 스타일을 이용한

포토샵의 레이어 스타일 기능은 다양한 특수 효과를 빠르게 적용할 수 있습니다. 입체감을 나타내거나 그림자, 후광 효과를 나타내는 등 활용 방법에 따라 특수한 효과를 사실적으로 적용할 수 있습니다. 여러분들의 많은 경험과 노하우가 필요한 만큼 긱긱의 레이어 스타일 기능과 옵션 항목, 편집 기능에 대해 자세히 알아봅니다.

〈학습할 기능〉

새로운 도큐먼트 만들기, 문자 툴, Character 패널, Transform, Layer Style, 보정 레이어

 완성물 미리보기

▲ 완성 파일 : Artwork〉p03-11-01.psd

직접 해보기

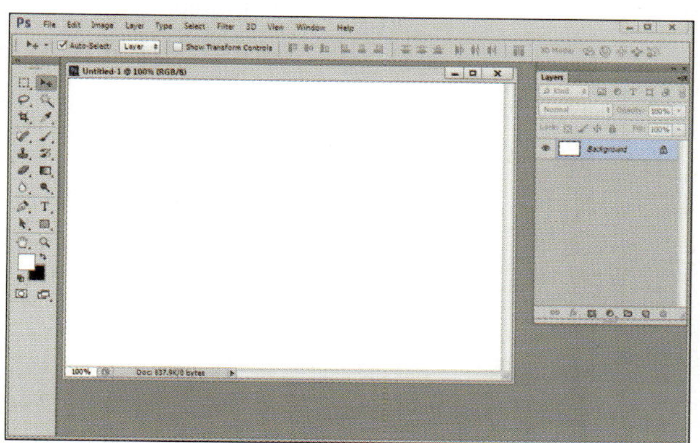

01 [File]–[New] 명령으로 작업할 새로운 도큐먼트를 만듭니다.

02 툴 패널에서 가로 쓰기 문자 툴을 선택하고 주어진 단어를 입력합니다.

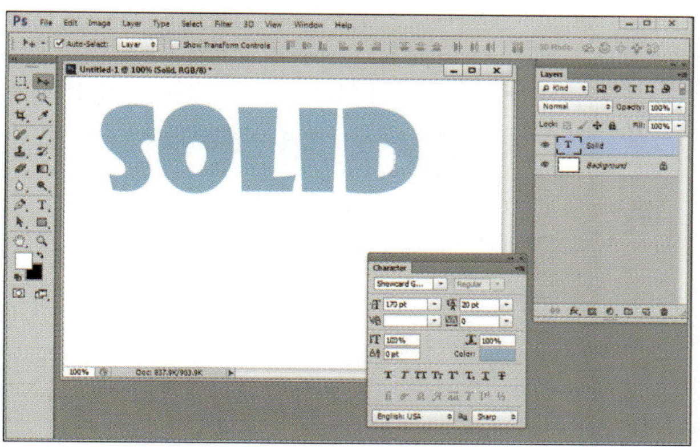

03 입력된 텍스트를 드래그하여 선택한 다음 옵션 패널이나 Character 패널에서 폰트와 크기, 색상 등을 조절합니다.

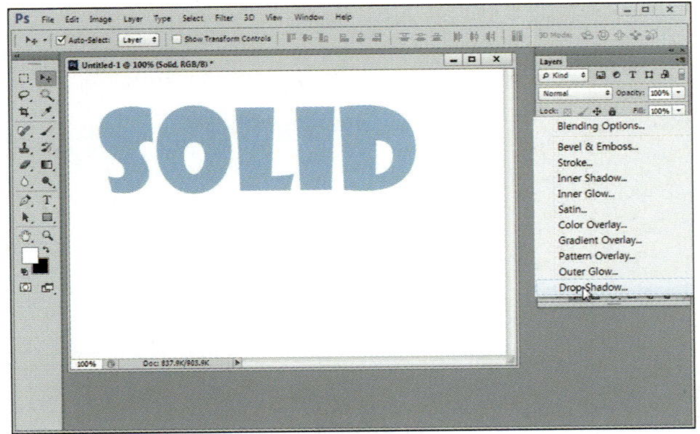

04 이제 본격적으로 입체문자를 만들어 보겠습니다. 먼저 레이어 패널 하단의 Add a layer Style 아이콘을 클릭하여 Drop Shadow를 선택합니다.

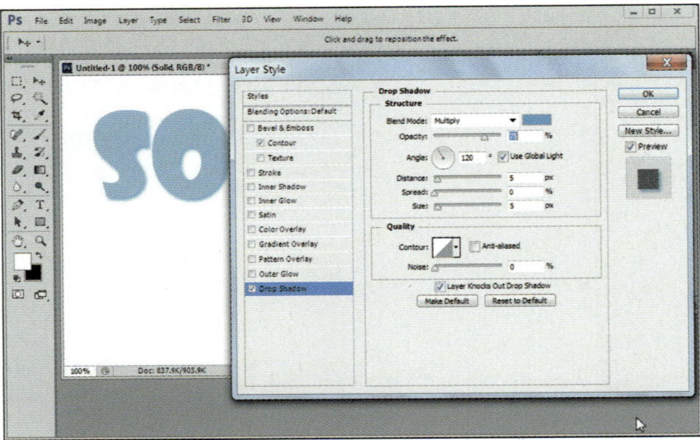

05 그림처럼 그림자의 색상과 각도를 조절합니다.

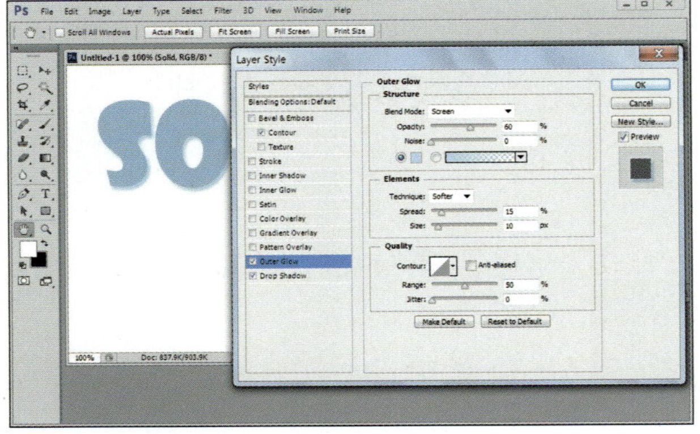

06 이어서 부드럽게 퍼지는 효과를 적용하기 위해서 Outer Glow를 선택합니다. 색상과 불투명도 등을 조절합니다.

포토샵

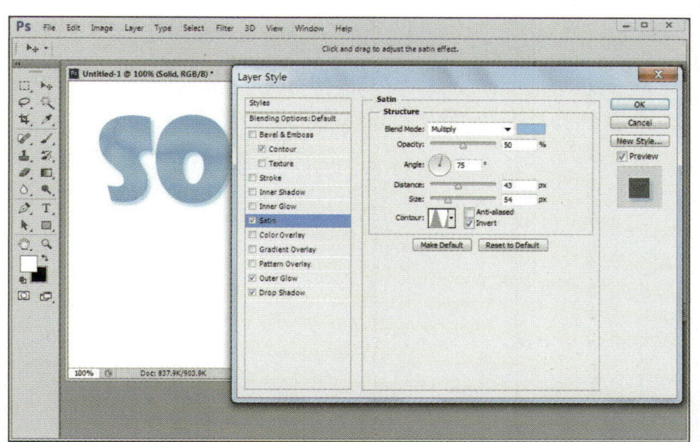

07 이번에는 Satin을 선택하고 역시 색상과 불투명도, 무늬의 크기 정도 등을 조절합니다.

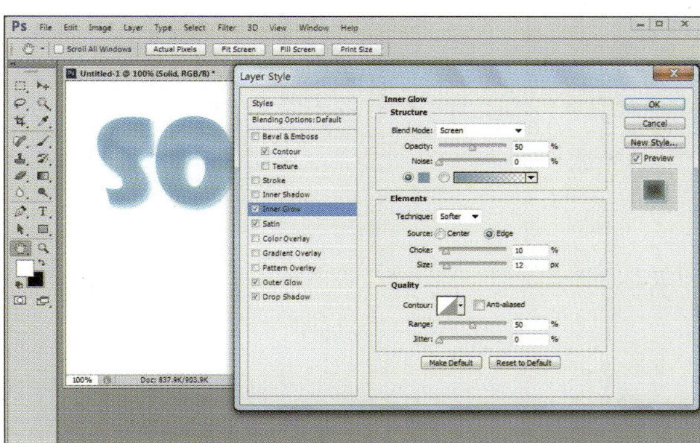

08 계속하여 Inner Glow를 선택하고 불투명도와 색상 등을 조절하여 텍스트 안쪽으로 퍼짐 효과를 적용합니다.

225

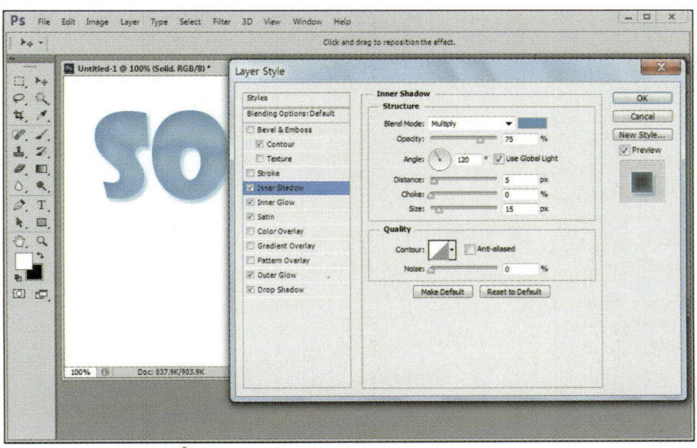

09 Inner Shadow를 선택하고 색상과 퍼짐 정도 등을 조절합니다.

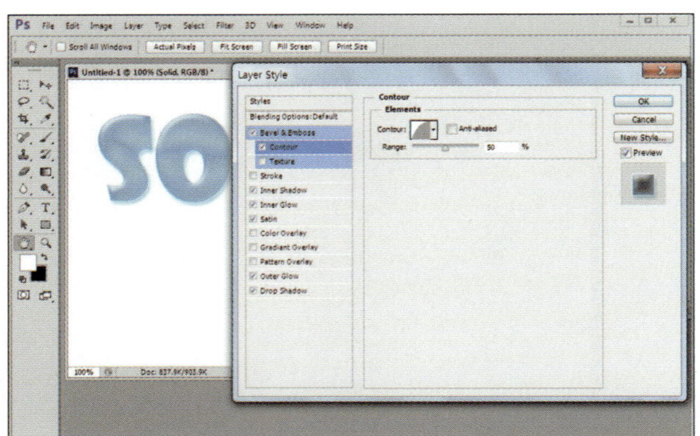

10 마지막으로 Bevel and Emboss를 선택합니다. Contour 항목에서 Halftone Round를 선택합니다.

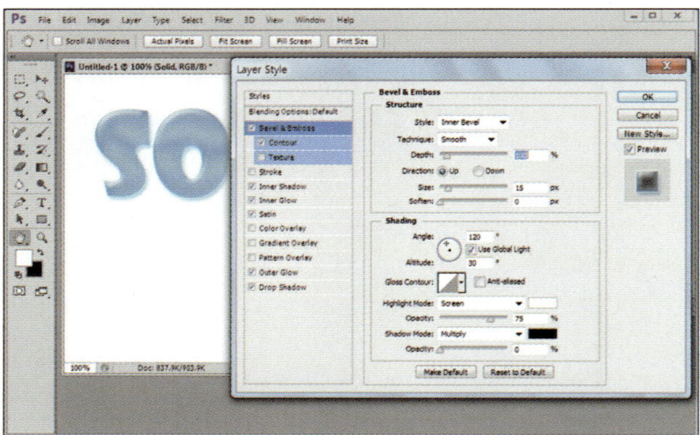

11 그리고 입체 효과의 스타일, 입체 정도와 깊이 등을 조절하고 OK 버튼을 클릭합니다.

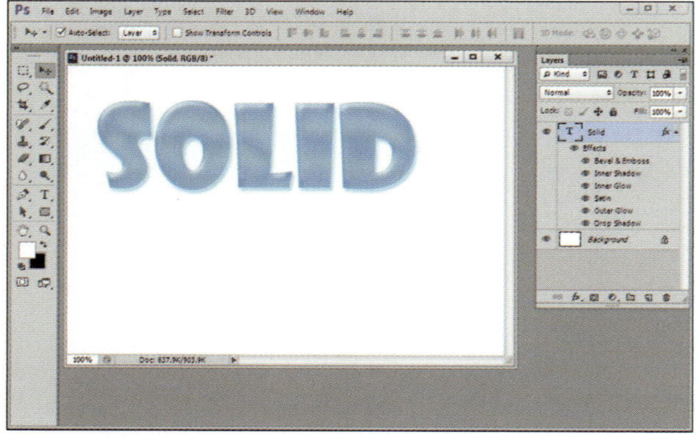

12 입체감이 느껴지는 텍스트가 완성되었습니다.

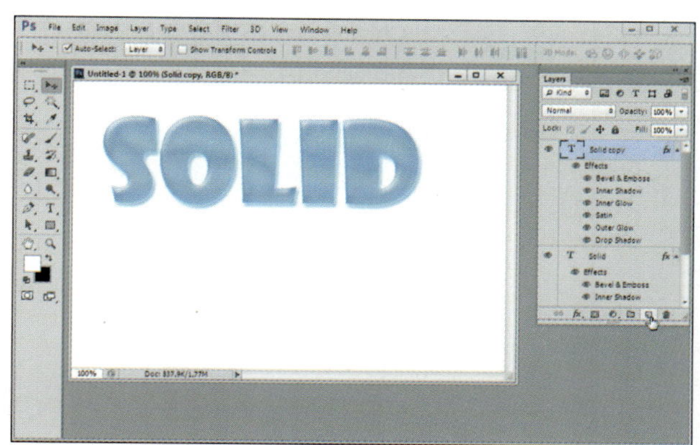

13 다른 색상의 문자를 표현하기 위해서 텍스트 레이어를 Create a new layer 아이콘으로 드래그하여 복사합니다.

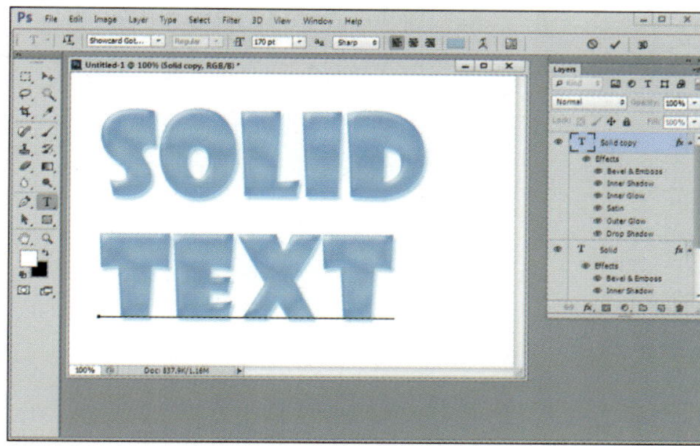

14 가로쓰기 문자 툴로 드래그하여 다른 문자로 바꿔 입력합니다.

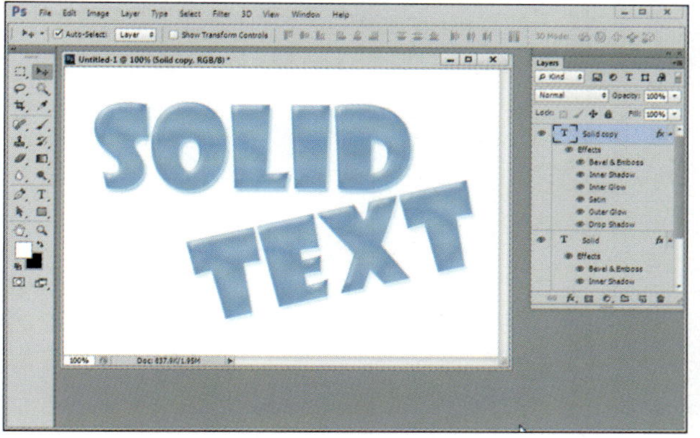

15 그리고 이동 툴을 선택하고 Ctrl +T를 눌러 회전시켜줍니다.

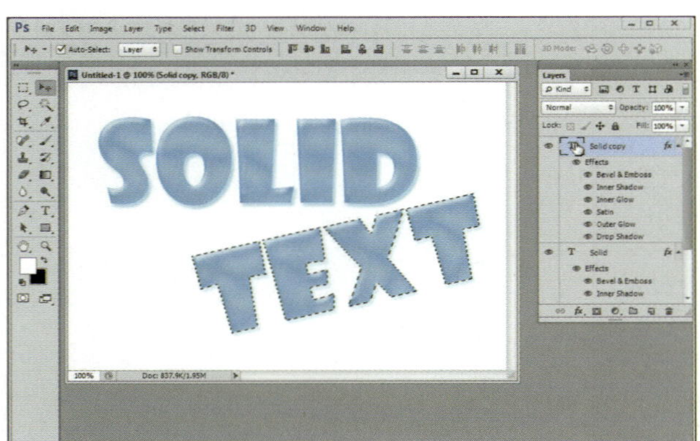

16 [Ctrl] 키를 누른 상태에서 'TEXT' 레이어 썸네일을 클릭하여 선택 영역을 활성화 시킵니다.

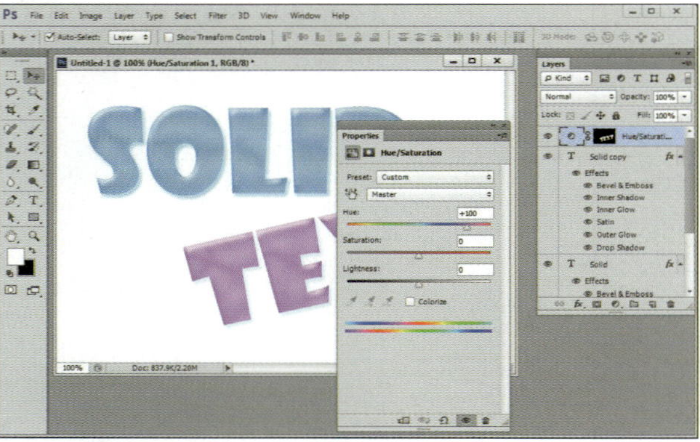

17 레이어 패널 하단의 Create new fill or adjustment layer 아이콘을 클릭하여 Hue/Saturation으로 색상을 보정합니다.

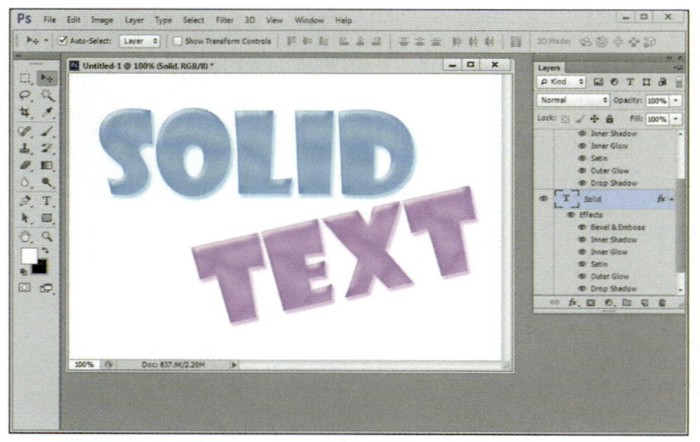

18 마지막으로 Effects 부분을 더블클릭하여 Drop Shadow의 그림자 색상을 바꿔주어 완성합니다.

228

 **실전문제**

1. 레이어 스타일을 사용하여 아쿠아 문자를 만들어 보세요.

◀ 완성 파일 : Artwork〉p03-11-02.psd

힌트

❶ [File]-[New] 명령으로 새로운 도큐먼트를 만들고 검은색으로 채워 넣습니다.

❷ 가로쓰기 문자 툴로 원하는 텍스트를 입력하고 레이어 스타일에서 Color Overlay를 선택합니다.

❸ Inner Glow와 Stroke를 선택하고 Bevel and Emboss를 선택하여 입체감 있는 문자를 표현합니다.

❹ 레이어 스타일이 적용된 텍스트 레이어를 복사한 후 Stroke 효과만을 삭제합니다.

❺ 나머지 레이어 스타일을 더블클릭하여 옵션을 조절하여 아쿠아 문자를 완성합니다.

2. 레이어 스타일을 사용하여 개성 있는 문자 이미지를 표현해 보세요.

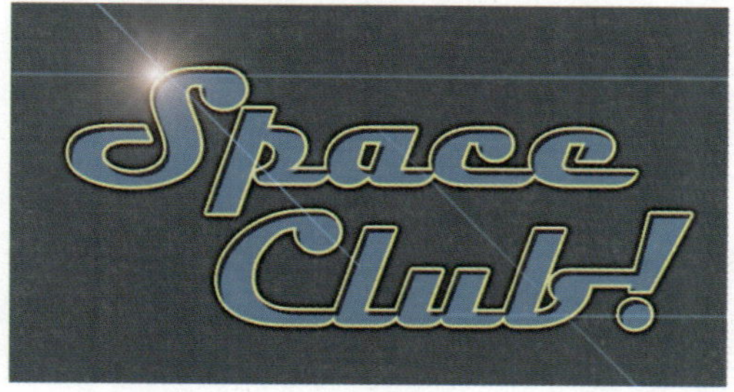

◀ 완성 파일 : Artwork〉p03-11-03.psd

힌트

❶ [File]-[New] 명령으로 새로운 도큐먼트를 만들고 진한 파란색으로 채워 넣습니다.

❷ 원하는 문장을 입력하고 폰트와 크기, 색상을 지저합니다.

❸ 레이어 스타일에서 Dro Shadow, Inner Shadow, Outer Glow, Color Overlay, Stroke 효과를 동시에 적용합니다.

❹ 텍스트 레이어와 배경 레이어를 다중 선택하고 Merge Layers 기능으로 하나로 합쳐줍니다.

❺ [Filter]-[Render]-[Lens Flare]를 선택하여 빛 효과를 적용합니다.

18 section

표현하기 도형 툴을 활용한 이미지

이번 학습에서는 도형 툴을 이용하여 그래픽 디자인 작업을 해보겠습니다. 포토샵을 활용하면서 도형 툴의 벡터 오브젝트를 활용하는 능력은 디자이너의 창의력을 200% 활용할 수 있는 좋은 도구입니다. 그래픽 작업시 단순한 표현 기법보다는 시선을 끌 수 있도록 여러 가지 모양 등을 만들어 작업하면 좀 더 독특하고 다양한 작품을 만들 수 있습니다.

〈학습할 기능〉
사각 도형 툴, 둥근 모서리 사각 도형 툴, 사용자 정의 도형 툴, Transform, Layer Style, 문자 툴

 완성물 미리보기

▲ 준비 파일 : Sample〉p03-12-01.jpg, 02.jpg, 03.jpg, 04.jpg

▲ 완성 파일 : Artwork〉p03-12-01.psd

직접 해보기

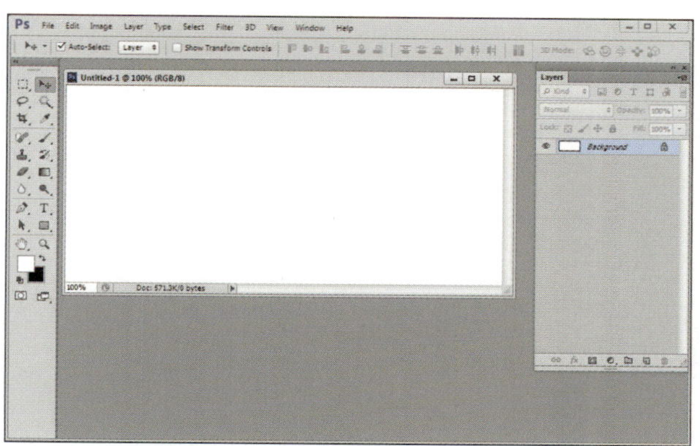

O1 [File]-[New] 명령으로 작업할 새로운 도큐먼트를 만듭니다.

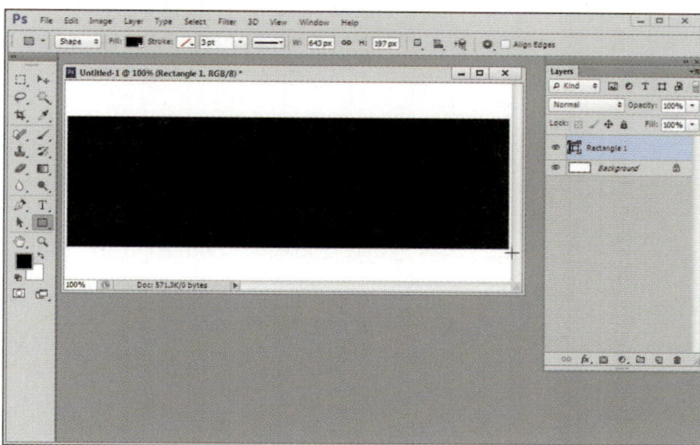

O2 먼저 필름 모양을 만들어 보겠습니다. 툴 패널에서 사각 도형 툴을 선택하고 옵션 패널에서 Shape 항목을 지정합니다. 면색을 검은색으로 지정하고 도큐먼트에 드래그하여 직사각형을 만들어 줍니다.

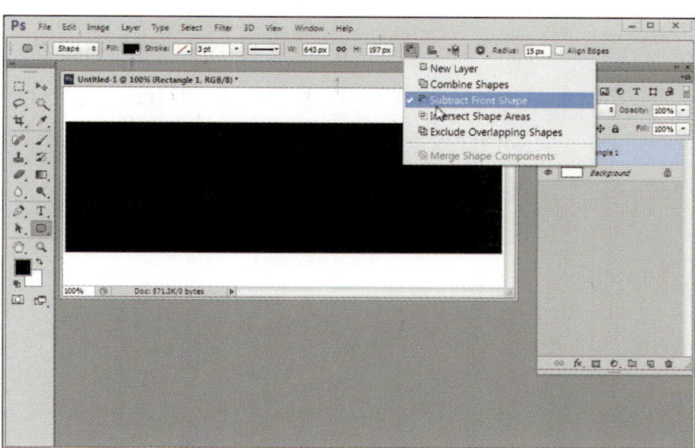

O3 모서리 둥근 사각 도형 툴을 선택하고 옵션 패널에서 Shape 항목과 면색 지정, 모서리 둥글기 정도와 Subtract Front Shapes 를 선택합니다.

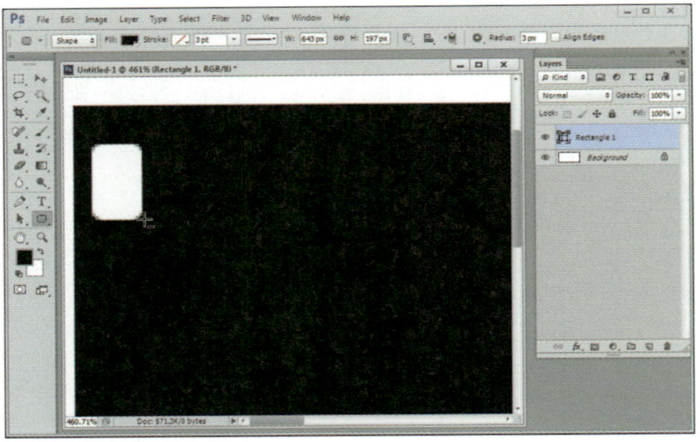

04 그리고 직사각형 위에 드래그하면 도형이 뚫어지는 것을 볼 수 있습니다.

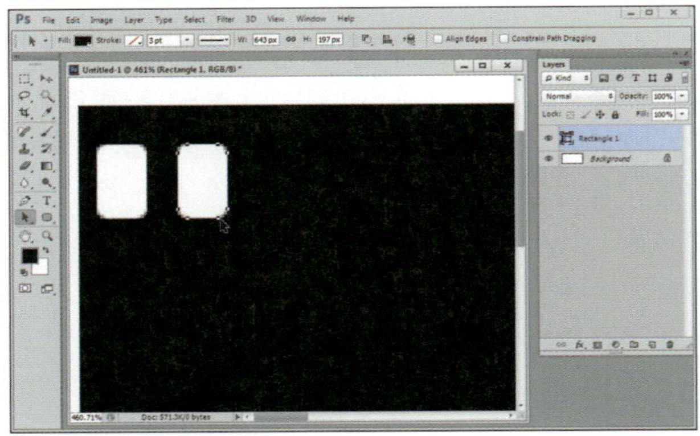

05 그려진 둥근 사각형을 패스 선택 툴로 선택합니다. 그런 다음 Alt + Shift 키를 누른 채 옆으로 드래그하여 복사합니다.

Alt 키는 도형을 복사하기 위함이고 Shift 키는 수평으로 정확하게 도형일 이동시키기 위함입니다.

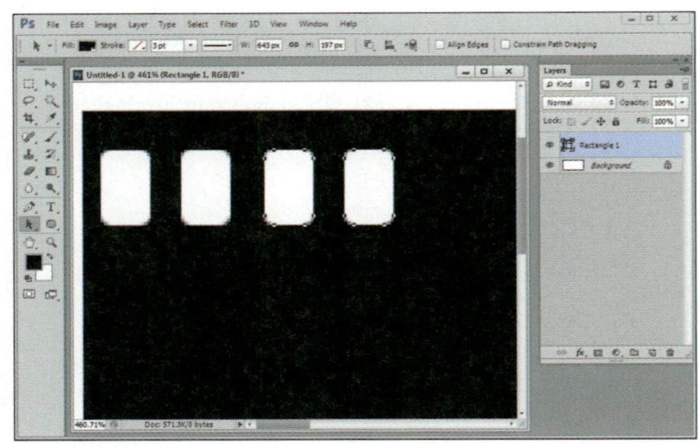

06 여러 개의 도형을 복사해야 하기 때문에 앞서 만들어진 두 개의 둥근 도형을 Shift 키를 눌러 함께 선택하고 Alt + Shift 키를 눌러 옆으로 복사합니다.

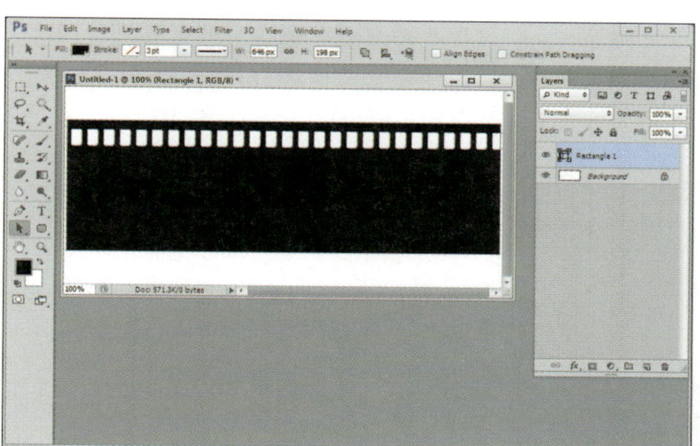

07 반복적으로 위와 동일하게 둥근 사각형들을 복사해 줍니다.

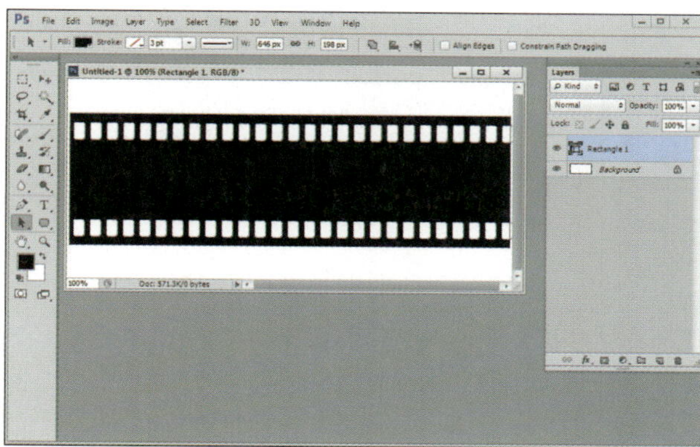

08 상단의 완성된 모든 둥근 사각형을 패스 선택 툴로 선택하고 Alt + Shift 키를 눌러 드래그하여 하단의 모양 또한 완성합니다.

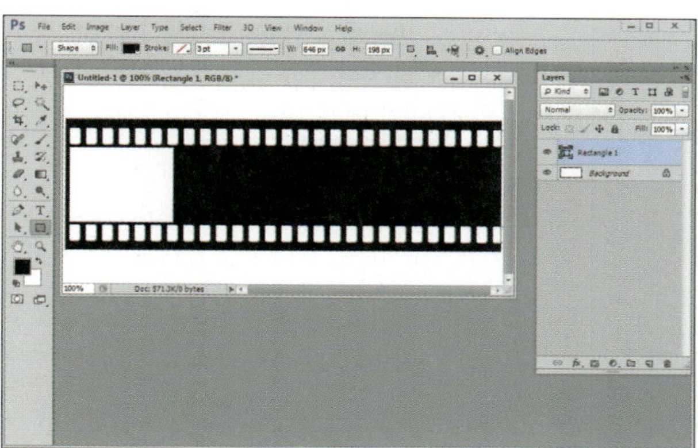

09 이제 이미지가 들어갈 중앙의 사각형 모양을 만들기 위해서 툴 패널에서 사각 도형 툴을 선택합니다. 마찬가지로 Subtract Front Shapes 항목을 선택하고 드래그하여 중앙 부분을 뚫어줍니다.

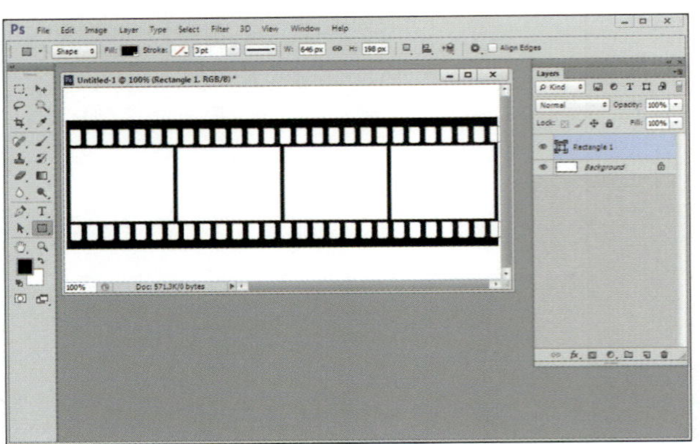

10 패스 선택 툴로 나머지 세 개의 사각형 또한 복사하여 필름 모양을 완성합니다.

강의노트

만일 사각형 모양이 크기가 적절하지 못하다면 패스 선택 툴로 사각형 도형을 선택하고 Ctrl + T 를 눌러 임의적으로 크기를 조절하면 됩니다.

11 [File]-[Open] 명령으로 "Sample〉part03" 폴더안의 "p03-12-01.jpg, 02.jpg, 03.jpg, 04.jpg" 파일을 불러옵니다.

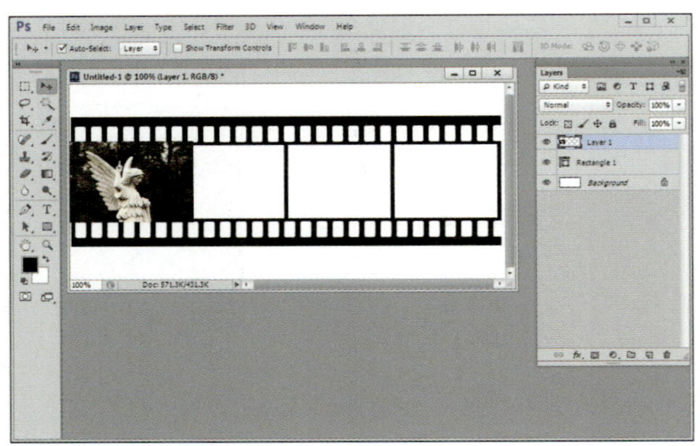

12 먼저 동상 이미지를 이동 툴을 사용하여 작업 중인 도큐먼트로 이동합니다. 그런 다음 Ctrl + T 를 눌러 크기를 조절합니다.

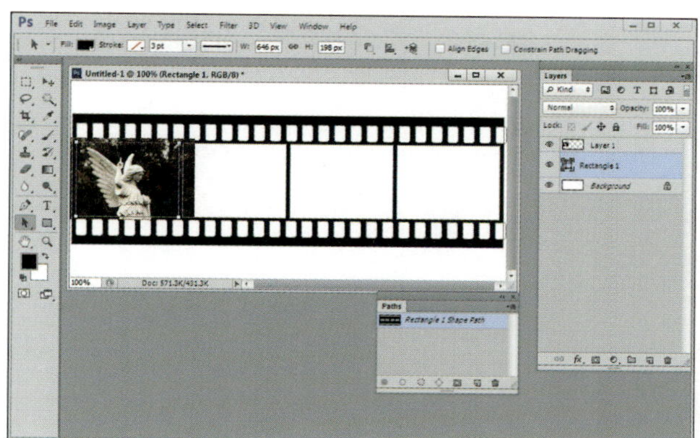

13 사각형 모양 안에만 이미지가 보여야 하므로 레이어 패널에서 필름 레이어를 선택하고 패스 선택 툴로 사각형을 클릭합니다.

14 패스 패널에서 Load path as a selection 아이콘을 클릭하여 선택 영역으로 활성화시킵니다.

Photoshop

15 레이어 패널에서 이미지 레이어를 다시 선택하고 [Select]–[Inverse] 명령을 실행하여 선택 영역을 반전 시킵니다.

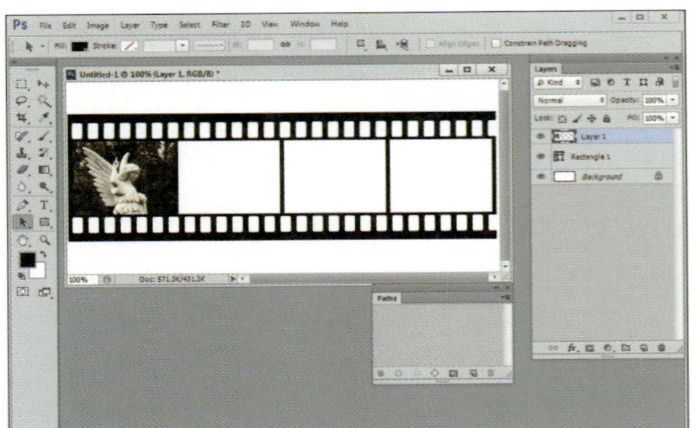

16 그리고 Delete 키를 눌러 사각형 영역 안에만 이미지가 보이도록 삭제시켜 줍니다.

17 나머지 이미지들 또한 위와 동일한 방법으로 각각 사각형 안쪽에 위치시킵니다.

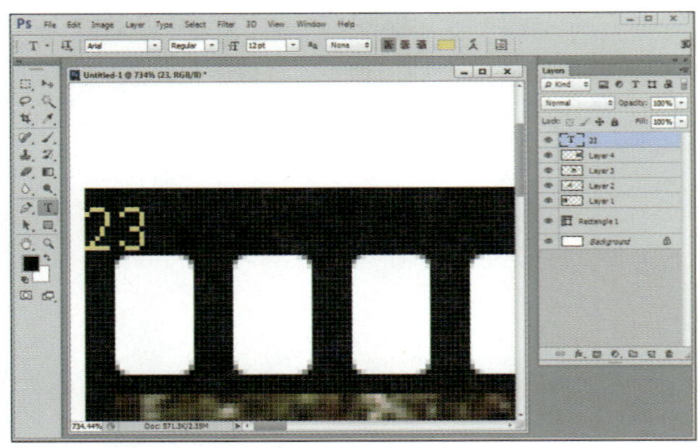

18 이번에는 텍스트를 입력하기 위해서 툴 패널에서 가로쓰기 문자 툴을 선택하고 숫자를 입력합니다. 이어서 옵션 패널이나 Character 패널에서 폰트와 크기, 색상 등을 조절합니다.

포토샵

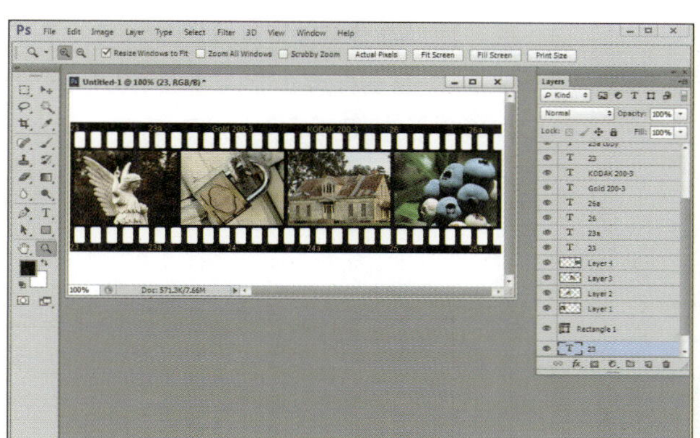

19 나머지 문자들 또한 가로쓰기 문자 툴을 사용하여 각각 입력합니다.

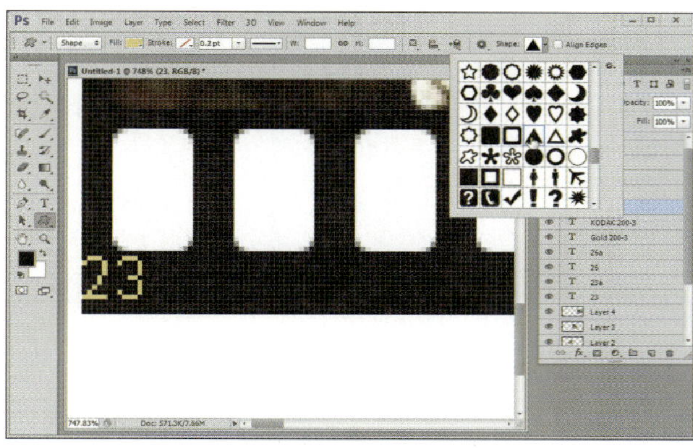

20 작은 삼각형 모양을 만들기 위해서 사용자 정의 도형 툴을 선택합니다. 옵션 패널에서 Shape 항목을 지정하고 면색을 노란색으로 지정한 후 세이프 드롭다운 아이콘을 클릭하여 삼각형 모양을 선택합니다.

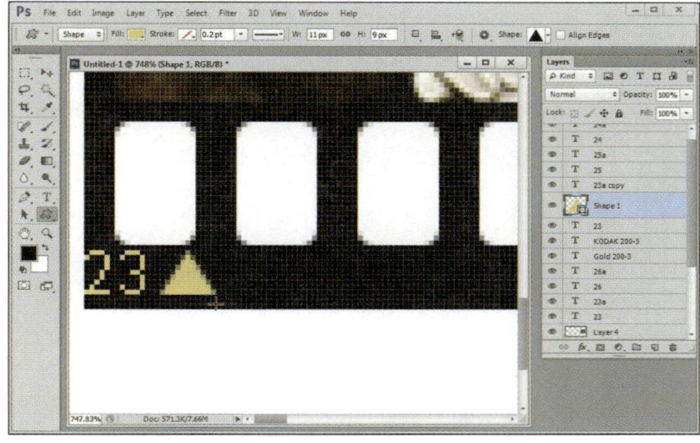

21 숫자 옆에 Shift 키를 누른채 드래그하여 삼각형을 그려줍니다.

237

Photoshop

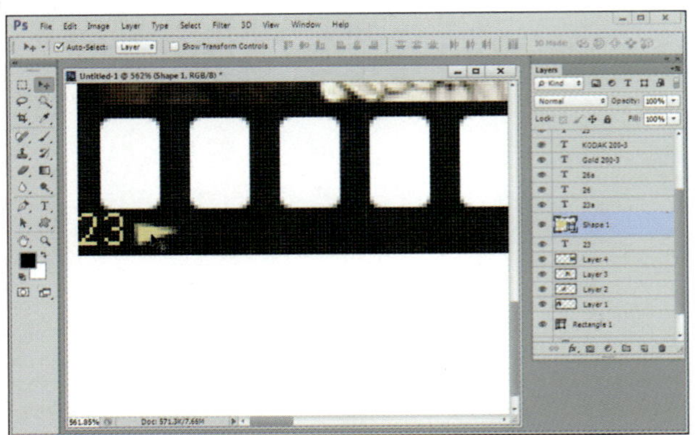

22 모양을 변형시키기 위해서 Ctrl + T 를 눌러 회전시키고 드래그하여 길쭉한 모양의 삼각형을 만듭니다.

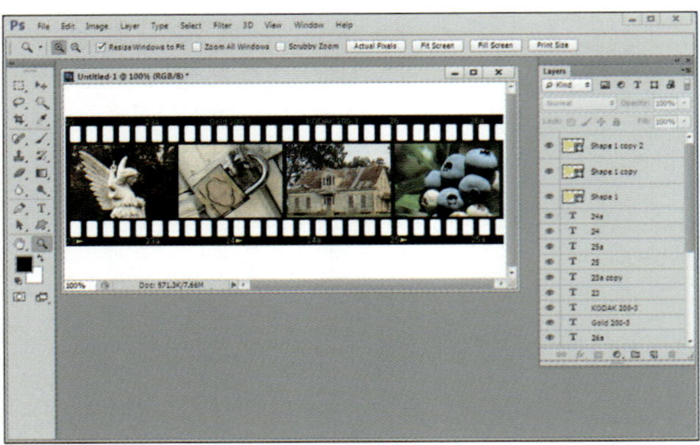

23 패스 선택 툴로 나머지 두 개의 삼각형 또한 각각 복사합니다.

24 마지막으로 레이어 패널에서 모든 레이어를 한꺼번에 선택하고 Ctrl + T 를 눌러 회전시킨 후 레이어 스타일에서 Drop Shadow 효과를 추가하여 완성합니다.

238

 실전문제

1. 여러 가지 도형 툴을 사용하여 우표를 만들어 보세요.

▲ 준비 파일 : Sample〉p03-12-05.jpg

▲ 완성 파일 : Artwork〉p03-12-02.psd

힌트

❶ [File]-[Open] 명령으로 준비된 소스 파일을 불러옵니다.

❷ 사각 도형 툴로 직사각형을 만들고 이이서 원형 도형 툴로 Subtract Front Shape 항목을 체크하고 그려주어 홈이 파이도록 만듭니다.

❸ 패스 선택 툴로 여러 개의 원을 복사하여 우표 모양을 만들고 레이어 스타일에서 Outer Glow 효과를 적용합니다.

❹ 백그라운드 레이어를 복사하여 사각 선택 툴과 Inverse 명령을 사용하여 이미지를 표현합니다.

❺ 사용자 정의 툴과 사각 도형 툴로 태극문양을 만들고, 각각의 텍스트를 입력하여 완성합니다.

2. 도형 툴을 이용하여 이미지를 꾸며 보세요.

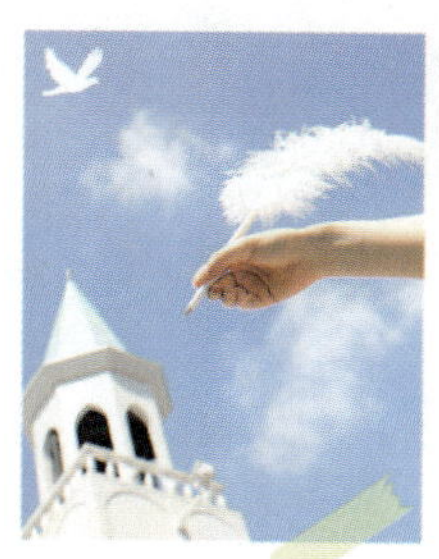

▲ 준비 파일 : Sample〉p03-12-06.jpg

▲ 완성 파일 : Artwork〉p03-12-03.psd

힌트

❶ [File]-[Open] 명령으로 준비된 소스 파일을 불러옵니다.

❷ 사각 도형 툴로 이미지를 덮는 사각형을 만든 후 Subtract Front Shape 항목을 체크하고 한 번 더 그려주어 부분 이미지가 보이도록 파줍니다.

❸ 다각형 올가미 툴을 사용하여 테이프 모양의 선택 영역을 만들어 색상을 채운 뒤 Opacity 값을 조절합니다.

❹ 사용자 정의 툴로 새 모양과 꽃 모양을 각각 그려주고, 가로쓰기 문자 툴로 텍스트를 입력합니다.

광고 이미지 만들기

레이어 마스크를 이용한

이번 학습에서는 디자인 실무에서 사용되는 이미지 중에서 전단지나 표지, 포스터 등에 사용되는 이미지를 제작해 보겠습니다. 작업을 진행하면서 레이어에 대한 개념이나 변형 기능, 패스 등 앞의 과정들을 통해 여러분들도 어느 정도 익숙해졌을 것이란 생각이 드는 만큼 최선을 다해 작업을 진행해 보시기 바랍니다.

〈학습할 기능〉
펜 툴, Paths 패널, Guide 활용, Transform, Filter, Layer Mask, 문자 툴

 완성물 미리보기

▲ 준비 파일 : Sample)p03-13-01.jpg, 02.jpg

◀ 완성 파일 : Artwork)p03-13-01.psd

직접 해보기

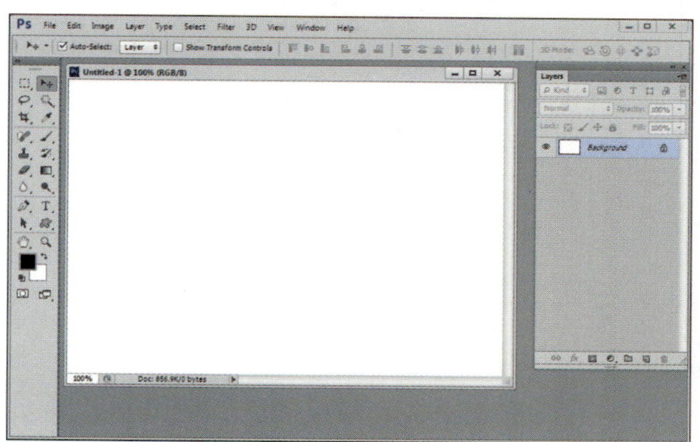

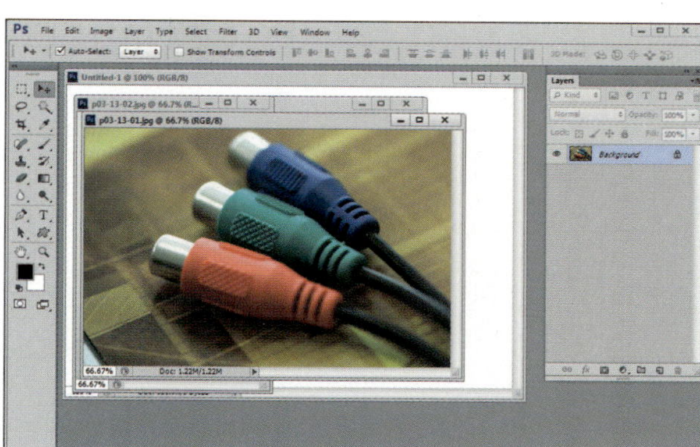

O1 [File]−[New] 명령으로 작업할 새로운 도큐먼트를 만듭니다.

O2 그리고 [File]−[Open] 명령으로 "Sample〉part03" 폴더안의 "p03-13-01.jpg, 02.jpg" 파일을 불러옵니다.

O3 케이블 이미지를 선택하고 이동 툴을 사용하여 작업하고자 하는 도큐먼트로 드래그하여 가져옵니다.

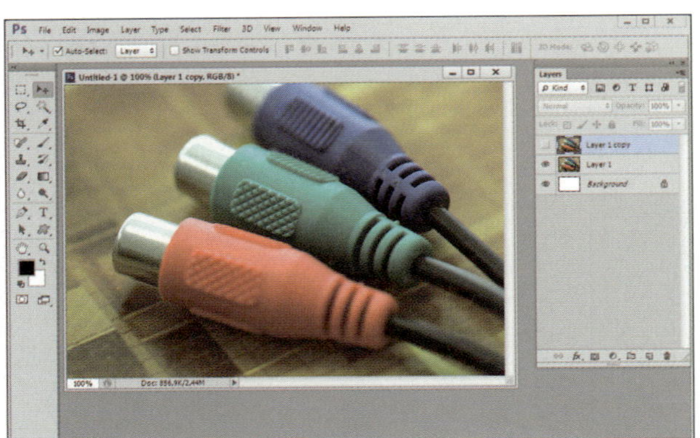

04 레이어 패널에 케이블 레이어가 생긴 것을 볼 수 있습니다. 이 케이블 레이어를 Create a new layer 아이콘으로 드래그하여 하나를 더 복사하고 눈 아이콘을 클릭하여 도큐먼트에 보이지 않도록 합니다.

05 하단의 레이어를 선택하고 Ctrl + T 를 눌러 크기를 축소시켜 줍니다.

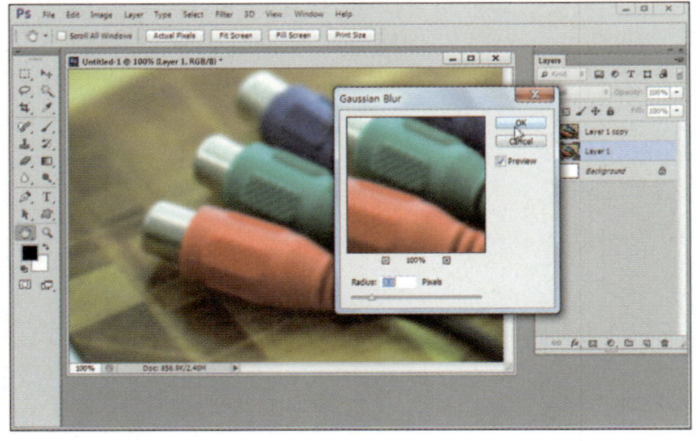

06 그리고 [Filter]-[Blur]-[Gaussian Blur] 명령을 실행하여 뿌옇게 처리해 줍니다.

포토샵

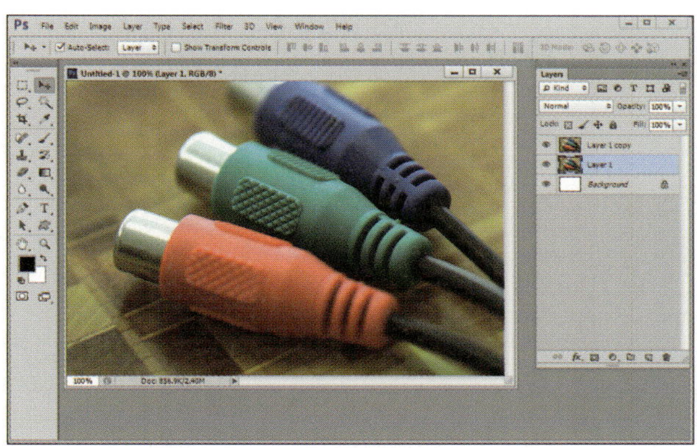

07 앞서 가려놓았던 이미지가 보이도록 다시 눈 아이콘을 클릭합니다.

08 이제는 돋보기 이미지를 가져오기 위해서 돋보기 파일을 선택합니다. 펜 툴을 선택하고 옵션 패널에서 Path 항목을 선택한 후 돋보기 이미지 외곽을 따라 패스 작업을 합니다.

강의노트

곡선 패스의 핸들은 다음에 진행하는 패스에 영향을 주게 됩니다. 진행 방향이 다를 경우에는 앞쪽의 진행 핸들에 해당하는 포인트를 Alt 키를 눌러 클릭하여 삭제시켜 줍니다.

09 계속하여 옵션 패널에서 Exclude Overlapping Shapes 항목을 체크하고 돋보기 안쪽 영역을 패스 작업합니다.

강의노트

Exclude Overlapping Shapes는 기존의 패스 영역과 새롭게 작업하는 패스 영역에서 겹쳐지는 부분만을 제외시키기 위한 옵션입니다.

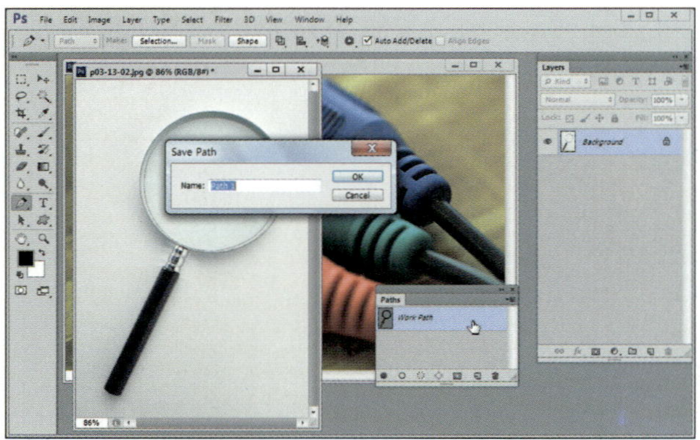

10 패스 작업을 모두 마쳤다면 패스 패널에서 Work Path를 더블클릭하여 원하는 이름을 입력하고 패스를 저장합니다.

244

11 패스를 선택 영역으로 활성화시키기 위해서 패스 패널 하단의 Load path as a selection 아이콘을 클릭하거나 Ctrl 키를 누른채 패스 썸네일을 클릭하여 선택합니다.

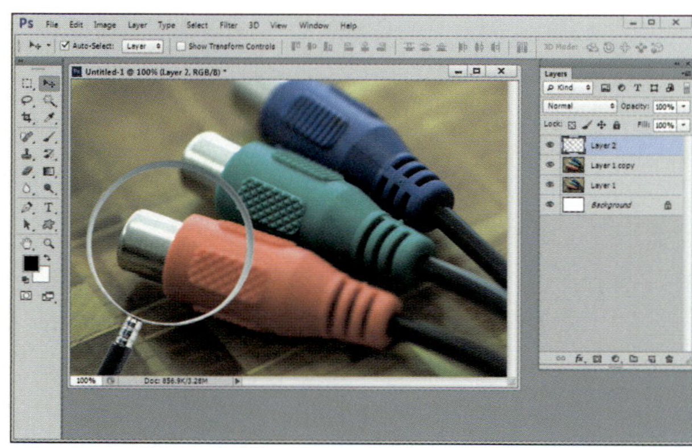

12 이동 툴을 사용하여 작업중인 도큐먼트로 이동시키고 위치를 조정합니다.

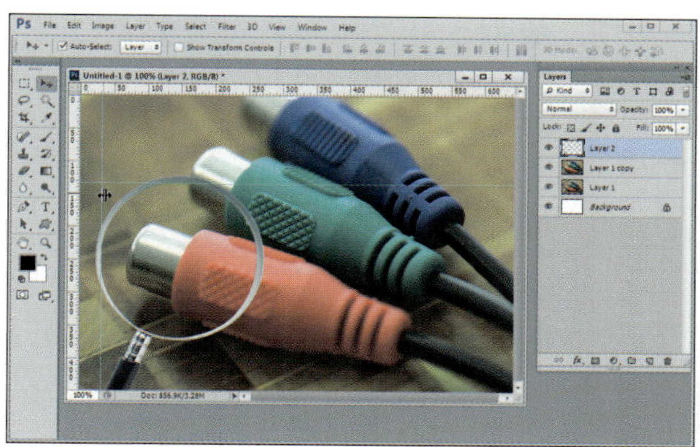

13 케이블 이미지를 돋보기 안쪽으로 나타내기 위해서 마스크를 적용시켜 보겠습니다. [View]-[Rulers] 메뉴를 선택하여 눈금자를 불러온 후 상단과 좌측 이미지에 맞게 가이드 라인을 만듭니다.

14 툴 패널에서 원형 선택 툴을 선택하고 가이드 라인 교차점에서부터 클릭 드래그하여 선택 영역을 만듭니다.

245

Photoshop

15 레이어 패널에서 케이블 이미지를 선택하고 Add layer mask 아이콘을 클릭합니다.

레이어 마스크는 검은색 영역은 마스크가 되어 보이지 않게 되고, 흰색 영역은 이미지가 그대로 보이도록 하는 기능입니다.

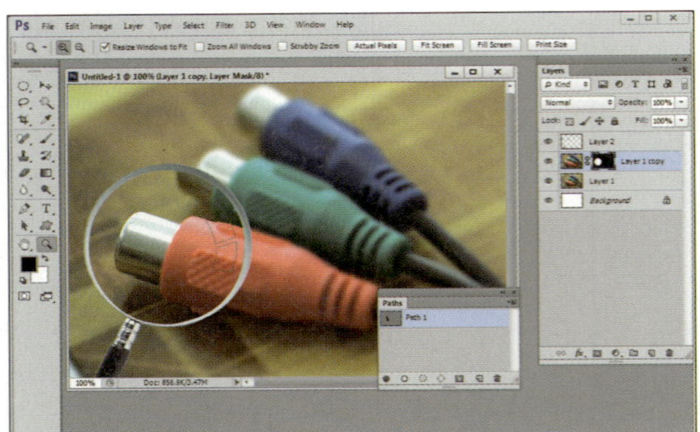

16 이번에는 돋보기 안쪽의 반사 빛을 표현하기 위해서 펜 툴을 사용하여 패스 작업을 합니다.

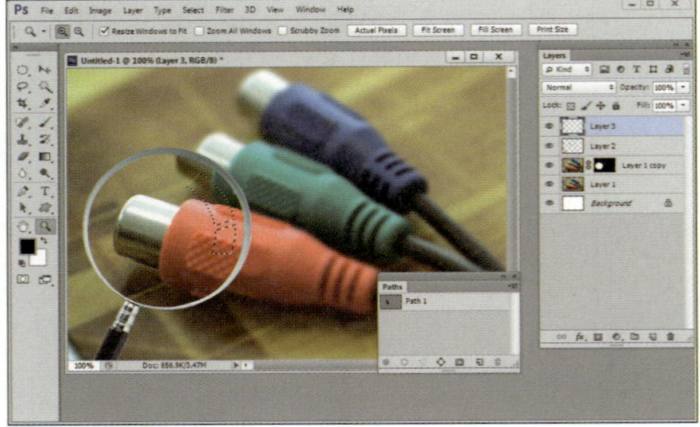

17 그리고 패스 영역을 선택 영역으로 활성화시킨 뒤 레이어에서 투명 레이어를 추가합니다.

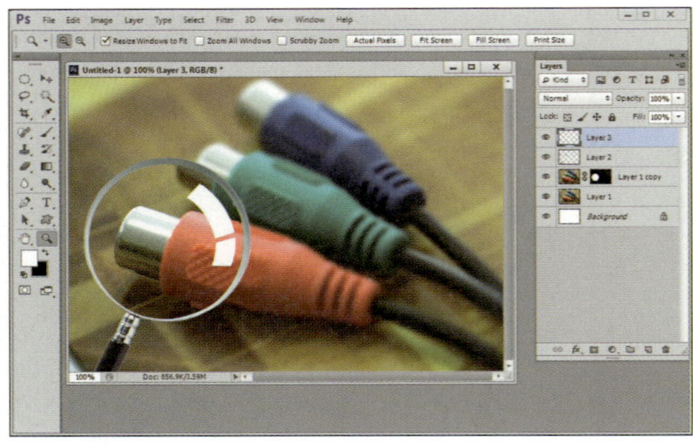

18 전경색을 흰색으로 지정하고 Alt +Delete 키를 눌러 색상을 채워 넣습니다.

246

19 레이어 패널 하단의 Add layer mask 아이콘을 클릭합니다. 그리고 툴 패널에서 그라디언트 툴을 선택하고 옵션 패널에서 검은색과 흰색의 그라디언트 색상을 지정합니다.

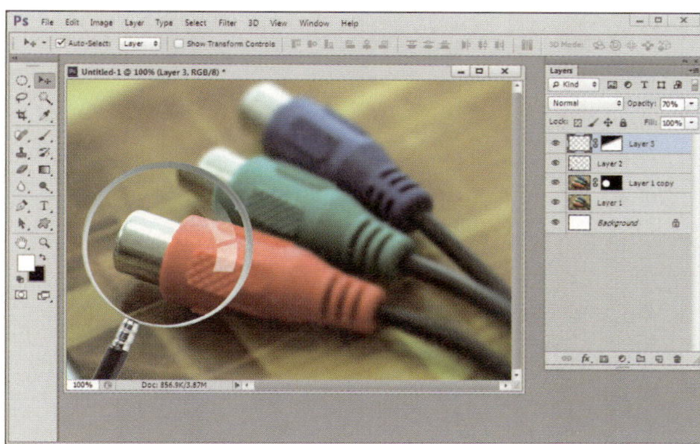

20 그런 다음 흰색 이미지 위에 드래그하여 상단 부분이 자연스럽게 가려지도록 처리하고, Opacity 값을 조절합니다.

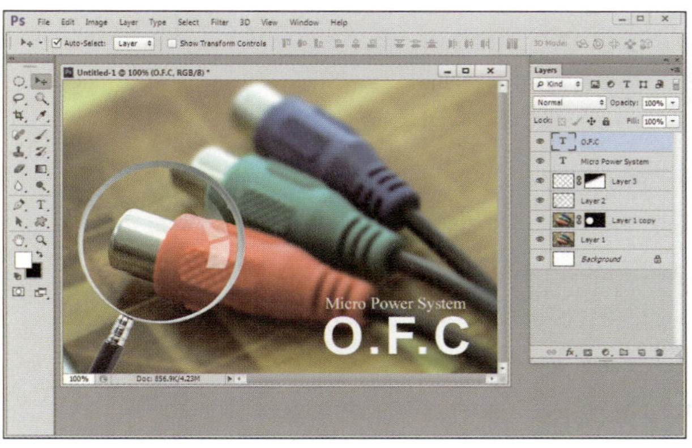

21 마지막으로 가로쓰기 문자 툴로 텍스트들을 입력하고 옵션 패널이나 Character 패널에서 폰트, 크기, 색상 등을 조절하여 완성합니다.

247

Photoshop

 **실전문제**

1. 주어진 이미지를 자연스럽게 합성시켜 광고이미지를 만들어 보세요.

▲ 준비 파일 : Sample〉p03-13-03.jpg, 04.jpg, 05.jpg

◀ 완성 파일 : Artwork〉p03-13-02.psd

힌트

❶ [File]-[New] 명령으로 새로운 도큐먼트를 만듭니다.

❷ 화장품 이미지와 향수 이미지를 이동 툴로 가져옵니다. 향수 이미지 레이어에 Layer Mask를 적용하고 그라디언트 툴과 브러시 툴로 자연스럽게 처리해 줍니다.

❸ 펜 툴을 사용하여 인물 이미지를 선택하여 작업중인 창으로 가져온 후 Flip Horizontal로 수평 반사시켜 줍니다.

❹ Layer Mask를 적용하고 블랜드 모드에서 Overlay를 선택합니다.

❺ 가로쓰기 문자 툴로 각각의 텍스트를 입력하고 레이어 스타일에서 Outer Glow 효과를 적용합니다.

2. 레이어 마스크를 이용하여 이미지를 자연스럽게 합성시켜 보세요.

▲ 준비 파일 : Sample〉p03-13-06.jpg, 07.jpg

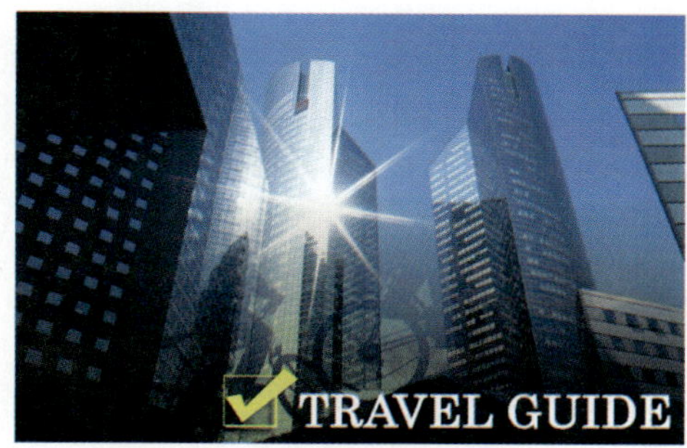

▲ 완성 파일 : Artwork〉p03-13-03.psd

힌트

❶ [File]-[Open] 명령으로 준비된 파일들을 불러옵니다.

❷ 이동 툴로 자전거 이미지를 빌딩 이미지 도큐먼트로 드래그하여 가져옵니다.

❸ 레이어 패널 하단의 Add layer mask 아이콘을 클릭하여 마스크를 적용하고, 그라디언트 툴로 상단 이미지가 자연스럽게 가려지도록 드래그합니다.

❹ 블랜드 모드에서 Multiply를 선택하고, 가로쓰기 문자 툴로 텍스트를 입력합니다.

❺ 사용자 정의 도형툴을 사용하여 체크 박스를 만들고 레이어 스타일에서 Drop Shadow 효과를 적용합니다.

20 section

이미지 만들기 — 마스크 기능으로 합성

이번 시간에는 클리핑 마스크와 레이어 마스크 기능으로 자연스러운 합성 이미지를 만들어 보겠습니다. 마스크 기능은 사용자가 지정한 영역 안쪽에만 이미지를 나타내거나 이미지와 이미지를 겹쳤을 때 경계 부분을 자연스럽게 합성할 때 유용하게 사용됩니다. 그동안 학습하였던 여러 가지 기능들을 함께 사용하여 이미지를 합성시켜 봅니다.

〈학습할 기능〉

펜 툴, Paths 패널, Transform, Clipping Mask, Layer Mask, Filter, Layer style

 완성물 미리보기

▲ 준비 파일 : Sample〉p03-14-01.jpg, 02.jpg

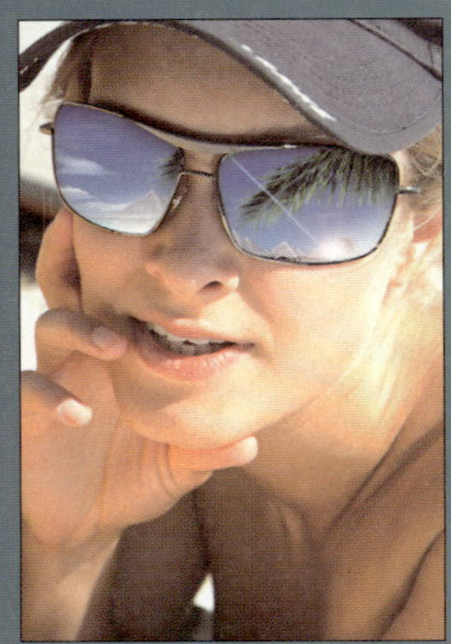

◀ 완성 파일 : Artwork〉p03-14-01.psd

직접 해보기

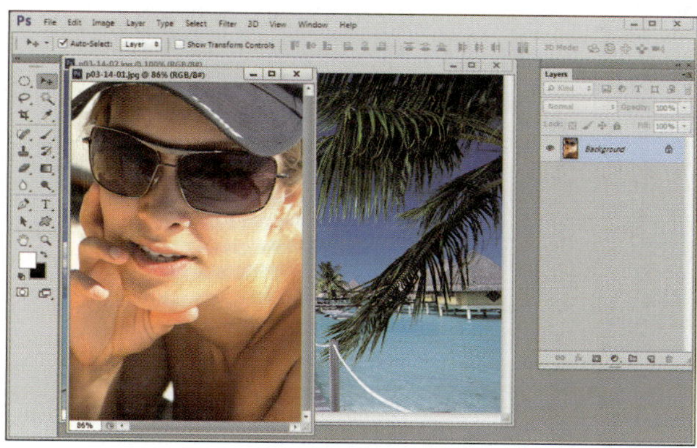

01 [File]-[Open] 명령으로 "Sample〉part03" 폴더안의 "p03-14-01.jpg, 02.jpg" 파일을 불러옵니다.

02 먼저 안경 안쪽에 이미지를 표현하기 위해서 툴 패널에서 펜 툴을 선택합니다. 옵션 패널에서 Paths 항목을 선택하고 패스 작업을 합니다.

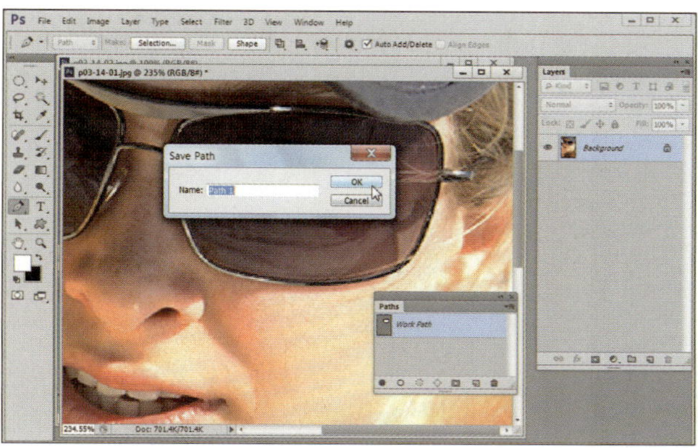

03 패스 작업을 마친 후에는 Work Path 영역을 더블클릭하여 원하는 이름으로 패스를 저장합니다.

04 안경의 왼쪽 부분 또한 위와 동일한 방법으로 패스 작업을 하고 따로 저장해 놓습니다.

05 레이어 패널에서 Create a new layer 아이콘을 클릭하여 투명 레이어를 추가합니다. Ctrl 키를 누른 상태에서 오른쪽 안경 안쪽을 작업한 패스 썸네일을 클릭하여 선택 영역을 활성화시킵니다.

06 그런 다음 Alt + Delete 키를 눌러 전경색을 채워 넣습니다.

포토샵

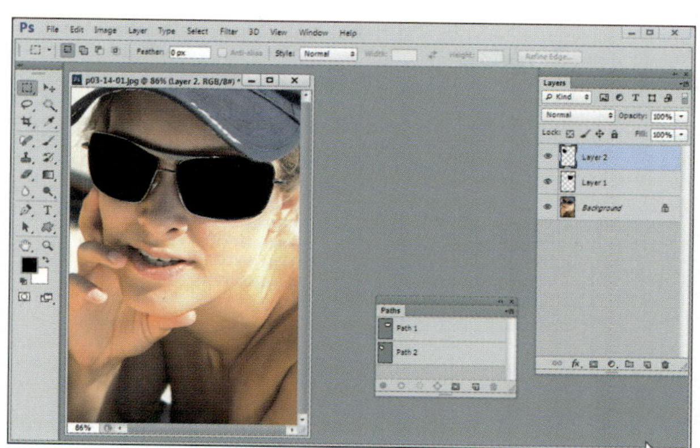

07 다시 새로운 투명 레이어를 하나 더 추가한 후 위와 동일한 방법으로 오른쪽 안경 부분 또한 색상을 채워 넣습니다.

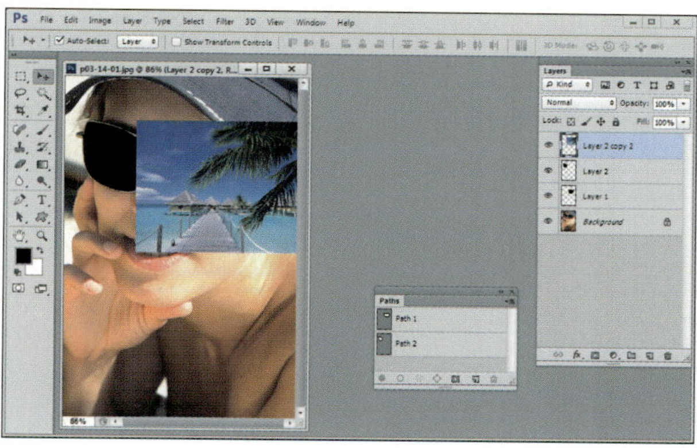

08 이제 이미지를 표현해 보겠습니다. 이동 툴로 야자수 이미지를 작업 중인 도큐먼트로 드래그하여 가져온 후 Ctrl + T 를 눌러 크기를 조절합니다.

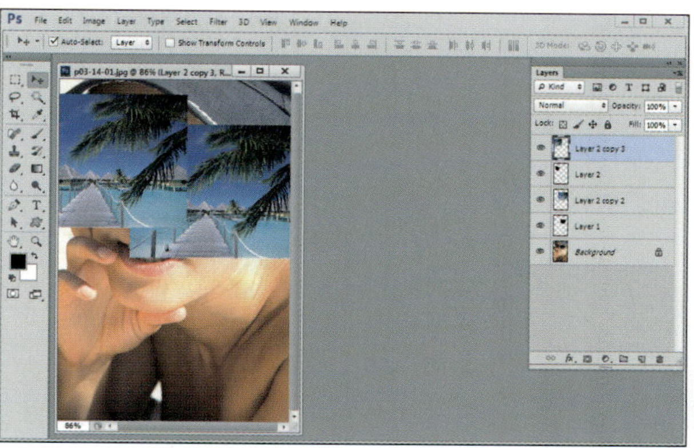

09 레이어를 복사하여 하나 더 만들고 각각 안경의 렌즈 부분에 위치시킵니다. 또한 레이어 패널에서 앞서 만들어 놓은 양쪽의 레이어 위에 위치시킵니다.

Photoshop

10 작업하지 않는 레이어는 눈 아이콘을 클릭하여 도큐먼트에 보이지 않도록 잠시 가려놓고, 야자수 레이어를 하나 선택합니다.

11 렌즈 부분 안쪽에만 이미지가 보이도록 [Layer]-[Create Clipping Mask] 명령을 실행합니다.

12 좀 더 사실적으로 표현하기 위해서 Ctrl 키를 누른채 패스 패널에서 썸네일을 클릭하여 선택 영역을 활성화시킵니다.

254

포토샵

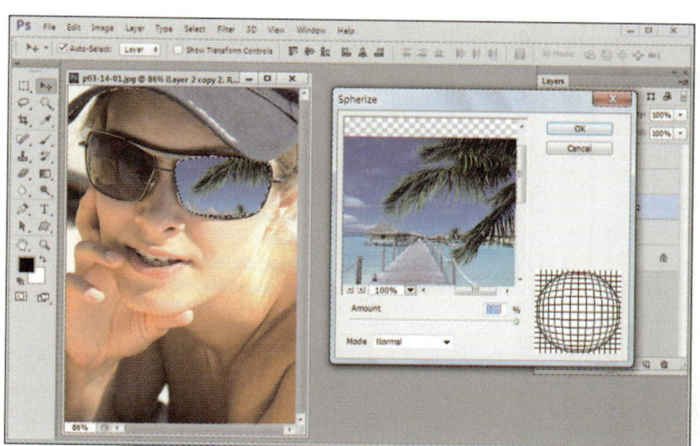

13 그런 다음 [Filter]-[Distort]-[Spherize] 효과를 적용하여 이미지가 볼록하게 보이도록 표현합니다.

14 Ctrl+D를 눌러 선택 영역을 해제하고 전경색이 채워진 레이어를 선택하여 Inner Shadow를 적용합니다.

15 이번에는 빛 효과를 적용하기 위해서 앞서 저장해 놓은 패스를 다시 선택 영역으로 활성화시킵니다. 그리고 전경색을 흰색으로 지정하고 투명 레이어를 추가한 후 Alt+Delete 키를 눌러 색상을 채워 넣습니다.

16 레이어 패널 하단에서 Add layer mask 아이콘을 클릭하고 그라디언트 툴로 오른쪽 하단만 자연스럽게 보이도록 마스크를 적용합니다.

17 계속하여 야자수 레이어를 선택하고 [Filter]-[Render]-[Lens Flare]를 실행하여 빛 효과를 추가합니다.

18 왼쪽 렌즈 부분 또한 위와 동일한 방법으로 입체적으로 표현하여 완성합니다.

포토샵

 **업그레이드 한판**

Transform

Edit 메뉴의 Transform 명령은 선택된 이미지를 다양한 모양으로 변형시킬 수 있는 기능들입니다.

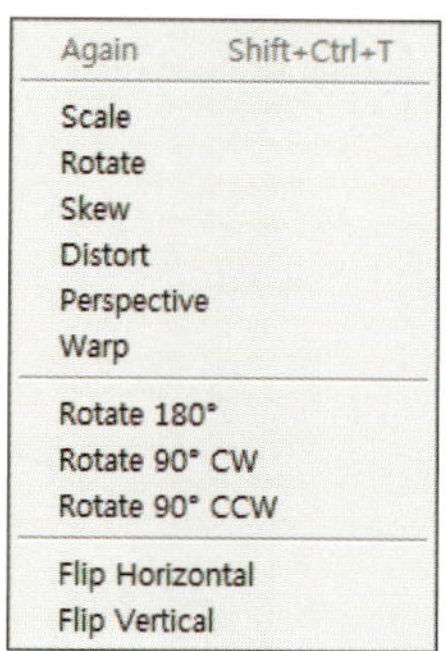

Again	Shift+Ctrl+T
Scale	
Rotate	
Skew	
Distort	
Perspective	
Warp	
Rotate 180°	
Rotate 90° CW	
Rotate 90° CCW	
Flip Horizontal	
Flip Vertical	

❶ Scale : 이미지의 크기를 조절합니다.

❷ Rotate : 이미지를 회전시킵니다.

❸ Skew : 이미지의 기울기를 조절합니다.

❹ Distort : 핸들의 포인트를 이동시켜 이미지를 자유롭게 변형시킵니다.

❺ Perspective : 이미지의 원근감을 조절합니다.

❻ Warp : 핸들이나 포인트를 움직여 자유롭게 이미지를 변형시킵니다.

❼ Rotate 180° : 이미지를 180도 회전시킵니다.

❽ Rotate 90° CW : 이미지를 시계 방향으로 90도 회전시킵니다.

❾ Rotate 90° CCW : 이미지를 시계 반대방향으로 90도 회전시킵니다.

❿ Flip Horizontal : 이미지를 수평 반사시킵니다.

⓫ Flip Vertical : 이미지를 수직 반사시킵니다.

▲ 원본

▲ Scale

▲ Rotate

▲ Skew

▲ Distort

▲ Perspective

▲ Warp

▲ Rotate 180

▲ Rotate 90 CW

▲ Rotate 90 CCW

▲ Flip Vertical

▲ Flip Horizontal

Photoshop

실전문제

1. 레이어 마스크를 사용하여 자연스러운 합성 이미지를 만들어 보세요.

▲ 준비 파일 : Sample〉p03-14-03.jpg, 04.jpg

포토샵

◀ 완성 파일 : Artwork〉p03-14-02.psd

힌트

❶ [File]-[Open] 명령으로 준비된 파일들을 불러옵니다.

❷ 펜 툴로 안경의 왼쪽과 오른쪽 렌즈 부분을 각각 패스 작업하여 저장합니다.

❸ 레이어 패널에서 각각의 새로운 레이어를 추가하고 색상을 채워 넣습니다.

❹ 이미지를 선택한 후 Create Clipping Mask 명령을 실행하고, [Filter]-[Distort]-[Spherize] 효과를 적용합니다.

❺ 마스크의 기준이 되는 레이어를 선택하고 레이어 스타일에서 Inner Shadow를 적용합니다.

❻ 나머지 렌즈 부분 또한 위와 동일한 방법으로 렌즈 안에만 이미지가 보이도록 작업하고 레이어 스타일 효과를 적용합니다.

2. 패스와 마스크 기능을 사용하여 합성 이미지를 만들어 보세요.

▲ 준비 파일 : Sample〉p03-14-05.jpg, 06.jpg

▲ 완성 파일 : Artwork〉p03-14-03.psd

힌트

❶ [File]-[Open] 명령으로 준비된 파일들을 불러옵니다.

❷ 펜 툴로 카메라의 렌즈 부분을 패스 작업하여 저장합니다.

❸ Ctrl 키를 누른채 패스 썸네일을 클릭하여 선택 영역을 활성화하고 새로운 투명 레이어에 색상을 채워 넣습니다.

❹ 달팽이 이미지를 작업중인 도큐먼트로 드래그하여 가져온 후 Create Clipping Mask 명령을 적용합니다.

❺ 원형 선택 툴로 타원형의 선택 영역을 만들고 흰색을 채워 넣습니다. 레이어 패널 하단의 Add layer mask 아이콘을 클릭하여 마스크를 적용하고 Opacity 값을 조절합니다.

❻ 위와 동일한 방법으로 또 하나의 원을 만들고 Opacity 값을 조절하여 완성합니다.

스마트 필터를 활용한 유화 느낌 표현하기

포토샵은 다양한 그래픽 스타일이나 질감을 표현할 수 있는 효과들이 많습니다. 필터 기능은 창조적인 이미지 작업을 위해 활용되며 필터 갤러리를 통하여 포토샵에서 제공하는 다양한 필터의 모양을 미리 보기 할 수 있습니다. 또한 이번 시간에 사용하고자 하는 스마트 필터 기능을 이용하면 이미 적용되었던 필터의 옵션 값을 조절할 수도 있습니다.

〈학습할 기능〉
펜 툴, Paths 패널, Transform, Clipping Mask, Layer Mask, Filter, Layer style

 완성물 미리보기

◀ 준비 파일 : Sample〉p03-15-01.jpg

◀ 완성 파일 : Artwork〉p03-15-01.psd

직접 해보기

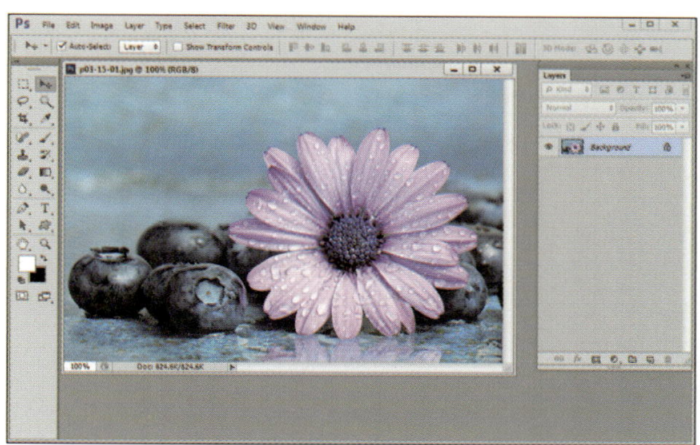

01 [File]-[Open] 명령으로 "Sample〉part03" 폴더안의 "p03-15-01.jpg" 파일을 불러옵니다.

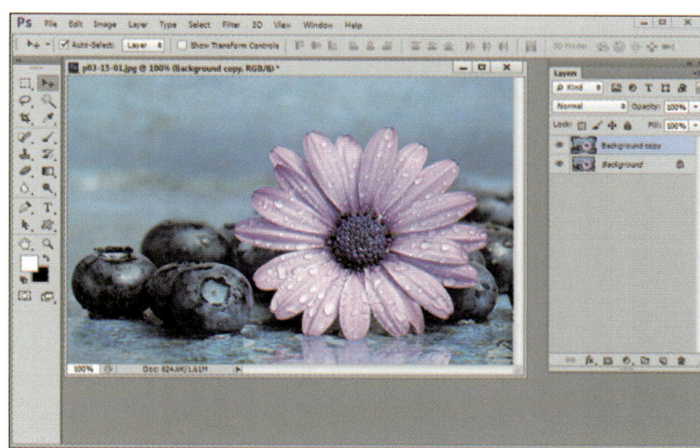

02 백그라운드 레이어를 Create a new layer 아이콘으로 드래그하여 복사합니다.

03 여러 가지 필터 효과를 적용시켜 보겠습니다. 먼저 복사시켜 놓은 이미지 레이어는 도큐먼트에서 보이지 않도록 눈 아이콘을 클릭하여 가려놓습니다.

04 백그라운드 레이어를 선택하고 [Filter]-[Convert for Smart Filters] 명령을 실행합니다. 그러면 백그라운드 레이어가 일반 투명 레이어로 바뀌는 것을 볼 수 있습니다.

강의노트

Convert for Smart Filters를 사용하면 필터 효과를 적용한 후에도 레이어 패널에 작업 리스트가 남아있어 수정할 수 있다는 장점이 있습니다.

05 가장 먼저 [Filter]-[Filter Gallery] 명령을 실행하여 [Distort]-[Glass] 효과를 적용합니다. 레이어 패널에 리스트가 생기는 것을 볼 수 있습니다.

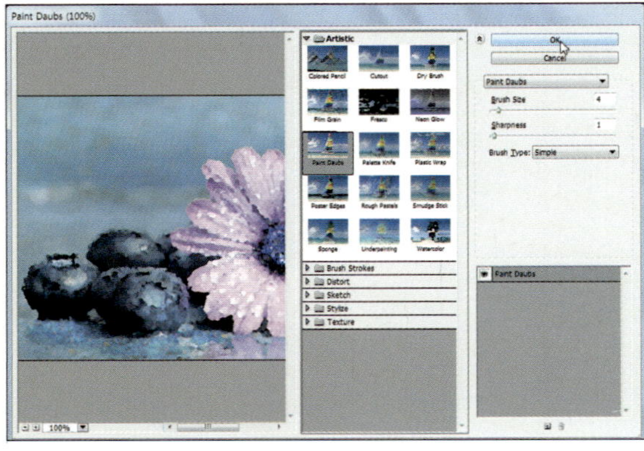

06 다시 [Filter]-[Filter Gallery]-[Artistic]-[Paint Daubs]을 실행합니다.

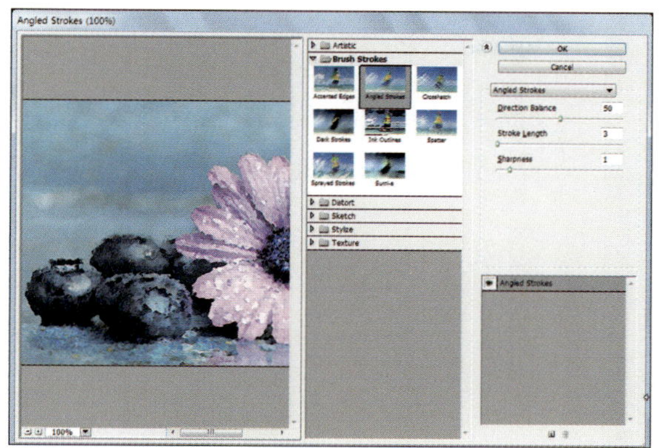

07 추가적으로 [Filter]-[Filter Gallery]-[Brush Strokes]-[Angled Strokes] 효과를 적용합니다.

08 마지막으로 [Filter]-[Filter Gallery]-[Texture]-[Texturizer] 명령을 실행하여 거칠게 이미지를 표현합니다.

09 앞서 가려놓은 레이어의 눈 아이콘을 클릭하여 도큐먼트에 보이도록 하고 [Image]-[Adjustments]-[Desaturate] 명령을 실행합니다.

263

Photoshop

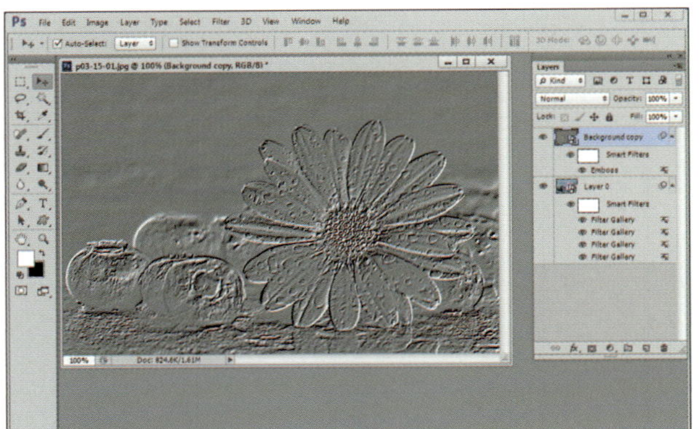

10 흑백으로 변환된 이미지에 [Filter]–[Convert for Smart Filters] 메뉴를 선택하고 [Filter]–[Stylize]–[Emboss] 명령을 실행하여 입체 효과를 적용합니다.

11 블랜드 모드에서 Overlay를 선택하고 Opacity 값을 조절하여 유화 느낌을 완성합니다.

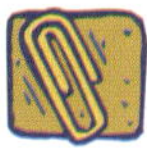 **업그레이드 한판**

스크린 모드

1. 기본 모드(Standard Screen Mode)

작업시 가장 기본 작업 모드로써 각각의 이미지를
작업 창에 표시하는 표준 모드입니다. 모든 제목 바,
메뉴, 패널 등이 모두 보이게 됩니다.

2. 풀 스크린 메뉴 모드(Full Screen Mode With Menu Bar)

현재 작업 중인 하나이 이미지가 풀 화면 상태로
표시되는 작업 모드입니다. 이때는 이미지가 화면
중앙에 위치합니다. 표준 스크린 모드에서 키보드의
F 키를 누르면 전환됩니다.

3. 풀 스크린 모드(Full Screen Mode)

메뉴 바가 보이지 않으며 윈도우 창 배경이 모두
검은색으로 바뀝니다. 메뉴를 보이게 하려면 툴
박스의 위쪽 상단에 있는 삼각형 버튼을 클릭하면
됩니다. 풀 스크린 메뉴 모드에서 키보드의 F 키를
누르면 전환됩니다.

Photoshop

실전문제

1. 색상 보정 기능과 블랜드 모드 등을 사용하여 스케치 효과를 만들어 보세요.

▲ 준비 파일 : Sample〉p03-15-02.jpg

▲ 완성 파일 : Artwork〉p03-15-02.psd

힌트

❶ [File]-[Open] 명령으로 준비된 파일들을 불러와 백그라운드 레이어를 복사합니다.

❷ 복사된 레이어에 [Image]-[Adjustments]-[Desaturate]를 실행하여 흑백으로 전환시키고 레이어를 복사합니다.

❸ [Image]-[Adjustments]-[Invert] 명령을 실행하여 색상을 반전시켜주고 블랜드 모드에서 Color Dodge를 지정합니다.

❹ [Filter]-[Convert for Smart Filters]를 실행하고 [Filter]-[Blur]-[Gaussian Blur]를 적용합니다.

❺ 앞서 작업한 반전 레이어와 흑백 레이어를 Merge Layers 명령으로 하나로 합쳐줍니다.

❻ 합쳐진 레이어에 블랜드 모드에서 Multiply를 적용하고 Opacity 값을 조절합니다.

❼ 백그라운드 레이어를 하나 더 복사하여 레이어에서 가장 위쪽으로 이동시키고 블랜드 모드에서 Color를 적용하여 완성합니다.

2. 필터와 여러 가지 기능들을 활용하여 독특한 사진 이미지를 표현해 보세요.

▲ 준비 파일 : Sample〉p03-15-03.jpg

▲ 완성 파일 : Artwork〉p03-15-03.psd

힌트

❶ [File]–[Open] 명령으로 준비된 파일들을 불러와 백그라운드 레이어를 복사합니다.

❷ 복사된 레이어 [Image]–[Adjustments]–[Desaturate]를 실행하여 흑백으로 전환시키고 레이어를 복사합니다.

❸ [Filter]–[Convert for Smart Filters]를 실행하고 [Filter]–[Blur]–[Motion Blur]를 적용합니다.

❹ 레이어 패널에서 Add layer mask 아이콘을 클릭하여 마스크를 적용하고 얼굴 부분만을 검은색으로 터치하여 자연스럽게 표현합니다.

❺ 두 개의 흑백 레이어를 복사한 후 Merge Layers를 적용하여 하나로 합쳐줍니다.

❻ [Filter]–[Filter Gallery]–[Distort]–[Diffuse Glow]를 적용하고 보정 레이어에서 Solid Color를 선택, 초록색으로 지정합니다.

❼ 마지막으로 블랜드 모드에서 Color를 적용하고 Opacity 값을 조절합니다.

사각형 모양의 콜라주 작품 만들기

광고이미지나 포스터 등 이미지에 화려하고 독특한 표현 기법이 적용된 결과물들을 접했다면 여러분들은 어떤 생각을 하세요? 아마 대부분은 저 이미지를 어떻게 표현했을까 하고 궁금증을 나타내고 한번쯤은 동일한 표현 효과를 적용시켜 보려고 고민한 적이 있을 것입니다. 이번 시간에는 앞서 학습하였던 여러 가지 기능을 함께 사용하여 평범한 사진 이미지를 콜라주 느낌이 나는 독특한 이미지로 만들어 보겠습니다.

〈학습할 기능〉
사각 선택 툴, Layer Mask, Layer Style, 레이어 복사하기, 이동 툴, Transform

 완성물 미리보기

◀ 준비 파일 : Sample)p03-16-01.jpg

◀ 완성 파일 : Artwork)p03-16-01.psd

직접 해보기

01 [File]-[Open] 명령으로 "Sample〉 part03" 폴더안의 "p03-16-01.jpg" 파일을 불러옵니다. 그리고 백그라운드 레이어를 Create a new layer 아이콘으로 드래그하여 복사합니다.

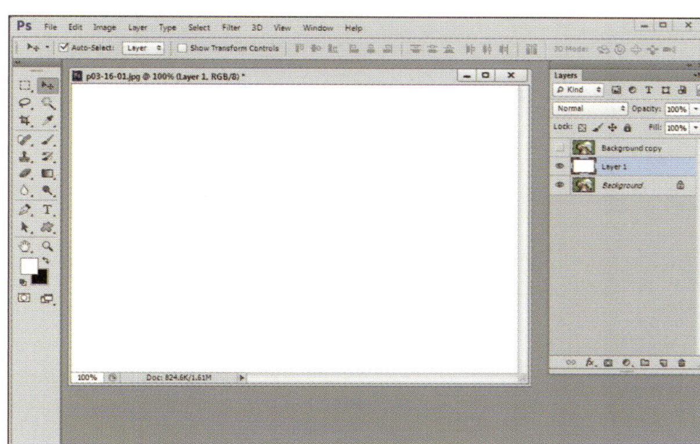

02 두 레이어 사이에 투명 레이어를 추가합니다. 전경색을 흰색으로 지정하고 Alt +Delete를 눌러 색상을 채워 넣습니다.

03 가장 위쪽의 레이어를 선택하고 사각 선택 툴로 Shift 키를 누른 채 드래그하여 선택합니다.

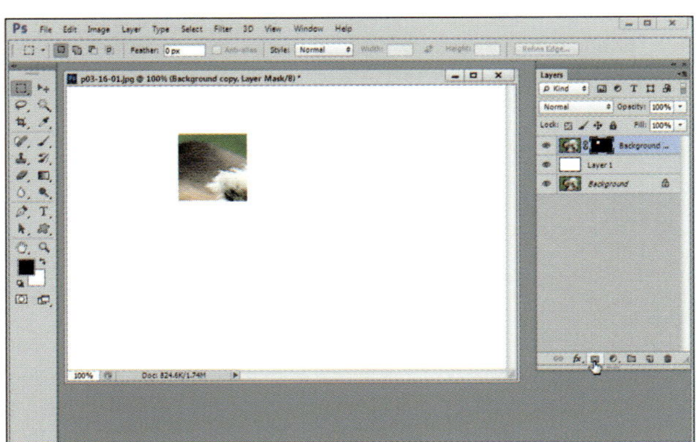

04 그런 다음 레이어 패널 하단의 Add layer mask 아이콘을 클릭하여 마스크를 적용합니다. 그러면 사각형 영역 안에만 이미지가 보이게 됩니다.

포토샵

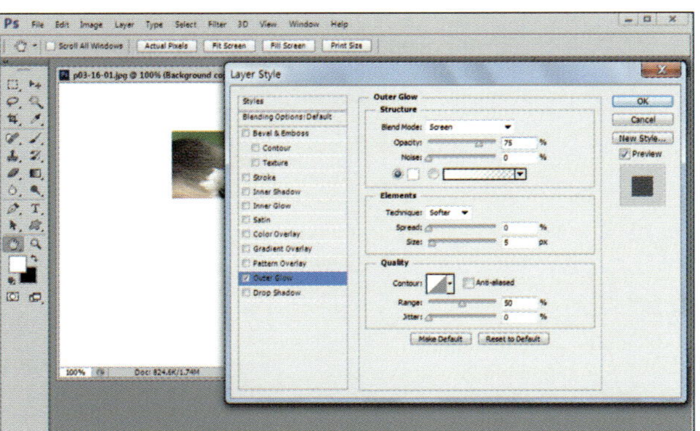

05 레이어 패널 하단의 Add a layer style 아이콘을 클릭하여 Outer Glow 효과를 그림처럼 적용합니다.

📖 강의노트

Outer Glow 효과를 적용시 배경에 흰색 바탕이 있으므로 퍼짐 효과가 보이지 않습니다. 흰색 배경을 잠깐 가려 놓은 후 효과를 적용하면 잘 보입니다.

06 레이어 패널에서 마스크가 적용된 레이어의 가운데 링크 부분을 클릭하여 숨겨줍니다. 그리고 레이어를 하나 더 복사합니다.

📖 강의노트

레이어 마스크가 적용된 레이어의 링크 고리를 숨겨주는 이유는 이미지의 이동 없이 마스크 부분만을 이동시키기 위해서입니다.

07 툴 패널에서 이동 툴을 선택하고 사각형 영역을 드래그하여 이동시킵니다.

08 현재 작업 중인 레이어를 하나 더 복사하고 마스크 부분만을 선택한 후 이동시켜줍니다. 그런 다음 Ctrl + T 를 눌러 크기를 조절하고 Enter 키를 누릅니다.

09 위와 동일한 방법으로 여러 개의 레이어를 복사하고 크기를 각각 조절하여 콜라주 느낌을 표현해 봅니다.

실전문제

1. 마스크 기능을 이용하여 사진을 꾸며 보세요.

▲ 준비 파일 : Sample〉p03-16-02.jpg

▲ 완성 파일 : Artwork〉p03-16-02.psd

힌트

❶ [File]-[Open] 명령으로 준비된 파일들을 불러와 백그라운드 레이어를 복사합니다.

❷ 두 레이어 사이에 투명 레이어를 추가하고 ⌈Alt⌉+⌈Delete⌉ 키를 눌러 초록색을 채워 넣습니다.

❸ 초록색 레이어 위에 투명 레이어를 추가하고 사각 선택 툴로 선택 영역을 만들어 검정 색상을 채워 넣습니다.

❹ 가장 위쪽에 있는 복사된 레이어를 선택하고 [Layer]-[Create Clipping Mask] 명령을 실행하고 레이어 스타일에서 Stroke과 Drop Shadow를 적용합니다.

❺ 사각형 레이어와 이미지 레이어를 동시에 선택하고 복사하여 도큐먼트에서 이동시킵니다.

❻ 두 레이어가 동시에 선택된 상태에서 ⌈Ctrl⌉+⌈T⌉를 눌러 함께 회전 시켜주고, 사각형 레이어만을 선택한 후 ⌈Ctrl⌉+⌈T⌉를 눌러 크기를 조절합니다.

❼ 위와 동일한 방법으로 여러 개의 레이어를 복사하여 크기를 조절하여 꾸며 줍니다.

2. 주어진 사진 이미지에 액자 테두리 효과를 표현해 보세요.

▲ 준비 파일 : Sample〉p03-16-03.jpg

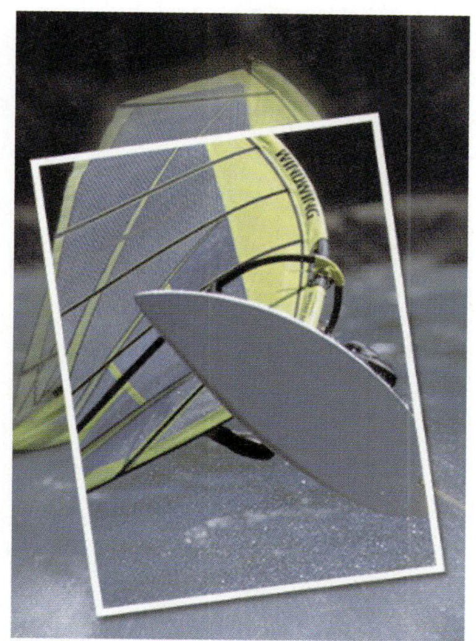

▲ 완성 파일 : Artwork〉p03-16-03.psd

힌트

❶ [File]–[Open] 명령으로 준비된 파일들을 불러옵니다.

❷ 백그라운드 레이어를 두 개 복사한 후 가장 위쪽의 레이어는 도큐먼트에 보이지 않게 가려놓습니다.

❸ 가운데 레이어를 선택하고 [Filter]–[Blur]–[Radial Blur] 효과를 적용합니다.

❹ 사각 도형 툴을 선택하고 옵션 패널에서 Shape 항목을 지정합니다. 또한 면색만을 지정한 상태에서 이미지에 드래그하여 직사각형을 만듭니다.

❺ 가장 위쪽에 있는 레이어를 선택하고 Clipping Mask를 적용하고, Ctrl + T 를 눌러 회전시켜줍니다.

❻ 사각형 레이어에 레이어 스타일에서 Stroke과 Drop Shadow를 적용하여 완성합니다.

23 section

이미지 표현하기

3D 느낌의 입체적

이번 시간에는 작업 소스를 활용하여 디자인 결과물을 만들어 보는 시간입니다. 앞서 포토샵에서 이미지를 열고, 합성 이미지를 만드는 방법과 포토샵을 운용하는데 있어서 기본적인 도구의 사용 방법과 메뉴, 패널들의 다양한 기능들을 숙지하였습니다. 여기서는 앞에서 학습하였던 여러 가지 기능들을 모두 사용하여 좀 더 사실적인 디자인 결과물을 만들어 봅니다. .

〈학습할 기능〉
레이어 복사하기, 보정 레이어 사용, 사각 선택 툴, Transform Selection, Transform, Layer Mask, Layer Style, Filter

 완성물 미리보기

◀ 준비 파일 : Sample〉p03-17-01.jpg

◀ 완성 파일 : Artwork〉p03-17-01.psd

직접 해보기

01 [File]-[Open] 명령으로 "Sample〉part03" 폴더안의 "p03-17-01.jpg" 파일을 불러옵니다.

02 백그라운드 레이어를 Create a new layer 아이콘으로 드래그하여 두 개를 더 복사합니다.

03 백그라운드 레이어를 선택하고 레이어 패널 하단의 Create new fill or adjustment layer 아이콘을 클릭하여 Gradient를 선택합니다.

275

Photoshop

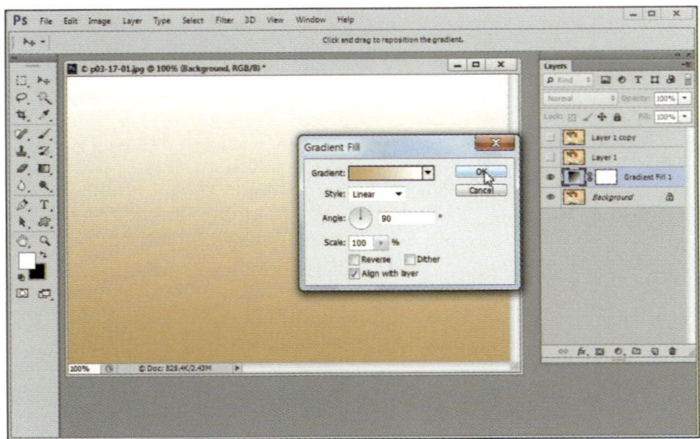

포토샵

04 대화상자에서 그라디언트 색상을 진한 갈색과 연한 갈색 계통으로 지정하고, 각도를 조절하여 OK 버튼을 클릭합니다.

05 복사된 두 번째 레이어를 선택하고 사각 선택 툴로 이미지에 드래그하여 선택 영역을 만듭니다.

06 [Select]-[Transform Selection] 명령을 실행하고, 곧바로 [Edit]-[Transform]-[Perspective]를 선택하여 모양을 변형시켜줍니다.

[Select] 메뉴의 Transform Selection은 이미지와는 상관없이 선택 영역만의 변형을 위해 사용하는 기능입니다.

07 계속하여 바운딩 박스가 남아있는 상태에서 다시 한 번 [Edit]–[Transform]–[Scale]를 선택하여 납작하게 모양을 변형시켜 줍니다.

08 그런 다음 레이어 패널 하단의 Add layer mask 아이콘을 클릭하면 선택 영역 안에만 이미지가 보이게 됩니다.

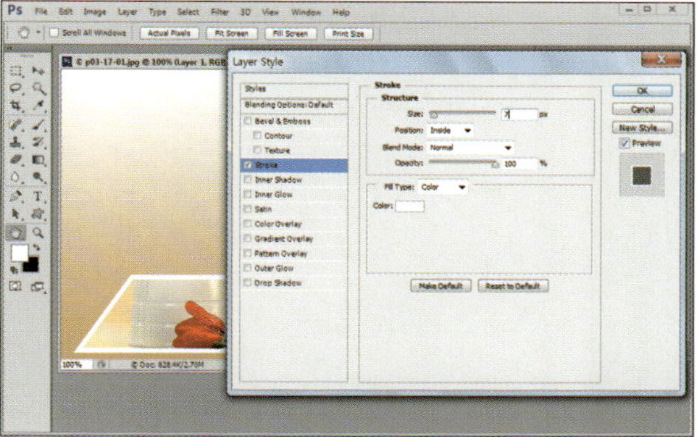

09 이어서 Layer Style에서 Stroke를 선택하여 테두리 효과를 만들어 줍니다.

277

Photoshop

10 이번에는 가장 위쪽의 레이어를 선택합니다. 툴 패널에서 자석 올가미 툴을 선택하고 옵션 패널에서 Frequency 값을 조절한 후 이미지를 선택합니다.

강의노트

선택 툴로 이미지를 선택할 때 [Shift] 키를 사용하여 선택 영역을 추가하거나, [Alt] 키를 사용하여 선택 영역을 제외시키면 됩니다.

11 레이어 패널에서 Add layer mask 아이콘을 클릭하여 선택 영역 안쪽의 이미지만을 표현합니다.

12 이제 [Ctrl] 키를 누른 상태에서 중간 레이어의 마스크 썸네일 부분을 클릭하여 선택 영역으로 활성화시킵니다.

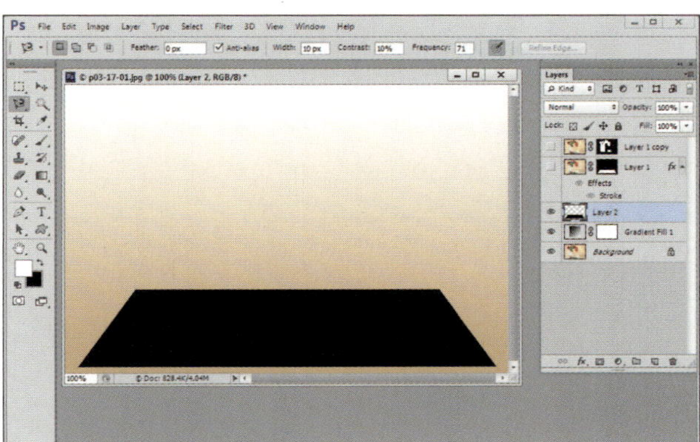

13 그라디언트 색상이 적용된 레이어 바로 위쪽에 새로운 투명 레이어를 추가하고 검은색을 채워 넣습니다.

강의노트

Alt +Delete 는 전경색을, Ctrl +Delete 키는 배경색을 채워 넣는 단축키입니다.

14 선택 영역이 활성화되어 있는 상태에서 중간 레이어의 링크 아이콘을 클릭하여 숨겨둔 뒤 [Edit]-[Transform]-[Warp] 명령으로 모양을 변형시켜 줍니다.

15 Ctrl +D 를 눌러 선택 영역을 해제하고 레이어 패널에서 검은색 그림자 레이어를 선택합니다.

16 그리고 [Filter]-[Blur]-[Gaussian Blur]를 실행하여 부드럽게 퍼짐 효과를 적용합니다.

17 마지막으로 Ctrl + T 를 눌러 크기를 조절하고 Opacity 값을 조절하여 완성합니다.

포토샵

 **업그레이드 한판**

표준 모드(Edit in Standard Mode)와 퀵 마스크 모드(Edit in Quick Mask Mode)

1. 표준 모드 ▣

포토샵의 기본 편집 모드로서 모든 기능을 적용하고, 시각적으로 확인할 수 있는 모드입니다.

2. 퀵 마스크 모드 ▣

퀵 마스크 모드로 전환하여 선택 영역과 마스크 영역을 지정하는 기능입니다. 마스크 모드에서 칠해진 영역은 표준 모드로 전환 시에 선택 영역으로 바뀌게 됩니다. 사진 보정과 같은 정밀한 선택 작업에 자주 사용됩니다.

▲ 퀵 마스크 모드에서의 페인팅 작업

▲ 표준 모드로 전환하여 선택 영역으로 변경한 상태

3. 퀵 마스크 아이콘을 더블클릭하면 옵션 상자가 나타납니다.

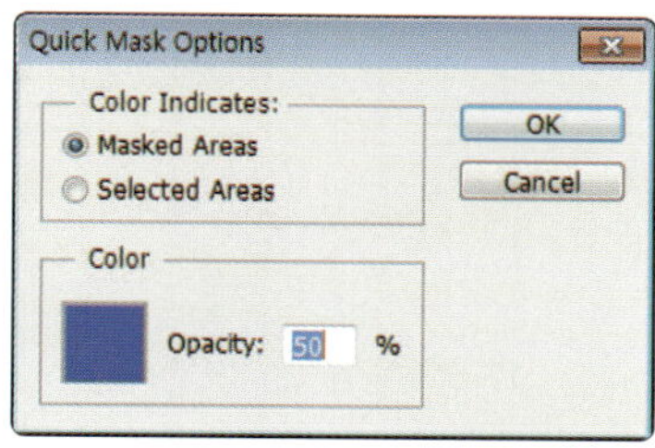

① Masked Areas : 흰색으로 칠해진 부분이 선택 영역으로 설정됩니다.

② Selected Areas : 검은색으로 칠해진 부분이 선택 영역으로 설정됩니다.

③ Color : 퀵 마스크 모드에서 칠해진 영역을 표시하는 색상과 불투명도를 선택할 수 있습니다.

실전문제

1. 변형 기능과 마스크 등을 이용하여 입체적인 이미지를 만들어 보세요.

▲ 준비 파일 : Sample〉p03-17-02.jpg

▲ 완성 파일 : Artwork〉p03-17-02.psd

힌트

❶ [File]-[Open] 명령으로 준비된 파일을 불러와 백그라운드 레이어를 두 개 복사합니다.

❷ 백그라운드 레이어를 선택하고 보정 레이어에서 Gradient 색상을 적용합니다.

❸ 사각 선택 툴로 선택 영역을 만들고 [Select]-[Transform Selection]을 실행합니다. 계속하여 [Edit]-[Transform]-[Distort] 명령으로 모양을 변형시켜 줍니다.

❹ Layer Mask를 적용하고 레이어 스타일에서 Stroke을 실행합니다.

❺ 펜 툴이나 선택 툴들을 사용하여 이미지의 인물부분만을 선택하고 Layer Mask를 적용하여 배경을 가려줍니다.

❻ 새로운 레이어를 추가하고, 앞서 변형시켰던 마스크 영역을 선택 영역으로 활성화합니다. 그리고 검은색을 채워 넣습니다.

❼ 선택된 상태에서 레이어의 링크 아이콘을 숨기고 [Edit]-[Transfrom]-[Warp]를 실행하여 모양을 변형시켜 줍니다.

❽ 그림자 레이어를 선택하고 [Filter]-[Blur]-[Gaussian Blur]를 적용하고, 크기와 Opacity 값을 조절합니다.

2. 남들과는 다른 독특한 사진 이미지를 만들어 보세요.

▲ 준비 파일 : Sample〉p03-17-03.jpg

▲ 완성 파일 : Artwork〉p03-17-03.psd

힌트

❶ [File]–[Open] 명령으로 준비된 파일을 불러와 백그라운드 레이어를 두 개 복사합니다.

❷ 백그라운드 레이어를 선택하고 보정 레이어에서 파란색과 흰색의 Gradient 색상을 적용합니다.

❸ 사각 선택 툴로 선택 영역을 만들고 [Select]–[Transform Selection]을 실행합니다. 계속하여 [Edit]–[Transform]–[Distort] 명령으로 모양을 변형시켜 줍니다.

❹ 그리고 Layer Mask를 적용하고 레이어 스타일에서 Stroke을 실행합니다.

❺ 선택 툴을 사용하여 이미지의 인물부분만을 선택하고 Layer Mask를 적용하여 배경을 가려줍니다.

❻ 새로운 레이어를 추가하고, 앞서 변형시켰던 마스크 영역을 선택 영역으로 활성화합니다. 그리고 검은색을 채워 넣습니다.

❼ 선택된 상태에서 레이어의 링크 아이콘을 숨기고 [Edit]–[Transfrom]–[Warp]를 실행하여 모양을 변형시켜 줍니다.

❽ 그림자 레이어를 선택하고 [Filter]–[Blur]–[Gaussian Blur]를 적용하고, 크기와 Opacity 값을 조절합니다.

24 section

변형 기능으로 사진 편집하기

이번 시간에는 퍼펫 기능을 사용하여 이미지를 편집해 보겠습니다. 퍼펫 기능은 이미지, 텍스트 등의 그래픽 요소에 변형 축을 만들어 자연스러운 변형 작업을 할 수 있습니다. 이미지를 비틀거나 늘려서 새로운 모양을 만들 수 있으며, 기존의 학습하였던 여러 가지 변형 기능들과 함께 사용하여 전혀 다른 새로운 이미지 편집이 가능합니다.

〈학습할 기능〉
마술봉 툴, 다각형 선택 툴, Layer via Copy, Transform, Puppet Warp, 레이어 합치기, Layer Style, Create Layer

 **완성물 미리보기**

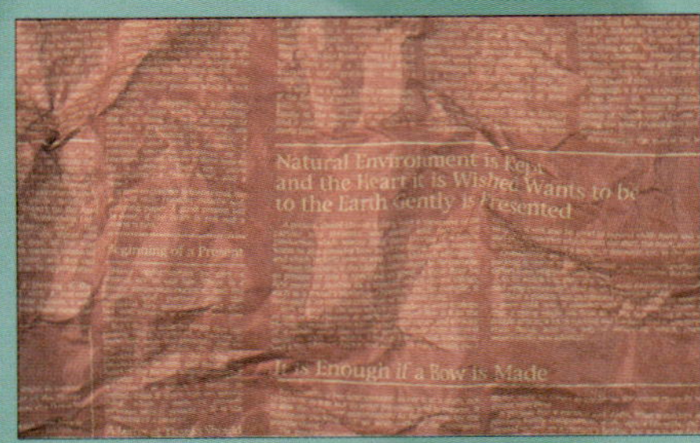

▲ 준비 파일 : Sample〉p03-18-01.jpg, 02.jpg

◀ 완성 파일 : Artwork〉p03-18-01.psd

직접 해보기

01 [File]-[Open] 명령으로 "Sample〉part03" 폴더안의 "p03-18-01.jpg, 02.jpg" 파일을 불러옵니다. 이동 툴을 사용하여 화병 이미지를 배경 이미지로 끌어옵니다.

02 화병을 하나 더 만들어 보겠습니다. 마술봉 툴을 선택하고 옵션 패널에서 Tolerance 값을 지정합니다. 그리고 배경 이미지에 클릭하여 선택합니다.

03 화병을 선택하기 위해서 [Select]-[Inverse] 명령을 실행하여 선택 영역을 반전시킵니다.

Photoshop

04 [Layer]–[New]–[Layer via Copy] 메뉴를 선택하여 이미지를 복사합니다. 레이어 패널을 보면 새로운 화병 이미지 레이어가 생긴 것을 볼 수 있습니다.

05 이동 툴로 옆을 이동시킨 후 Ctrl + T 를 눌러 크기를 조절합니다.

06 계속하여 [Edit]–[Puppet Warp] 메뉴를 선택합니다. 이미지 면을 삼각형 모양으로 분할한 매쉬 형태의 조절점들이 생깁니다.

포토샵

07 변형할 때 이미지가 움직이지 않도록 고정시킬 부분을 마우스로 클릭하여 고정점을 만들어 줍니다.

08 그런 다음 나머지 부분들은 마우스로 여러 번 드래그하여 원하는 모양을 만들어 줍니다.

287

Photoshop

09 원본 이미지 레이어와 변형시킨 이미지 레이어를 Shift 키를 누른채 클릭하여 함께 선택하고, 마우스 오른쪽 키를 눌러 Merge Layer를 실행하여 하나로 합쳐줍니다.

10 이번에는 이미지를 꾸며 보겠습니다. 먼저 [Ctrl]+[T]를 눌러 이미지의 크기를 축소시킵니다.

11 레이어 패널 하단의 Add a layer style 아이콘을 클릭하여 Drop Shadow를 적용합니다.

12 그런 다음 fx 아이콘 또는 Effects 부분에 대고 마우스 오른쪽 키를 클릭하여 Create Layer를 선택합니다.

13 먼저 이미지 레이어를 선택하고 [Edit]−[Distort]−[Warp] 명령을 실행하여 모양을 변형시켜 줍니다.

14 다시 그림자 레이어를 선택하고 위와 동일한 Warp 기능으로 모양을 자연스럽게 변형시켜 줍니다.

15 마지막으로 스티커 모양을 만들어 주기 위해서 다각형 올가미 툴로 선택 영역을 만듭니다.

Photoshop

16 레이어 패널에서 새로운 투명 레이어를 추가하고 전경색을 흰색으로 지정한 후 Alt + Delete 를 눌러 색상을 채워줍니다.

17 Opacity 값을 조절하여 투명하게 처리해 주고, 나머지 오른쪽 스티커 부분 또한 위와 동일한 방법으로 만들어 주어 완성합니다.

포토샵

 **업그레이드 한판**

1. Character

문자의 속성을 조절할 수 있는 패널로써 글꼴, 스타일, 크기, 행간, 자간, 컬러 등을 모두 조절합니다.

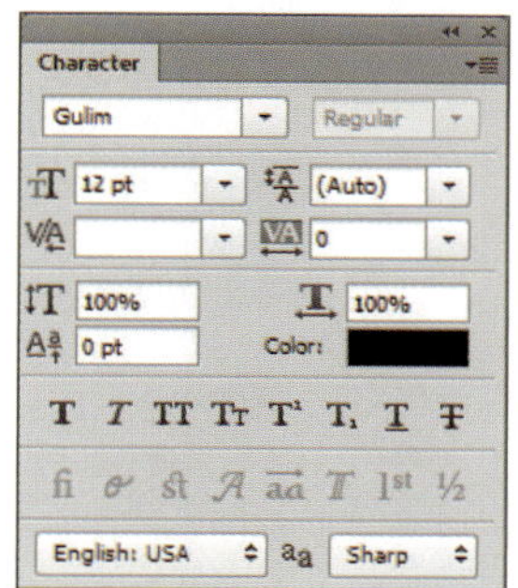

① Font : 글꼴의 종류를 선택합니다.

② Font Style : 각 글꼴에 따른 스타일(굵기, 기울임)을 선택합니다.

③ Size : 글꼴의 크기를 조절합니다.

④ Leading : 행과 행 사이의 간격(행간)을 조절합니다.

⑤ Kerning : 커서가 위치한 좌우에 있는 글자 사이의 간격을 조절합니다.

⑥ Tracking : 글자들 사이의 간격(자간)을 조절합니다.

⑦ Vertically scale : 글자의 세로 길이(폭)를 조절합니다.

⑧ Horizontally scale : 글자의 가로 길이(폭)를 조절합니다.

⑨ Baseline shift : 글자의 기준선인 베이스라인을 기준으로 글자를 상하로 조절합니다.

⑩ Color : 글자의 색상을 조절합니다.

⑪ Faux Bold : 글자를 볼드체로 굵게 표현합니다.

⑫ Faux Italic : 글자를 이탤릭체로 기울입니다.

⑬ All Caps : 영문에만 해당되는 옵션으로 모든 글자를 대문자로 표시합니다.

⑭ Small Caps : 영문에만 해당되는 옵션으로 모든 글자를 소문자로 표시합니다.

⑮ Superscript : 글자를 위첨자로 표시합니다.

⑯ Subscript : 글자를 아래첨자로 표시합니다.

⑰ Underline : 글자에 밑줄을 그어줍니다.

⑱ Strikethrough : 글자 가운데에 수평선을 그어줍니다.

⑲ 언어 : 글꼴을 지원하는 국가를 선택합니다.

⑳ Anti-aliasing : 글자의 외곽선을 부드럽게 해주는 앤티 알리아싱을 적용합니다.

2. Paragraph

문장의 정렬 기준과 들여쓰기, 단락의 여백 등을 조절할 수 있는 팔레트입니다.

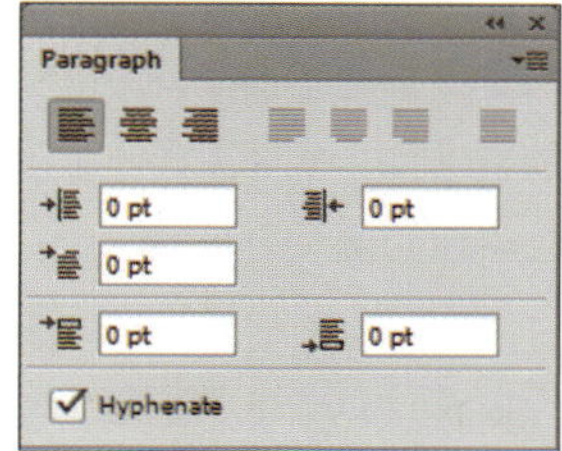

① Left align text : 문장을 왼쪽 정렬합니다.

② Center text : 문장을 중앙 정렬합니다.

③ Right align text : 문장을 오른쪽 정렬합니다.

④ Justify last left : 양끝 정렬, 단락 끝 부분의 여백을 왼쪽 정렬합니다.

⑤ Justify last centered : 양끝 정렬, 단락 끝 부분의 여백을 중앙 정렬합니다.

⑥ Justify last righ : 양끝 정렬, 단락 끝 부분의 여백을 오른쪽 정렬합니다.

⑦ Justify all : 강제 정렬, 단락 끝 부분의 여백을 양쪽 혼합 정렬합니다.

⑧ Indent left margin : 문장의 왼쪽 여백을 조절합니다.

⑨ Indent right margin : 문장의 오른쪽 여백을 조절합니다.

⑩ Indent first line : 문장의 첫 줄 들여쓰기를 조절합니다.

⑪ Add space before paragraph : 문단의 위쪽 여백을 조절합니다.

⑫ Add space after paragraph : 문단의 아래쪽 여백을 조절합니다.

⑬ Hyphenate : 영문의 경우 특정 단어가 길어서 아래 행으로 넘어갈 경우 자동으로 하이픈 표시를 하여 연결해줍니다.

실전문제

1. 변형 기능과 마스크 등을 이용하여 입체적인 이미지를 만들어 보세요.

  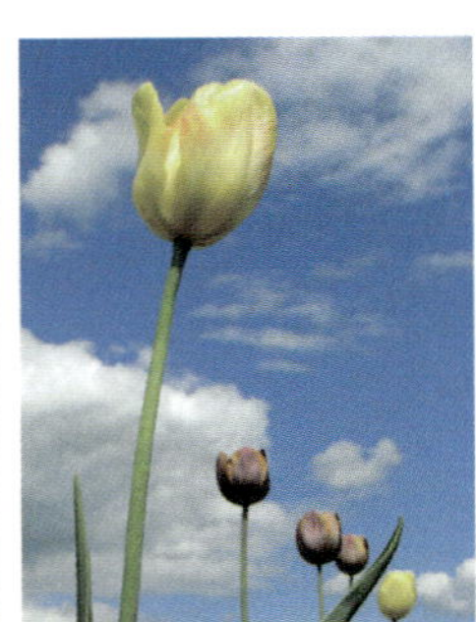

▲ 준비 파일 : Sample)p03-18-03.jpg, 04.jpg, 05.jpg

▲ 완성 파일 : Artwork)p03-18-02.psd

힌트

❶ [File]-[Open] 명령으로 준비된 파일을 불러옵니다.

❷ 꽃 이미지를 배경 이미지로 가져온 후 Transform 기능으로 모양을 사다리꼴 모양으로 변형시켜줍니다. 그런 다음 다시 [Edit]-[Transform]-[Warp]을 실행하여 펄럭이는 듯한 모양으로 변형시킵니다.

❸ 레이어 스타일에서 Stroke과 Drop Shadow를 적용하고 Create Layer 명령으로 레이어를 각각 분리합니다.

❹ 그림자 레이어를 Transform 기능을 사용하여 자연스럽게 변형해 줍니다.

❺ 펜 툴이나 자석 올가미 툴을 사용하여 튤립을 선택한 후 작업 중인 도큐먼트로 끌어옵니다.

❻ 지우개 툴로 하단 부분을 자연스럽게 삭제시켜 주고 [Alt] 키를 눌러 하나를 더 복사해 줍니다.

❼ [Ctrl]+[T]를 눌러 크기를 조절하고 Peppet Warp를 사용하여 튤립 모양을 변형시켜 완성합니다.

2. 기존에 학습하였던 여러 가지 기능들을 사용하여 합성이미지를 만들어 보세요.

▲ 준비 파일 : Sample〉p03-18-06.jpg, 07.jpg, 08.jpg

▲ 완성 파일 : Artwork〉p03-18-03.psd

힌트

❶ [File]-[Open] 명령으로 준비된 파일을 불러옵니다.

❷ 사과 이미지를 배경 이미지로 가져온 후 Transform 기능으로 크기를 축소시킵니다. 그런 다음 다시 [Edit]-[Transform]-[Warp]을 실행하여 휘어진 모양으로 변형시킵니다.

❸ 레이어 스타일에서 Stroke과 Drop Shadow를 적용하고 Create Layer 명령으로 레이어를 각각 분리합니다.

❹ 그림자 레이어를 Transform 기능을 사용하여 자연스럽게 변형해 줍니다.

❺ 펜 툴을 사용하여 체리를 선택한 후 작업 중인 도큐먼트로 끌어옵니다. 그리고 Ctrl + T 를 눌러 크기를 조절합니다.

❻ Alt 키를 눌러 하나를 더 복사하고 Peppet Warp로 꼭지 모양을 변형합니다.

❼ 마지막으로 다각형 올가미 툴로 스티커 모양으로 선택하고 색상을 채워 넣어 Opacity 값을 조절합니다.

쇼핑몰 광고 이미지 만들기

대기업의 제품 카탈로그나 광고 이미지, 쇼핑몰 등을 보면 아주 세련되고, 고급스러운 이미지와 레이아웃을 볼 수 있습니다. 디자인이 우수하면 그 기업 또한 인지도가 높아지게 됩니다. 즉 디자인에 따라서 기업에 대한 신뢰로가 다르게 나타난다는 것입니다. 이번 학습에서는 포토샵의 종합 기능을 사용하여 회사 쇼핑몰 광고이미지를 만들어 보겠습니다. 지금까지 학습한 모든 기능을 사용하여 복습해 보시기 바랍니다.

〈학습할 기능〉
사각 선택 툴, 그라디언트 툴, 둥근 모서리 도형 툴, 사용자 정의 도형 툴, Layer Mask, 패턴 등록 및 활용, 블랜드 모드, Stroke 활용, Layer Style, 문자 툴

 완성물 미리보기

◀ 준비 파일 : Sample〉p03-19-01.jpg

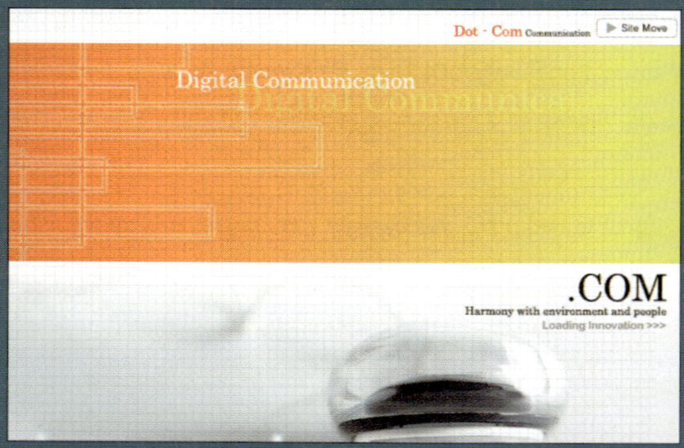

◀ 완성 파일 : Artwork〉p03-19-01.psd

직접 해보기

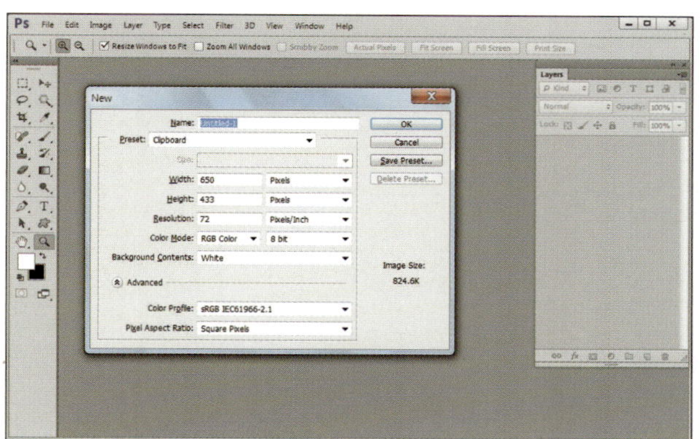

01 [File]-[New] 메뉴를 선택하여 작업할 새로운 도큐먼트를 만듭니다.

02 [File]-[Open] 명령으로 "Sample〉part03" 폴더안의 "p03-19-01.jpg" 파일을 불러옵니다.

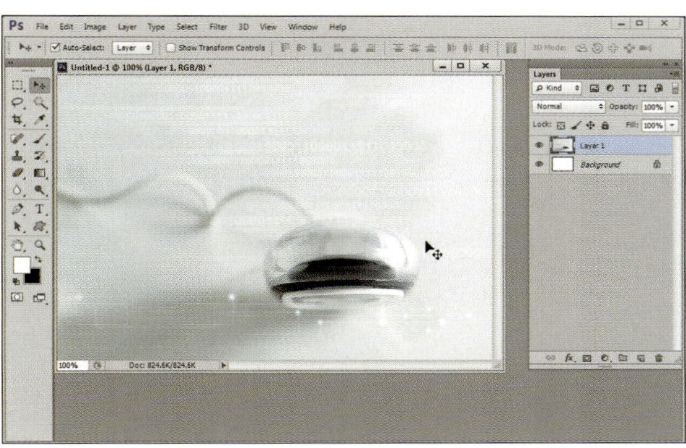

03 툴 패널에서 이동 툴을 선택하고 마우스 이미지를 드래그하여 새로운 도큐먼트로 가져옵니다.

Photoshop

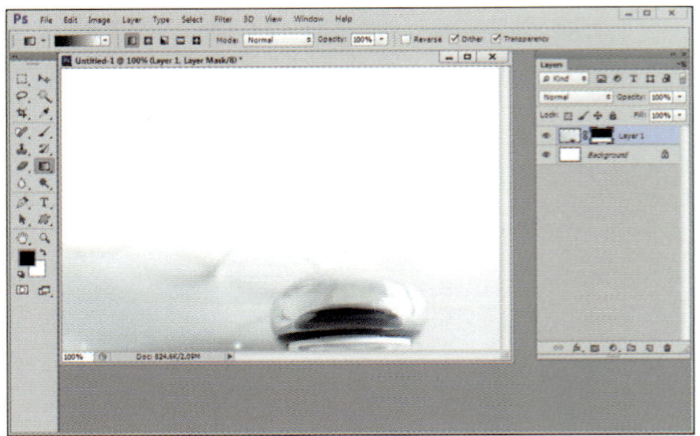

04 레이어 패널 하단의 Add layer mask 아이콘을 클릭하여 마스크를 적용하고, 그라디언트 툴로 드래그하여 상단 부분을 자연스럽게 사라지게 표현합니다.

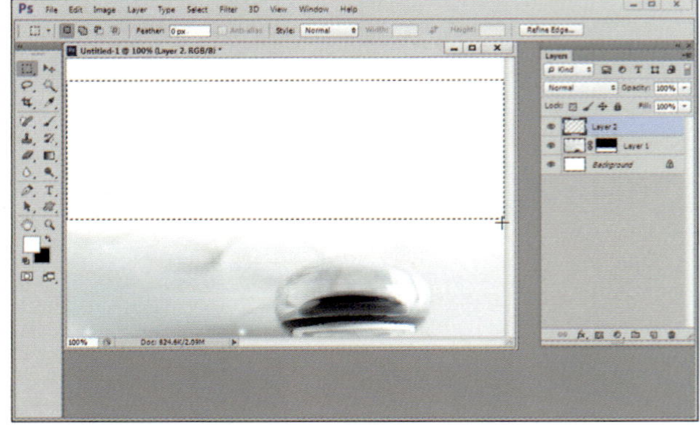

05 이번에는 새로운 투명 레이어를 추가한 다음 가운데 부분을 사각 선택 툴로 선택합니다.

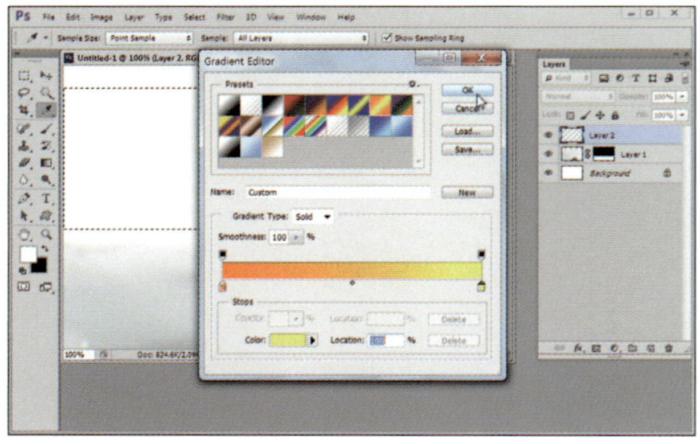

06 그라디언트 툴을 선택하고 옵션 패널에서 드롭다운 메뉴를 클릭하여 그라디언트 편집 대화상자를 엽니다. 주황색에서 노란색으로 이어지는 색상을 만들고 OK 버튼을 클릭합니다.

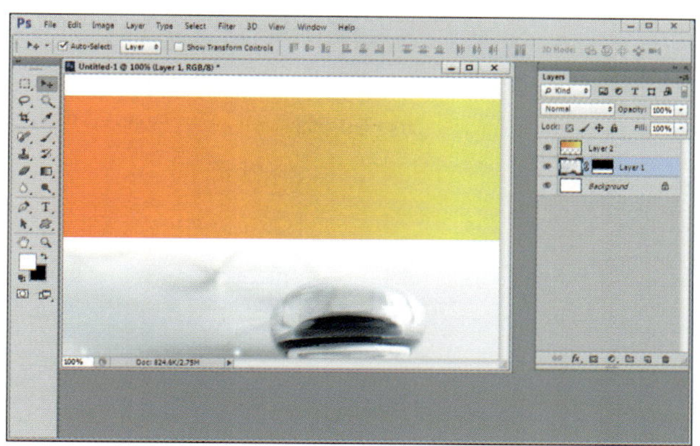

07 그런 다음 좌측에서 우측으로 드래그하여 그라디언트를 적용합니다.

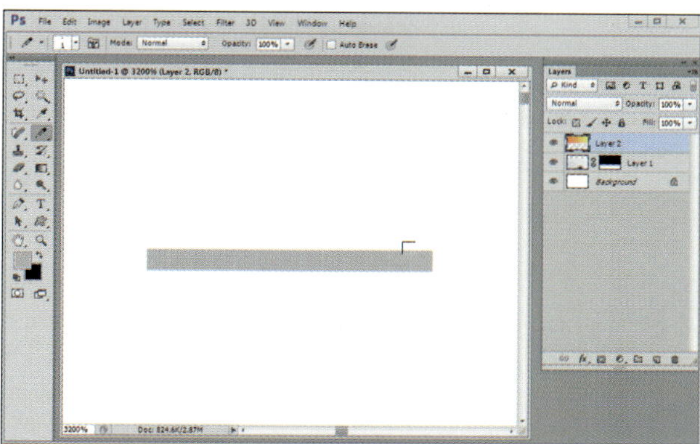

08 이제는 패턴을 만들어 보겠습니다. 돋보기 툴로 화면을 최대한 확대하고 연필 툴을 선택합니다. 레이어 패널에 새로운 레이어를 추가하고 전경색을 회색으로 지정합니다. 그런 다음 가로로 1px 두께의 선을 그려줍니다.

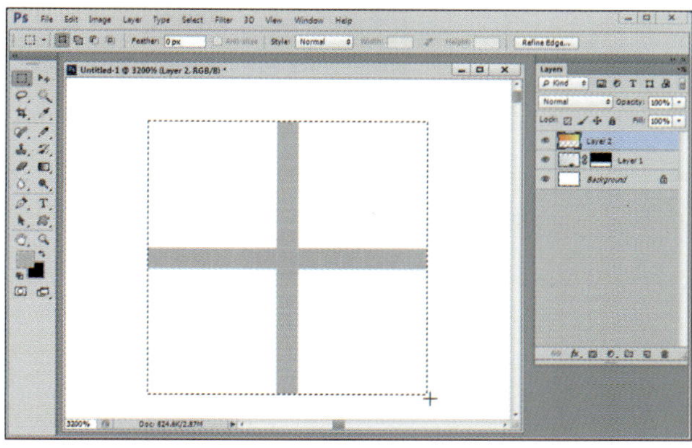

09 다시 세로 방향으로 드래그하여 십자 모양의 무늬를 그려줍니다. 그런 다음 사각 선택 툴로 드래그하여 선택 영역을 만들어 줍니다.

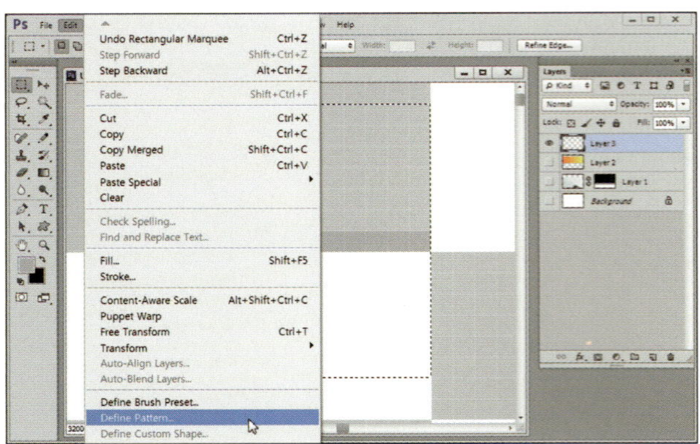

10 해당 레이어를 제외한 모든 레이어의 눈 아이콘을 클릭하여 화면에서 보이지 않도록 가려주고 [Edit] −[Define Pattern] 메뉴를 선택하여 패턴으로 등록해 줍니다.

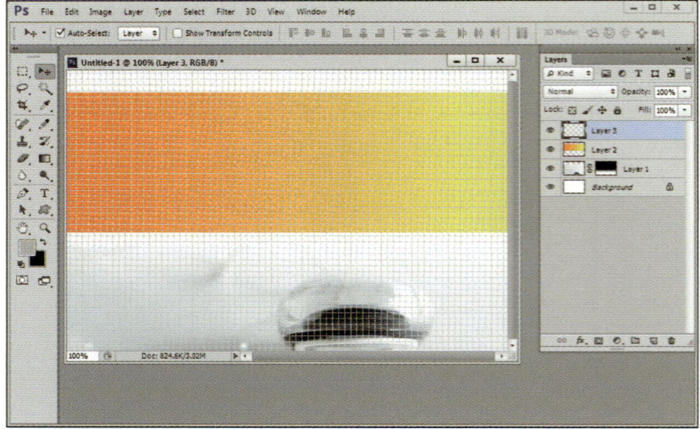

11 새로운 레이어를 만들고 [Edit]−[Fill] 메뉴를 선택하여 등록된 패턴을 선택하고 OK 버튼을 클릭합니다. 그 결과 격자 무늬의 패턴이 완성되었습니다.

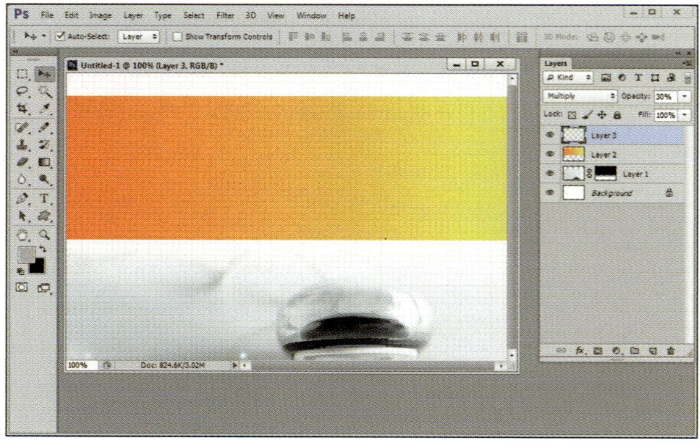

12 이제 배경 이미지 레이어를 클릭해 보세요. 그런데 라인이 너무 강하게 나타납니다. 그래서 패턴 레이어를 선택하고 블렌드 모드를 Multiply로 지정하고 Opacity 값을 조절해줍니다.

포토샵

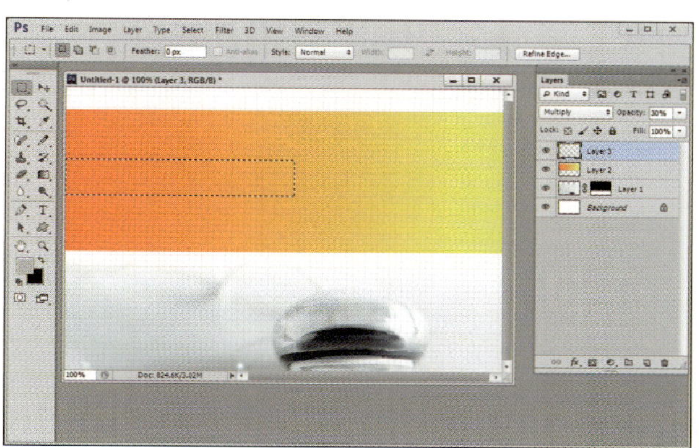

13 이번에는 라인 효과를 만들어 보겠습니다. 먼저 새로운 투명 레이어를 만든 다음 사각 선택 툴을 이용하여 박스 형태로 선택합니다.

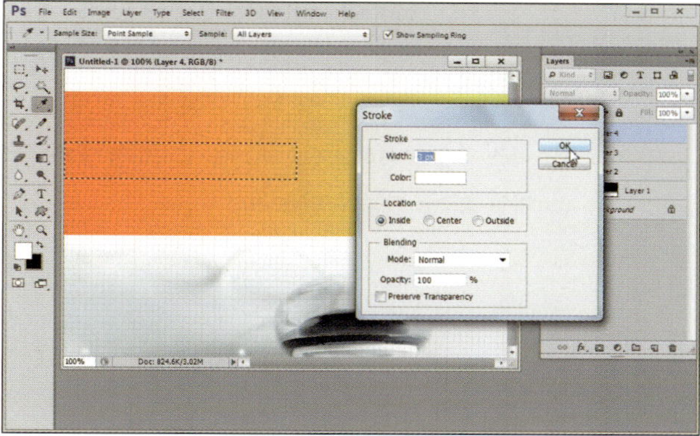

14 그런 다음 전경색을 흰색으로 지정하고 [Edit]-[Stroke]을 실행합니다. 대화상자에서 두께를 지정하고 Inside를 지정하여 OK 버튼을 클릭합니다.

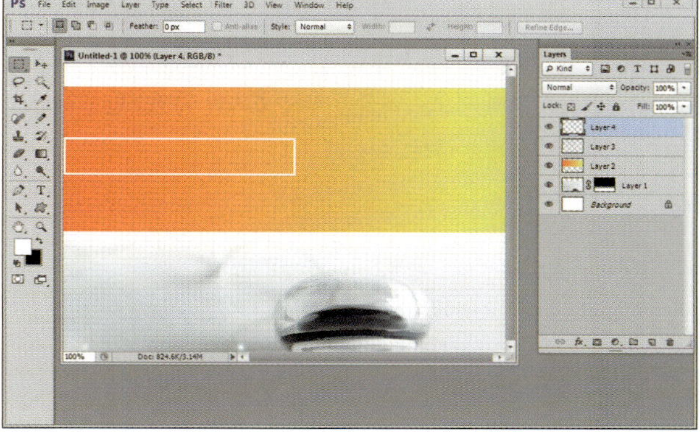

15 그 결과 선택 영역 안쪽으로 흰색의 라인이 만들어지게 됩니다.

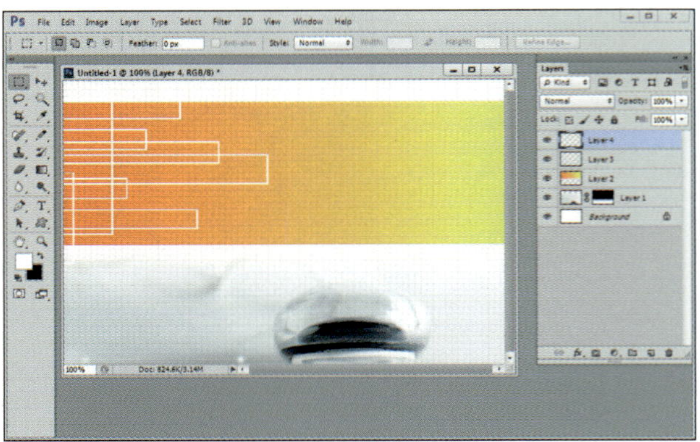

16 동일한 방법으로 라인이 겹치도록 선택한 다음 Stroke 기능을 실행하여 여러 개의 라인을 만듭니다.

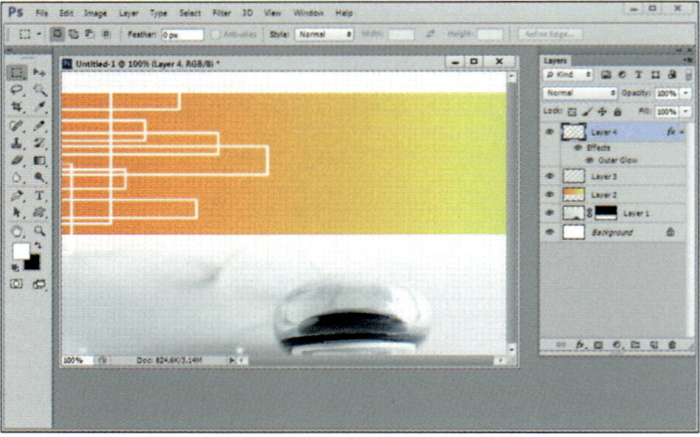

17 이번에는 만들어진 라인에 빛나는 효과를 적용하기 위해서 레이어 스타일에서 Outer Glow를 선택합니다. 적절히 색상과 사이즈 값을 조절하고 OK 버튼을 클릭하면 빛나는 라인 효과를 만들 수 있습니다.

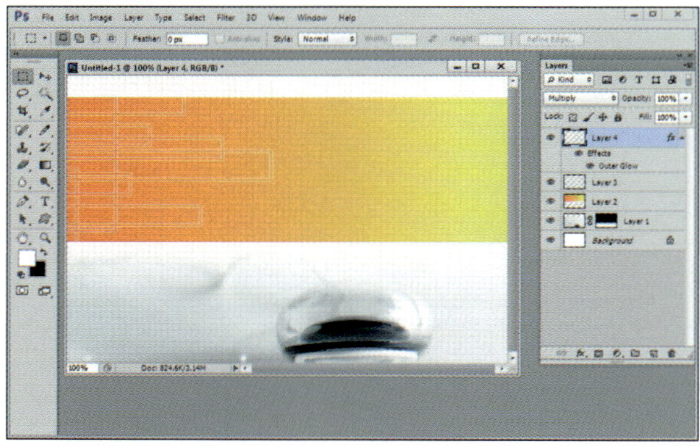

18 계속하여 블렌드 모드에서 Multiply를 적용합니다. 그러면 흰색 부분은 투명하게 되므로 바깥쪽 후광 효과만 자연스럽게 나타나게 됩니다.

포토샵

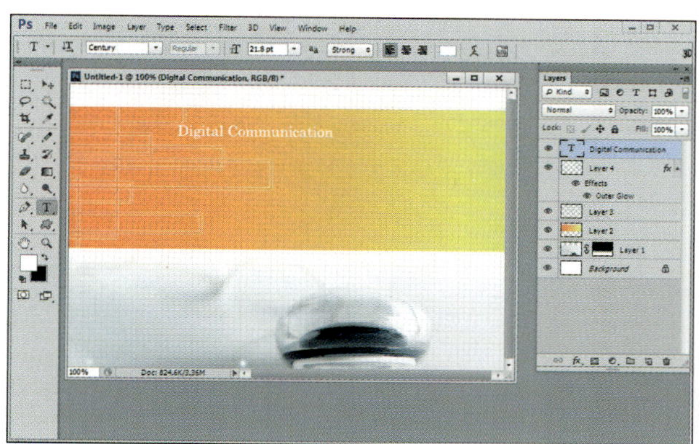

19 타이틀이 되는 문자 효과를 만들어 봅니다. 먼저 'Digital Communication'이라는 문구를 입력하고 옵션 패널이나 Character 패널에서 폰트와 크기를 조절하고 색상은 흰색으로 적용합니다.

20 그런 다음 레이어를 복사하여 폰트의 크기를 더 확대하고 글자를 겹치게 위치시킵니다.

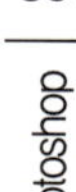

301

Photoshop

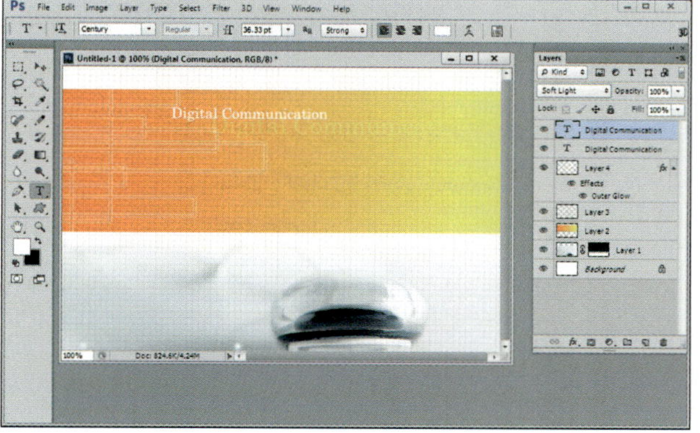

21 큰 텍스트 레이어를 선택하고 블렌드 모드를 Soft Light로 지정합니다. 그러면 고급스러운 문자 효과가 만들어지게 됩니다.

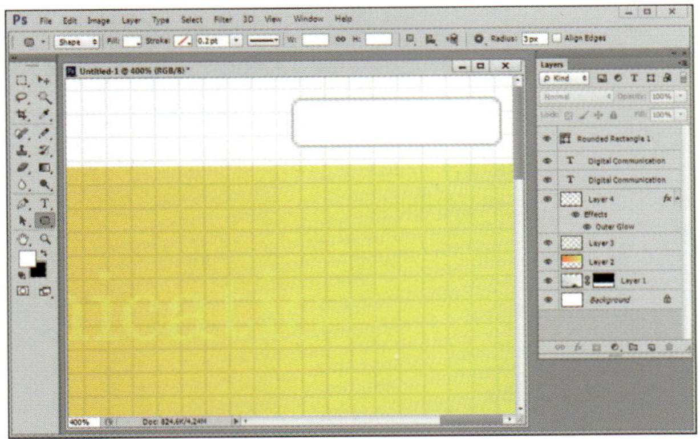

22 아이콘을 만들기 위해서 툴 패널에서 둥근 모서리 도형 툴을 선택합니다. 옵션 패널에서 Radius 값을 조절하고 Shape 항목과 면색과 선색을 지정하고 도형을 만들어 줍니다.

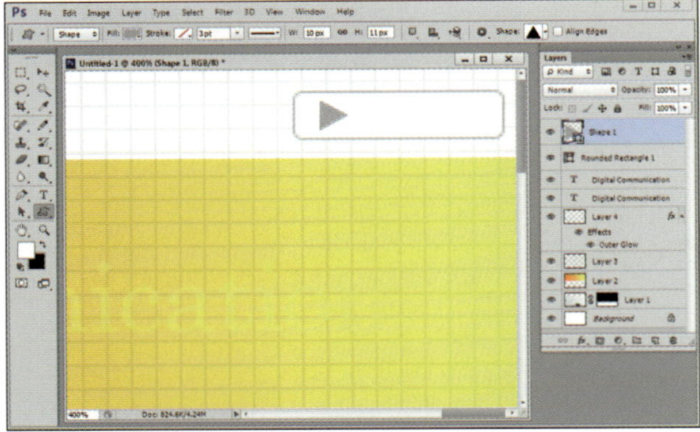

23 다시 사용자 정의 도형 툴로 회색의 삼각형 모양을 만들어 줍니다.

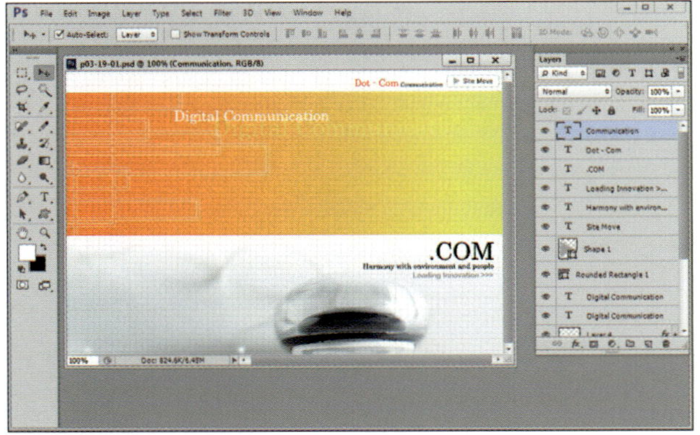

24 마지막으로 가로쓰기 문자 툴로 각각의 문구들을 입력하여 광고 이미지를 완성합니다.

실전문제

1. 블랜드 모드를 이용하여 자연스러운 합성이미지를 만들어 보세요.

▲ 준비 파일 : Sample)p03-19-02. jpg, 03.jpg

▲ 완성 파일 : Artwork)p03-19-02.psd

힌트

❶ [File]-[New] 명령으로 새로운 도큐먼트를 만들고, [Open] 명령으로 준비된 파일을 불러옵니다.

❷ 이동 툴로 여인 이미지를 끌어와 Layer Mask를 적용하여 자연스럽게 합성시킵니다.

❸ 마찬가지로 커피 이미지를 끌어와 레이어 마스크를 적용합니다.

❹ 새로운 레이어를 추가하고 진한 파란색으로 채워 넣은 후 블랜드 모드를 Color로 지정합니다.

❺ 다시 Layer Mask를 적용하고, 가로쓰기 문자 툴로 텍스트를 입력하여 완성합니다.

실전문제

2. 앞서 학습하였던 기능들을 이용하여 쇼핑몰 광고 이미지를 만들어 보세요.

▲ 준비 파일 : Sample>p03-19-04.jpg, 05.jpg, 06.jpg

▲ 완성 파일 : Artwork>p03-19-03.psd

힌트

❶ [File]-[New] 명령으로 새로운 도큐먼트를 만들고, [Open] 명령으로 준비된 파일을 불러옵니다.

❷ 새 이미지를 끌어와 크기를 조절한 후 Layer Mask를 적용합니다.

❸ 다시 카메라 이미지를 끌어와 크기를 조절합니다. 새 이미지를 렌즈 부분 안쪽에 하나 더 만들어 주고, 레이어를 복사하여 수직으로 반사. 회전시킨 후 Layer Mask를 적용합니다.

❹ 왼쪽 상단 부분의 텍스트를 입력하고 레이어를 복사하여 반사시킵니다. Skew 기능으로 텍스트를 기울여 주고 Layer Mask를 적용합니다.

❺ 라인 툴로 흰색 선을 그리고 역시 Layer Mask를 적용합니다.

❻ 나머지 카메라 이미지 또한 작업중인 도큐먼트로 끌어와 크기를 조절하고, 사용자 정의 도형 툴과 가로쓰기 문자 툴로 마무리 합니다.

메 모

애니메이션 기능으로 움직임 표현하기

마지막으로 이번 시간에는 포토샵의 애니메이션 기능을 이용하여 모자이크된 이미지가 점차 사실적인 이미지로 나타나는 애니메이션 효과를 만들어 볼 것입니다. 포토샵의 애니메이션 원리를 이해하면 다양한 효과를 쉽게 만들어 낼 수 있습니다. 움직이는 사진은 쇼핑몰에서 제품의 홍보, 미니 홈페이지에서 여러분들만의 개성 넘치는 이미지 효과를 만들어 사람들의 시선을 사로잡을 수 있습니다.

〈학습할 기능〉
사각 선택 툴, 레이어 복사하기, Timeline 기능 활용, Filter, Save for Web, 레이어 복사하기

 완성물 미리보기

◀ 준비 파일 : Sample〉p03-20-01.jpg

◀ 완성 파일 : Artwork〉p03-20-01.psd

직접 해보기

01 [File]-[Open] 명령으로 "Sample〉part03" 폴더안의 "p03-20-01.jpg" 파일을 불러옵니다. 사진 프레임 효과를 만들기 위해서 레이어 패널에서 새로운 투명 레이어를 추가합니다.

02 사각형 선택 툴로 드래그하여 이미지 중앙 부분에 선택 영역을 만들어 줍니다.

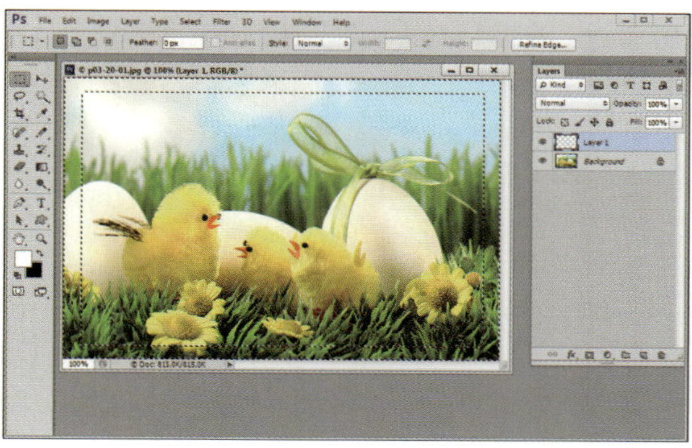

03 선택 영역이 만들어 졌으면 [Select]-[Inverse]를 실행하여 선택 영역을 반전시켜 줍니다.

04 선택 영역이 활성화된 상태에서 전경색을 흰색으로 지정하고 `Alt`+`Delete`를 눌러 색을 채워주면 흰색의 사진 테두리가 만들어집니다.

05 모자이크 형식의 이미지를 나타내기 위하여 배경 레이어를 선택한 다음 [Layer]-[New]-[Layer via Copy] 명령을 실행하여 복사본을 만듭니다.

 강의노트

레이어를 복사할 때는 일일이 New Layer 아이콘으로 드래그하는 것보다 레이어가 선택된 상태에서 `Ctrl`+`J`를 눌러서 복사하는 것이 효율적입니다.

06 모두 여덟 단계의 애니메이션으로 나타내기 위해서 `Ctrl`+`J`를 반복해서 6개의 복사본 레이어를 더 만듭니다.

07 위쪽에 놓인 복사본 레이어를 선택한 다음 [Filter]-[Pixelate]-[Mosaic]을 실행합니다.

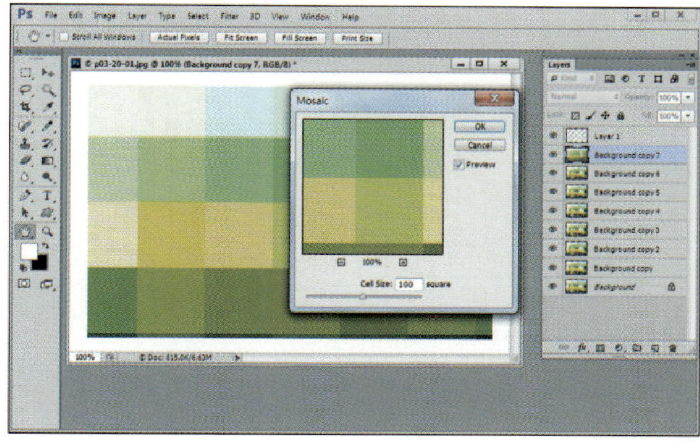

08 첫 번째 보여 지는 단계는 가장 큰 수치 값으로 모자이크 처리를 합니다. 대화상자에서 Cell Size를 '100'으로 설정한 다음 OK 버튼을 클릭합니다.

09 앞서 필터 효과가 적용된 레이어 눈 아이콘을 클릭하여 화면에 보이지 않게 합니다. 다시 바로 아래 레이어를 선택한 다음 [Filter]-[Pixelate]-[Mosaic]을 실행합니다.

Photoshop

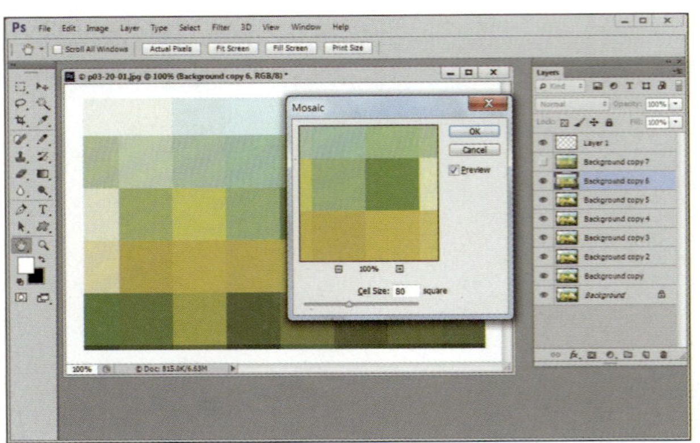

10 두 번째 단계에서는 Cell Size를 '80'으로 설정한 다음 OK 버튼을 클릭합니다.

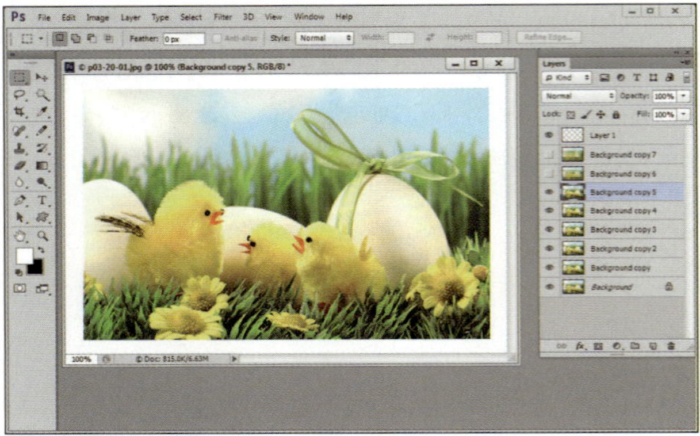

11 계속해서 눈 아이콘을 가리고 다음 레이어를 선택합니다.

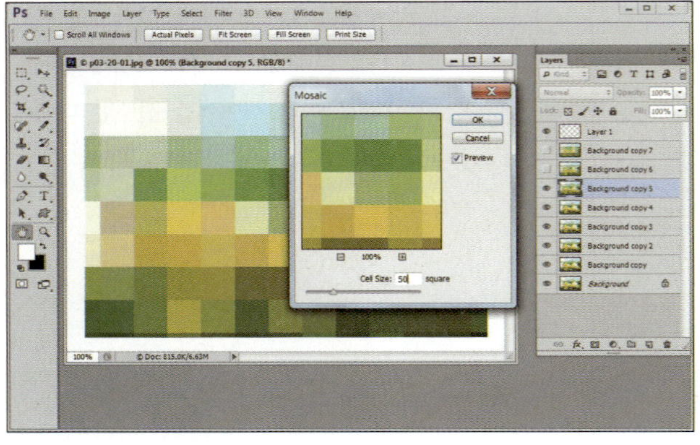

12 Mosaic 필터를 지정한 다음 Cell Size를 '50'으로 설정한 다음 OK 버튼을 클릭합니다.

포토샵

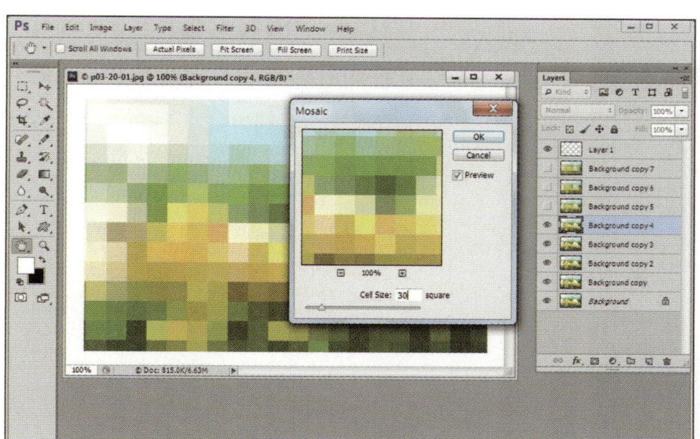

13 다음 레이어는 셀의 크기를 '30'으로 지정합니다.

14 다섯 번째 레이어는 셀의 크기를 '20'으로 지정합니다. 점차 수치 값을 줄여가면서 단계별 이미지를 나타내면 됩니다.

15 동일한 방법으로 여섯 번째, 일곱 번째 레이어의 셀의 크기를 '10', '5'로 설정하여 중간 과정 이미지를 만들어 줍니다.

16 배경 레이어는 원본 상태로 두고 레이어를 확인해 봅니다. 실제 원본에서 모자이크 이미지로 처리된 레이어가 원본을 포함하여 모두 8개가 되었습니다.

17 애니메이션 효과를 적용하기 위해서 [Window]−[Timeline] 패널을 불러온 후 왼쪽 하단의 Convert to frame animation 아이콘을 클릭합니다.

18 타임라인 패널의 팝업 메뉴를 클릭하여 Make Frames From Layers를 실행합니다.

애니메이션을 적용하기 위해서 각각의 프레임에 이미지를 나타낼 때는 프레임을 자동으로 생성해 주는 Make Frames From Layer 명령을 실행합니다. 각각의 프레임마다 이미지를 쉽게 나타낼 수 있습니다.

19 그 결과 프레임이 자동으로 생성되며 9 개의 프레임이 만들어 집니다.

20 애니메이션 프레임을 보면 원본 이미 지부터 필터가 적용된 복사본 레이어 들이 단계별로 나타납니다. 현재 애니메이션 구성 은 원본 사진에서 점차 모자이크되는 형식입니다. 따라서 애니메이션의 순서를 바꿔주어야 합니다. 팝업 메뉴를 클릭하여 Reverse Frames를 실행하 면 전체 프레임의 위치가 뒤바뀝니다.

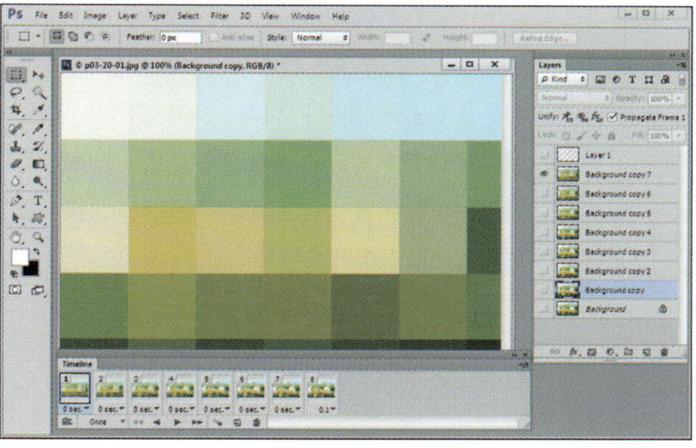

21 첫 번째 사진 프레임 이미지는 필요하 지 않으므로 선택한 다음 삭제합니다.

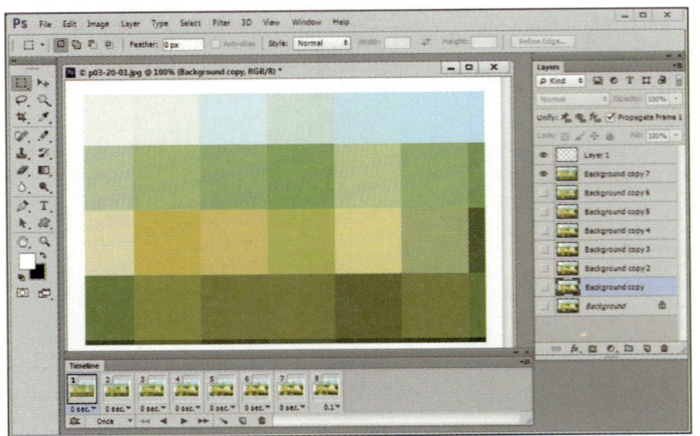

22 이제 첫 번째 프레임을 지정한 다음 레이어 패널의 흰색 테두리 레이어의 눈 아이콘을 클릭하여 활성화시켜 줍니다. 그 결과 모든 프레임에 테두리가 나타나게 됩니다.

23 타임라인 패널의 재생 버튼을 클릭해서 애니메이션을 확인합니다.

24 각 단계별로 모자이크 단계가 분리되면서 원본 이미지로 보여 지는 애니메이션이 만들어 집니다. 현재 마지막 단계의 원본 이미지 레이어 속도를 조정하여 일정시간 머물게 작업합니다. 여덟 번째 프레임을 선택하고 시간 속성을 10초로 설정하여 완성합니다.

포토샵

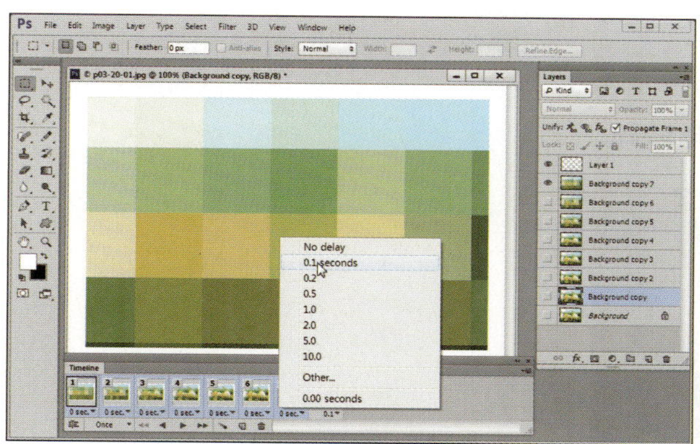

25 전체 애니메이션 속도를 조절하기 위해서 1번과 7번을 클릭하여 프레임을 모두 지정한 다음 시간 속성을 0.1로 설정합니다.

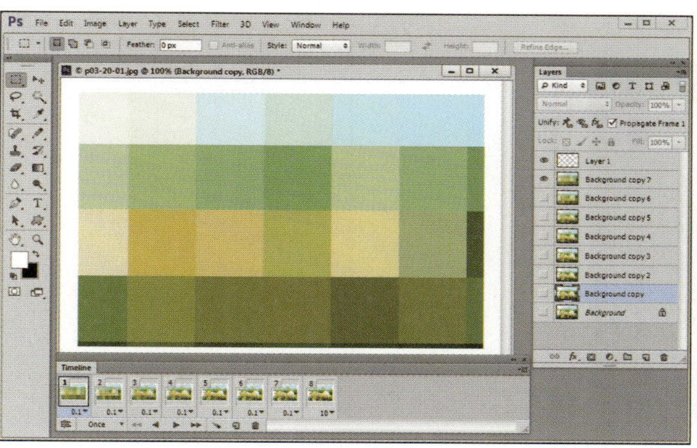

26 재생 버튼을 눌러서 애니메이션을 확인해 봅니다. 역동적인 느낌의 애니메이션이 만들어집니다. 이처럼 필터 효과를 점차적으로 적용하여 중간 과정의 이미지를 만들면 보다 효과 높은 애니메이션을 만들 수 있습니다.

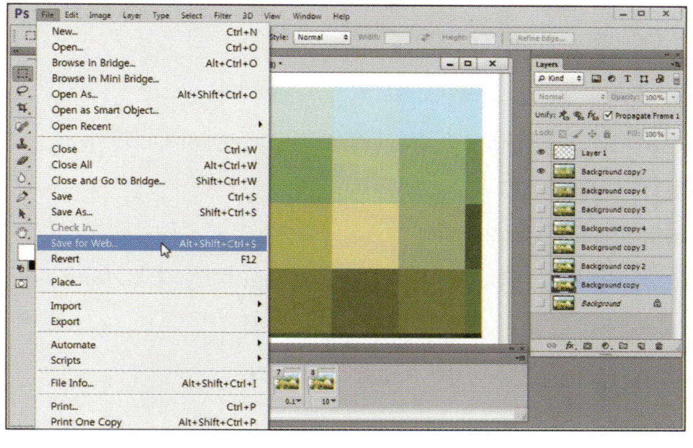

27 마지막으로 애니메이션을 나타내는 파일 형식으로 저장하기 위해서 [File]-[Save for Web & Devices] 명령을 실행하고 GIF 형식으로 저장하면 됩니다.

Photoshop

실전문제

1. 애니메이션 기능을 이용하여 비 내리는 효과를 표현해 보세요.

◀ 준비 파일 : Sample〉p03-20-02.jpg

◀ 완성 파일 : Artwork〉p03-20-02.psd

힌트

❶ [File]-[Open] 명령으로 준비된 파일을 불러옵니다.

❷ 새로운 투명 레이어를 추가하고 검정색으로 채워 넣습니다. 그런 다음 [Filter]-[Noise]-[Add Noise]를 적용합니다.

❸ 다시 한 번 [Filter]-[Blur]-[Motion] 효과를 적용하고 블랜드 모드를 Screen으로 지정합니다.

❹ [Image]-[Adjustments]-[Levels] 메뉴를 선택하여 밝기는 조절하고 타임라인 패널에서 Duplicated selected frames 아이콘을 클릭하여 새로운 프레임을 추가합니다.

❺ 그런 다음 키보드의 방향키를 이용하여 빗줄기 위치를 변경시켜 줍니다.

❻ 새로운 프레임을 추가하고 다시 다른 방향으로 빗줄기를 이동시킵니다. 이처럼 여러 개의 프레임을 추가한 후 플레이 되는 시간을 조절합니다.

❼ 마지막으로 [File]-[Save for Web & Devices] 명령을 실행하여 GIF 파일로 저장합니다.

2. 필터를 사용하여 눈 내리는 효과를 표현해 보세요.

◀ 준비 파일 : Sample〉p03-20-03.jpg

◀ 완성 파일 : Artwork〉p03-20-03.psd

힌트

❶ [File]-[Open] 명령으로 준비된 파일을 불러옵니다.

❷ 새로운 투명 레이어를 추가하고 검은색으로 채워 넣습니다. 그런 다음 [Filter]-[Noise]-[Add Noise]를 적용합니다.

❸ 다시 한 번 [Filter]-[Blur]-[Motion] 효과를 적용하고, [Image]-[Adjustments]-[Levels] 명령을 실행하여 선명하게 보이도록 조절합니다.

❹ 블랜드 모드를 Screen으로 지정하고 [Filter]-[Blur]-[Motion Blur]를 실행하여 움직이는듯한 효과를 적용합니다.

❺ 레이어를 복사하여 [Edit]-[Transform]-[Flip Horizontal] 명령으로 이미지를 회전시켜 주고 [Filter]-[Pixelate]-[Crystalize] 효과를 적용합니다.

❻ 계속하여 [Filter]-[Blur]-[Motion Blur]를 실행하여 좀 더 자연스럽게 표현하고 작업 중인 레이어와 앞서 작업한 레이어를 하나로 합쳐줍니다.

❼ 합쳐진 레이어를 블랜드 모드에서 Screen으로 지정하고 Opacity 값을 조절합니다. 앞서 학습하였던 타임라인 패널을 이용하여 눈 내리는 효과를 표현해 봅니다.

| 포토샵

포토샵 7
중앙교재편찬위 지음
46배판 |
352 |
15,000원

포토샵 CS
우석진 지음
46배판 |
384 |
17,000원

포토샵 CS2
우석진 지음
46배판 |
368 |
15,000원

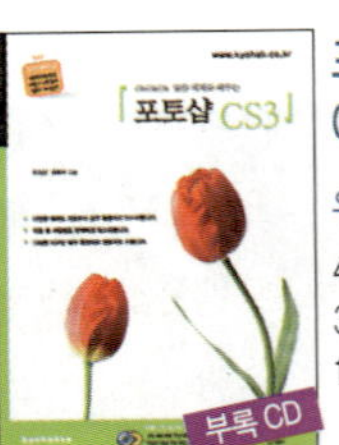

포토샵 CS3
우석진 지음
46배판 |
358 |
17,000원

포토샵 CS4
우석진 지음
46배판 | 381
| 17,000원

| 포토샵+일러스트레이터

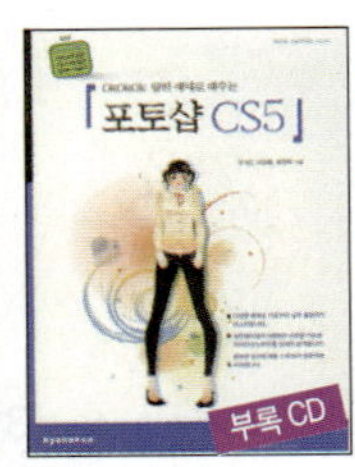

포토샵 CS5
우석진, 이승환, 최재혁 지음
46배판 |
428 |
17,000원

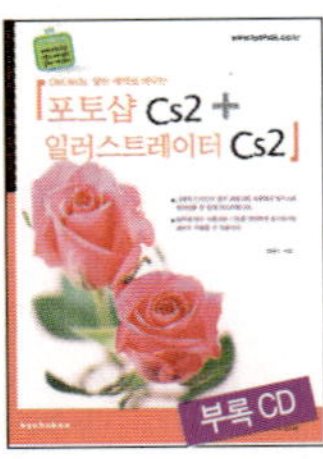

포토샵 CS2 + 일러스트레이터 CS2
이해구 지음
46배판 | 432
| 22,000원

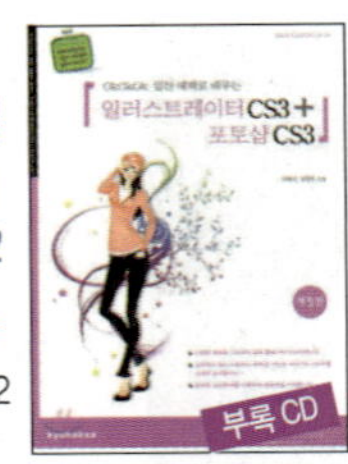

일러스트레이터 CS3 +포토샵 CS3
이해구 지음
46배판 | 348
| 18,000원

포토샵 CS4 + 일러스트레이터 CS4
우석진 지음
46배판 | 444
| 20,000원

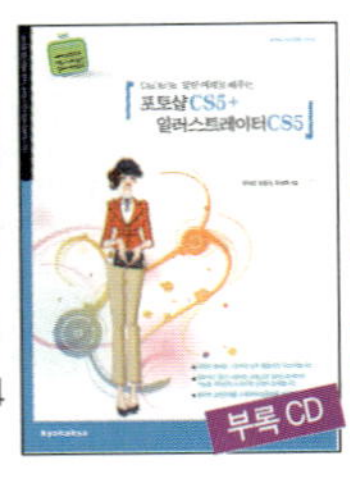

포토샵 CS5 + 일러스트레이터 CS5
우석진외 2 지음
46배판 | 4
| 20,000원

| 일러스트레이터

일러스트레이터 CS
우석진 지음
46배판 |
336 |
17,000원

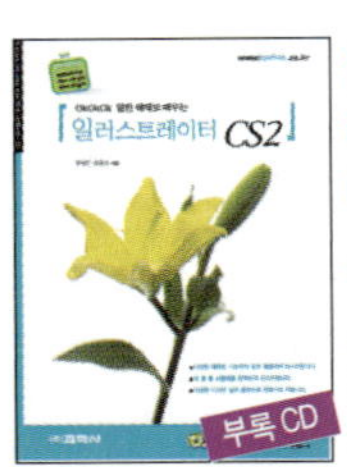

일러스트레이터 CS2
우석진 지음
46배판 |
352 |
15,000원

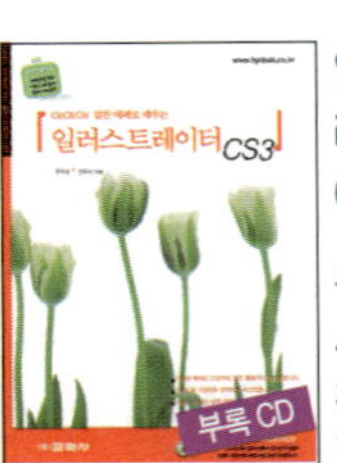

일러스트레이터 CS3
우석진 지음
46배판 |
348 |
17,000원

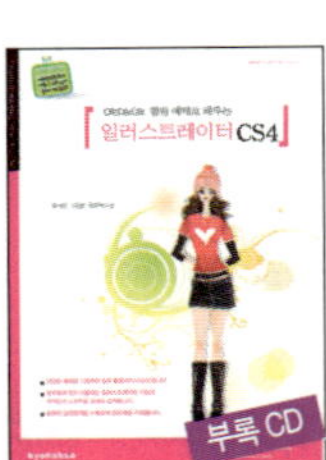

일러스트레이터 CS4
우석진 지음
46배판 |
383 |
17,000원

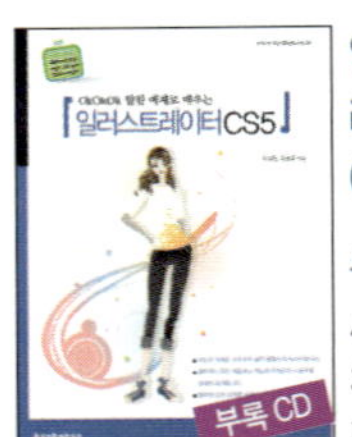

일러스트레이터 CS5
우석진 지음
46배판 |
383 |
17,000원

| 플래시 & 드림위버

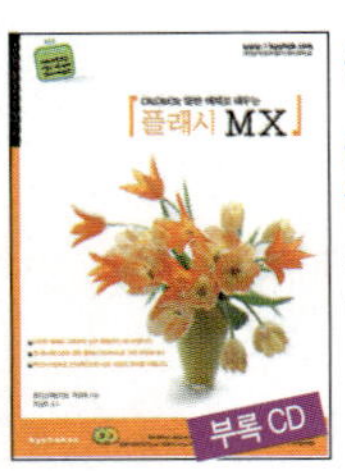

플래시 MX
중앙교재편찬위 지음
46배판 | 384 |
17,000원

플래시 MX 2004
문영희 지음
46배판 | 384 |
18,000원

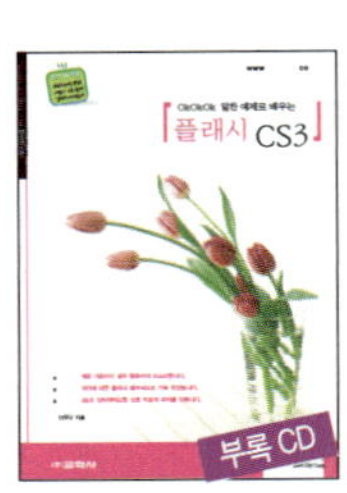

플래시 CS3
이해구 지음
46배판 | 334 |
16,000원

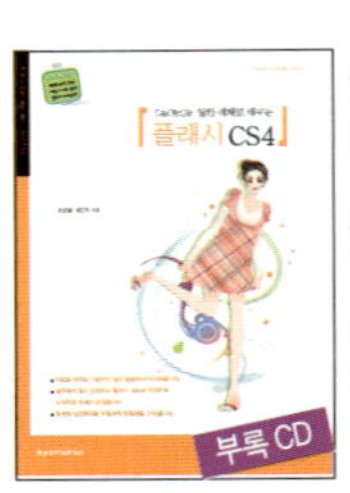

플래시 CS4
조한철, 정 지음
46배판 |
17,000원

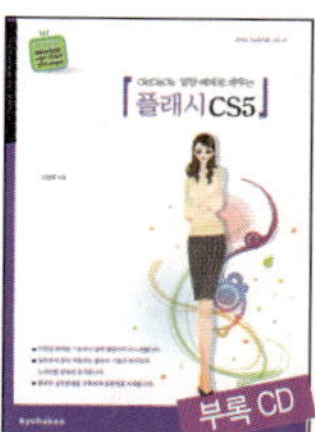

플래시 CS5
신연경 지음

46배판 | 336 |
17,000원

부록 CD

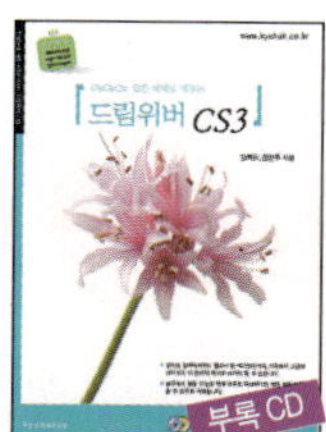

드림위버 CS3
엄혁진, 장은주 지음

46배판 | 313 |
15,000원

부록 CD

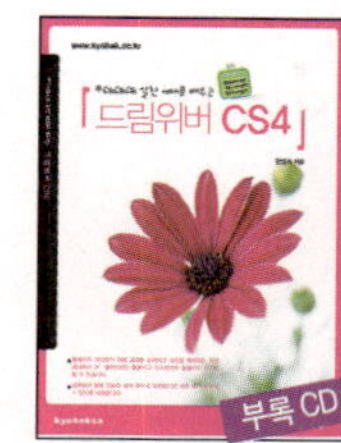

드림위버 CS4
안영희 지음

46배판 | 348 |
17,000원

부록 CD

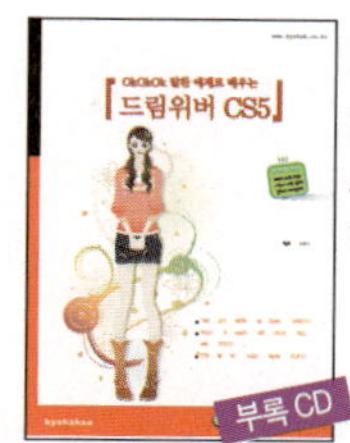

드림위버 CS5
안영희 지음

46배판 | 344 |
17,000원

부록 CD

| 엑셀 & 파워포인트

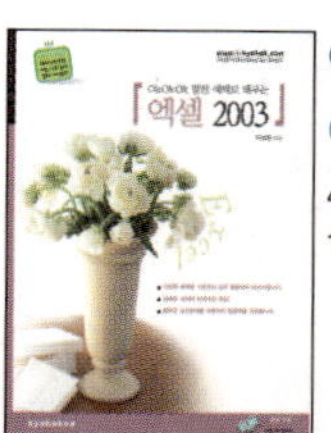

엑셀 2003
이형범 지음

46배판 | 352 |
15,000원

엑셀 2007
안영희 지음

46배판 | 323 |
16,000원

엑셀 2010
이형범 지음

46배판 | 356 |
17,000원

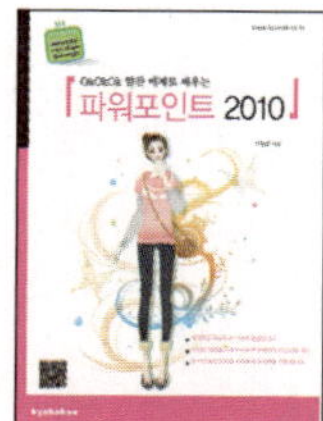

파워포인트 2010
이형범 지음

46배판 | 300 |
16,000원

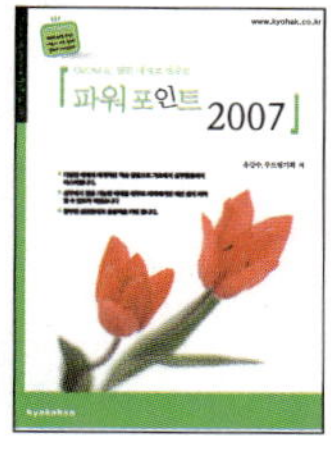

파워포인트 2007
유강수 지음

46배판 | 337 |
16,000원

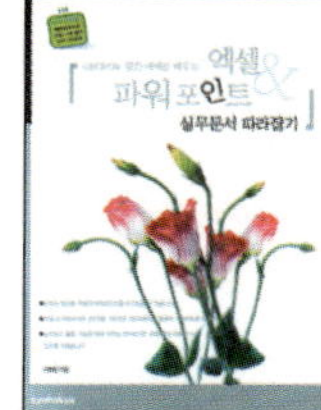

엑셀 & 파워포인트
이형범 지음

46배판 | 352 |
15,000원

엑셀 & 파워포인트 2007
이형범 지음

46배판 | 330 |
16,000원

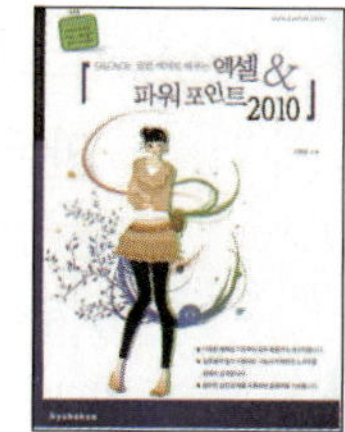

엑셀 & 파워포인트 2010
이영희 지음

46배판 | 340 |
17,000원

| 그래픽 & 기타

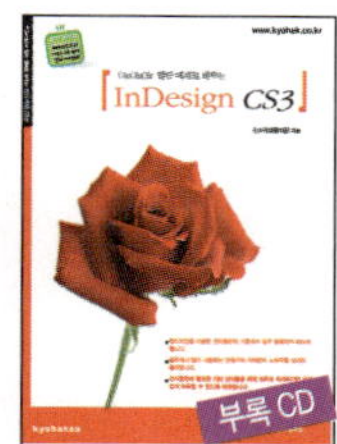

인디자인 CS3
김승대 지음

46배판 | 364 |
18,000원

부록 CD

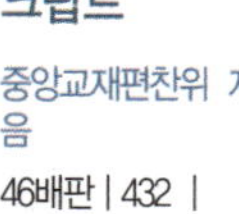

HTML+자바스크립트
중앙교재편찬위 지음

46배판 | 432 |
18,000원

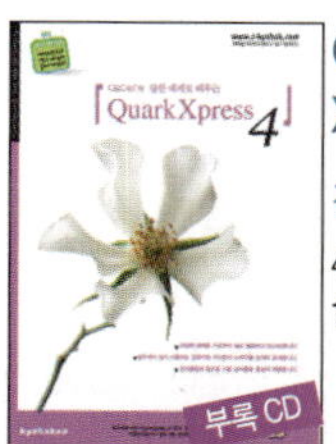

Quark Xpress4
김승대 지음

46배판 | 336 |
15,000원

부록 CD

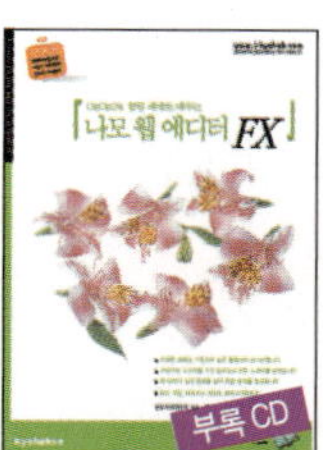

나모 웹 에디터 FX
구영미지음

46배판 | 336 |
15,000원

부록 CD

3ds MAX
우석진 지음

46배판 | 424 |
18,000원

부록 CD

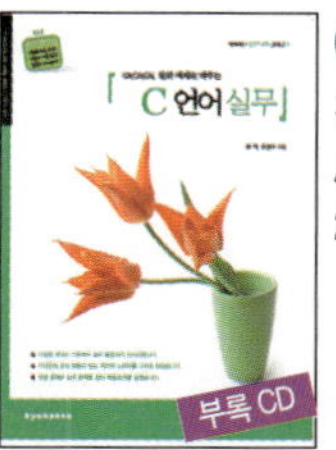

C 언어 실무
김역 지음

46배판 | 476 |
20,000원

부록 CD

PHOTOSHOP CS6

OkOkOk | 알찬예제로 배우는 시리즈

만든 사람들	OkOkOk 알찬예제로 배우는 포토샵 CS6

· 저자 : 우석진, 유윤자,
　　　최재혁(신구대학교)
· 기획 : 정보산업부
· 편집 : 정보산업부

2014년　4월 10일 초판　1쇄 발행
2022년　5월 30일 초판 11쇄 인쇄
2022년　6월 10일 초판 11쇄 발행

펴낸곳 : (주)교학사
펴낸이 : 양진오
지은이 : 우석진, 유윤자, 최재혁
주　소 : (공장) 서울특별시 금천구 가산디지털1로 42 (가산동)
　　　　　(사무소) 서울특별시 마포구 마포대로14길 4 (공덕동)
전　화 : 02-707-5310
팩　스 : 02-707-5359
등　록 : 1962년 6월 26일 〈18-7〉

교학사 홈페이지 주소
http://www.kyohak.co.kr